# HISTOIRE INTIME

DU

# SECOND EMPIRE

PAR

LE V<sup>TE</sup> DE BEAUMONT-VASSY

---

PARIS
LIBRAIRIE SARTORIUS
27, RUE DE SEINE, 2

1874

Tous droits réservés.

# HISTOIRE INTIME

DU

# SECOND EMPIRE

## DU MÊME AUTEUR

Les Suédois depuis Charles XII. 4ᵉ édition. 1 vol. in-12.

Swedenborg, scènes historiques. 1 vol. in-8.

Histoire des États européens depuis le Congrès de Vienne. 6 vol. in-8.

Un dernier rêve de jeunesse. 1 vol. in-8.

Histoire de mon temps.

   *Première série :* Règne de Louis-Philippe. — Seconde République. 4 vol. in-8. 2ᵉ édition ornée de gravures.

   *Seconde série :* Présidence décennale. — Second Empire. 2 vol. in-8 ornés de gravures.

Les salons de Paris sous Louis-Philippe Iᵉʳ. 2ᵉ édition. 1 vol. in-12 orné de 12 gravures sur acier.

Les salons de Paris sous Napoléon III. 2ᵉ édition. 1 vol. in-12 orné de 10 gravures sur acier.

Une intrigue dans le grand monde, roman philosophique. 1 vol. in-12 orné d'une gravure sur acier.

L'amour diplomate, roman. 1 vol. in-12 orné d'une gravure sur acier.

Le prince Max a Paris, roman. 1 vol. in-12 orné d'une gravure sur acier.

Histoire authentique de la Commune de Paris en 1871. 1 vol. in-18.

Le Fils de la Polonaise, roman. 1 vol. in-12 orné d'une gravure sur acier.

Mémoires secrets du XIXᵉ siècle. 4ᵉ édition. 1 vol in-12.

PARIS. — IMP. SIMON RAÇON ET COMP., RUE D'ERFURTH, 1.

Ce livre n'est point une œuvre de parti. Il n'a été inspiré par aucun sentiment de rancune ou de haine. Dans le jugement des hommes, dans la peinture des faits, il n'entre aucune arrière-pensée malveillante, aucun parti pris de dénigrement. L'auteur n'a l'intention préméditée de blesser personne, et il désire, avant tout, que, sur ce point, il ne puisse y avoir ni confusion ni malentendu. Mais la vérité, ou ce qu'il croit être la vérité, a pour lui des droits incontestablement supérieurs à toutes les considérations qui pourraient tendre à en affaiblir l'expression, qu'il s'est fait un devoir de la reproduire toujours tout entière, et sans la dire brutalement, comme tant d'autres l'ont fait, de la dire complétement. Il y a là une nuance que le public appréciera, et qui, d'ailleurs, est de nature à donner plus de sérieux et plus de poids aux assertions de l'auteur.

Amateur passionné des curiosités historiques et sociales, j'ai recherché avec ardeur les causes occultes des événements qui composent la période historique désignée sous le nom de second Empire. Sous ce rapport, on trouvera dans mon travail des indications assez neuves, ainsi que plusieurs anecdotes destinées à peindre les mœurs et à rappeler les drames intimes de cette époque. J'ai, du reste, la conscience d'avoir tout mis en œuvre pour justifier le titre que je présente, par cela même, avec une certaine confiance, au lecteur impartial.

E..DE BEAUMONT-VASSY.

# HISTOIRE INTIME

DU

# SECOND EMPIRE

## I

La France en 1848. — Ses tendances et ses aspirations. — Situation morale de Louis-Napoléon vis-à-vis de la France, de l'étranger et de sa propre famille. — Protestation déposée aux archives de la Haye. — Lettre du roi Louis au Saint-Père. — Réponse de Louis-Napoléon au roi Jérôme. — Mot de Pie VII au cardinal Consalvi. — Attitude des puissances étrangères après le coup d'État et la proclamation de l'Empire. — Sourde hostilité du tzar Nicolas. — Le rapport de M. Troplong. — Composition du Sénat. — Couplets contre les nouveaux sénateurs. — Le vote négatif de M. Vieillard.

Après le 24 février 1848, cette journée des Dupes qui vit renverser le trône constitutionnel du roi Louis-Philippe, après les élections qui suivirent, premier essai du suffrage universel, quand on comprit, en un mot, que le prince

Louis Bonaparte, élu à plusieurs reprises représentant du peuple, allait être appelé définitivement et sérieusement, cette fois, sur la scène politique, quelle était la situation morale de ce personnage vis-à-vis de la France, de l'étranger et, enfin, de sa propre famille ?

En France, au milieu du désarroi causé par la proclamation de la République, le peuple des campagnes, voyant surgir tout à coup ce nom glorieux, ce nom encore plein de prestige, s'y rattacha, tout d'abord, comme à une espérance, et cette espérance, qu'on le comprenne bien, était celle du renversement de la République, forme gouvernementale qu'on n'aimait point. En province, les villes, excepté les grands centres manufacturiers, partageaient ces idées sans se préoccuper autrement du candidat qui, portant le nom de Napoléon, devait nécessairement, comme le premier, faire un jour son coup d'État et s'emparer personnellement du pouvoir en jetant, comme au 18 brumaire, l'assemblée républicaine par les fenêtres.

Voilà quelle était alors, en France, l'opinion brutale des masses. Qu'on ne s'en étonne pas :

ainsi que je l'ai dit dans les *Mémoires secrets du XIX*ᵉ *siècle*, j'ai eu sous les yeux un très-curieux document classant et calculant les forces réelles sur lesquelles la République pouvait compter à Paris et dans les départements. A Paris, il y avait à cette époque quinze cents républicains ; dans les départements, vingt-cinq mille.

Quant à l'étranger, où le point de vue n'était pas le même, les cabinets européens étudiaient ou faisaient étudier la personnalité du prince Louis Bonaparte, qu'ils ne connaissaient que fort peu et sous des auspices assez défavorables. Louis-Napoléon, comme il se faisait appeler maintenant, n'avait, en effet, laissé aux États-Unis que le souvenir d'une conduite plus qu'irrégulière dont les entraînements de la jeunesse pouvaient, d'ailleurs, excuser les égarements ; en Angleterre les renseignements étaient de nature diverse, parce que le prince, tout en ayant été admis dans les hautes sphères sociales, avait plongé quelquefois jusque dans les bas-fonds de la ville de Londres.

Dans tous les cas, il est certain que tous les cabinets européens ne le prenaient que pour « le fils de la reine Hortense, » ce qui provenait de l'attitude même de la famille Bonaparte à son égard tant qu'il avait été sous le coup de l'insuccès, et du ridicule de ses tentatives de revendication dynastique.

Voyons donc quelle était cette attitude. Il est des points historiques d'une certaine nature qu'il ne conviendrait d'affirmer qu'entouré de documents d'une authenticité absolue, mais sur lesquels on peut loyalement chercher à s'éclairer. Il est singulier et curieux, d'ailleurs, que ce soit la famille Bonaparte elle-même qui ait pris soin de fournir à la postérité les seules preuves qu'elle puisse avoir sur un de ces points délicats.

Au moment de son abdication, le roi Louis de Hollande avait déposé aux archives de la Haye une protestation solennelle contre les héritiers que lui avait donnés la reine Hortense. Je n'ai point ici à apprécier la convenance et l'opportunité de cette pièce, mais seulement à constater son existence bien connue d'ailleurs.

Plus tard, en 1831, lors du soulèvement des Romagnes, auquel prirent une part active les deux fils de la reine Hortense, après l'affaire de Forli, l'ex-roi de Hollande, dans un nouvel accès d'exaspération, que l'histoire doit mentionner, renouvela sa protestation avec un luxe de détails et de preuves qui témoignent de ses convictions profondes et aussi d'une profonde étude des faits. Dans cette pièce, il confirme d'une façon par trop saisissante les indiscrétions du public au sujet de l'aîné des fils de la reine Hortense. Quant au futur Napoléon III, il le renie absolument avec une énergie et une sorte d'éloquence qui étonnent le lecteur et jettent, en même temps, une attristante lumière sur la froide corruption du Directoire et de l'Empire. Sa lettre, adressée au pape et publiée pour la première fois par l'auteur admirablement renseigné du livre intitulé : « *Le dernier des Napoléon* », est aussi un document bien étrange :

« Saint-Père, écrit le roi Louis, mon âme est accablée de tristesse, et j'ai frémi d'indignation quand j'ai appris la tentative criminelle contre l'autorité de Votre Sainteté.

« Ma vie déjà si douloureuse devait donc encore être éprouvée par le plus cruel des chagrins, celui d'apprendre qu'un des miens ait pu oublier toutes les bontés dont vous avez comblé notre malheureuse famille.

« Le malheureux enfant est mort; que Dieu lui fasse miséricorde! Quant à l'autre, qui usurpe mon nom, vous le savez, Saint-Père, celui-là, grâce à Dieu, ne m'est rien, etc., etc. »

Je m'arrête dans cette citation pour ne pas franchir les bornes des convenances. L'auteur du livre déjà mentionné a été plus loin[1].

La jalousie hautement manifestée, les colères, les reproches du roi Jérôme et de son fils qui prétendaient, dans certains moments de mauvaise humeur, que le prince Louis avait usurpé leur place, n'étaient pas de nature à combattre dans l'opinion des gens renseignés les impressions produites par des documents de cette nature. Un jour, l'ex-roi de Westphalie, devenu maréchal de France et gouverneur des Invalides, ayant terminé une vive mercuriale adressée à Napoléon III, par la phrase sacramentelle : « Vous savez bien, d'ailleurs, que vous tenez notre place et que vous n'avez rien de Napoléon... — Par-

---

[1] On a attribué ce livre à M. de Beust ; je crois qu'il a été seulement écrit sous son inspiration.

don, dit le nouvel Empereur, j'en ai la famille. »

C'était donc pour les cabinets étrangers le fils de la reine Hortense qui montait sur le trône. Quant à la France, que lui importait, après tout? Lorsque, dans des temps révolutionnaires, un peuple énervé et effrayé de l'avenir se jette, pour ainsi dire, entre les bras d'un homme, général ou prince, qu'il considère comme un protecteur, comme un sauveur, s'inquiète-t-il de la provenance? se préoccupe-t-il beaucoup de l'origine? Sans doute, un nom glorieux lui sourit davantage qu'un nom plus obscur. Mais, avant tout, ce qu'il demande c'est qu'on lui rende les services qu'on lui a promis : le calme, l'abondance, la sécurité, et l'homme qui lui donne ces biens précieux, qu'il soit ou non un pseudo-Napoléon, n'en devient pas moins une idole passagère, qui doit (selon lui) laisser dans l'histoire une page des plus brillantes.

Ce n'est que lorsque le voile est tombé, lorsque l'illusion a disparu, quand la paix promise s'est transformée en guerres désastreuses, l'abondance en détresse, la sécurité en épouvante, et que tout tombe dans une catastrophe facile à prévoir pour les uns, inconcevable, inouïe pour la masse, que l'on songe à dire : Mais celui que nous avions choisi pour le placer au gouvernail, ce n'était pas l'homme que nous supposions ; nous avons été trompés !

Eh bien ! c'est souverainement illogique. Vous avez cédé à un entraînement irréfléchi dans votre ignorance des hommes et des choses ; il fallait réfléchir, il fallait se renseigner.

Je disais donc que les cabinets européens voyaient surtout dans l'élu du 10 décembre le petit-fils de Joséphine de Beauharnais, mais ils pouvaient en même temps se rappeler une conversation du cardinal Consalvi avec le pape Pie VII. Au moment de la chute de Napoléon I$^{er}$, le cardinal Consalvi disait au pape : « C'est étonnant ! dans cette nombreuse famille, il n'y avait qu'un homme ; celui-là en cage, il ne reste plus rien ! — Il reste la reine Hortense », dit Pie VII.

Et, en effet, à dater de cette époque, elle devint, en quelque sorte, l'âme du parti bonapartiste, et si les Cent jours eurent pour lui une issue si fatale, il n'y eut pas de sa faute ; depuis, toutes les inspirations raisonnables du parti vinrent d'elle.

Louis-Napoléon pouvait donc posséder la hardiesse, l'instinct gouvernemental et toutes les séductions de sa mère, la femme la plus séduisante de son temps.

Lorsque, poussé par MM. de Morny et de Saint-Arnaud, il se décida, après tant d'hésitations, à faire le coup d'État du 2 Décembre, acte évidemment peu moral, mais *sauveur*, comme on disait alors, et (il ne faut pas craindre de l'affirmer hautement) qui évita au pays la crise effroyable dont il était menacé d'une façon certaine, lorsqu'il exécuta ce coup d'État, disons-nous, deux puissances étrangères, seules, témoignèrent tout d'abord de leur mauvaise humeur, l'Angleterre et les États-Unis. Les autres virent d'assez bon œil le changement qui venait de s'opérer en France et remplaçait le système parlementaire par un régime quasi absolu. Lors de la transformation généralement prévue de la présidence décennale, demandée par Louis-Napoléon, en monarchie impériale, il n'y eut que la Russie, c'est-à-dire le tzar Nicolas, qui témoignât de son mécontentement, lequel se traduisit, par parenthèse, d'une façon absolument puérile : dans la formule des lettres de créance, le terme employé de souverain à souverain et consacré par l'usage, est, on le sait, « monsieur mon frère »; eh bien, l'empereur Nicolas ne voulut pas traiter le nouvel élu du suffrage universel en France sur un pareil pied d'égalité, et, repoussant cette fraternité toute de courtoisie pour lui substituer une autre formule assez singulière, il termina la dépêche par ces mots : de Votre Majesté, « le bon ami ».

En vérité, lorsqu'à distance on étudie les effets et les causes des grands événements de l'histoire, l'esprit demeure quelquefois confondu de la puérilité, de l'insignifiance de certains actes qui pourtant ont produit des résultats d'une importance majeure, et ont eu les plus graves conséquences. Qui ne comprend qu'avec le caractère de Louis-Napoléon, le manque de courtoisie de l'empereur Nicolas n'ait beaucoup contribué à la première guerre du second Empire, ce régime qui devait être la paix ?

Chose assez curieuse, Louis-Napoléon se serait personnellement parfaitement contenté de la présidence décennale qu'on venait de lui voter; mais cela ne faisait pas le compte de son entourage, qui avait le goût des grandes charges de cour et surtout le besoin des émoluments qu'elles comportent. Les ovations habilement préparées de son voyage dans le Midi, et l'expression, sincère sur beaucoup de points, d'ailleurs, de l'opinion des masses favorable au rétablissement de l'Empire, tranchèrent finalement la question dans son esprit. De retour à Paris après le trop célèbre discours de Bordeaux, il fit communiquer au Sénat, réuni extraordinairement le 4 novembre, un message préparé par le ministre d'État et qui, déclarant que la nation venait de manifester hautement sa volonté de rétablir l'Empire, exposait que, si le Sénat émettait le même avis, il jugerait certainement convenable de conserver la Constitution de 1852, les modifications qu'il serait indispensable d'y introduire ne touchant en rien à ses bases fondamentales.

Ce fut à M. Troplong qu'échut la tâche de rapporteur de la commission du Sénat. Par une coïncidence singulière, M. Troplong avait profondément étudié l'histoire des Césars romains, et cette période des annales latines si curieuse et si intéressante, en effet, était devenue le champ privilégié de ses investigations. Dans son rapport fort élégamment rédigé, il ne manqua pas d'aller chercher à Rome des analogies et des exemples, trouvant dans la fatigue des guerres civiles la raison suprême qui donna un trône au vainqueur de Pompée. M. Troplong avait mûrement composé son rapport et l'avait lu plusieurs fois à sa femme, dans le bon sens de laquelle il avait grande confiance. Il insistait sur ce fait qu'à la suite des grandes épreuves politiques, après les secousses sociales, les nations se jetaient volontiers dans les bras d'un homme fort que la Providence leur envoyait quelquefois. Cet homme fort s'était montré au 10 décembre 1848, au 2 décembre 1851, et la France lui avait confié son drapeau. Au reste, après l'amer sarcasme qui avait mis l'héritier d'une couronne à la tête d'une République, il était évident pour le rapporteur que la France, toujours démocratique par ses mœurs, ne cessait pas d'être monarchique par ses habitudes et ses instincts.

Le Sénat de fraîche date auquel s'adressait M. Troplong, et qui était alors présidé par le prince Jérôme Bonaparte, avait été assez difficile à former, non pas que les mérites abondassent et que les candidats assez connus pour être désignés naturellement par l'opinion fussent très-nombreux, mais parce que les demandes affluaient et que le palais de l'Élysée était quotidiennement assiégé par les solliciteurs depuis les événements du 2 décembre, auxquels, le succès étant acquis, chacun voulait désormais avoir pris une part active et donnait une bruyante adhésion. Ce qui paraîtra plus étonnant et ce qui est cependant parfaitement exact, c'est que dès le 10 décembre 1848, c'est-à-dire dès l'avénement à la présidence de la République du prince Louis-Napoléon, il se soit trouvé des gens qui, ne devinant l'avenir que dans leur intérêt personnel, mais ayant une certaine justesse de coup d'œil, comme la suite l'a prouvé, aient sollicité avec instances un fauteuil à ce Sénat conservateur qu'ils supposaient devoir faire partie des institutions du futur Empire. Ces demandes, rares et excentriques en 1848, s'étaient multipliées en

1849 et 1850. Seulement, le prince ayant, par ses hésitations, semblé ajourner les desseins qu'on lui supposait, dans les derniers mois de 1851, à la veille du danger, les sollicitations avaient cessé.

La Constitution établissait en principe que les fonctions de sénateur devaient être gratuites; « néanmoins, ajoutait l'article 22, le président de la République pourra accorder à des sénateurs, en raison des services rendus et de leur position de fortune, une dotation personnelle qui ne pourra excéder trente mille francs par an. » Mais, avec une prudente et habile réserve, le chef de l'État n'avait pas laissé entrevoir tout d'abord que cette dotation de trente mille francs, applicable seulement à quelques-uns, serait bientôt appliquée à tous, et, de la sorte, il s'était délivré d'un grand nombre de sollicitations besoigneuses.

Un décret du 26 janvier 1852 avait donné une première liste de sénateurs. Une seconde parut quelques mois plus tard. Elles alimentèrent la curiosité très-surexcitée de la province et provoquèrent dans les salons de Paris, où l'opposition était alors fort à la mode, une foule d'observations ou seulement railleuses, ou sérieusement malveillantes.

On fit circuler à cette époque une pièce de vers manuscrite qui, d'après certains indices, paraît avoir été composée au faubourg Saint-Germain, par quelque écrivain légitimiste. Elle est curieuse; j'en donne ici quelques strophes ou couplets (car cela se chantait peut-être) ; mais je ne prends que les moins malveillants :

>Voyons cette liste servile,
>Examinons tout ce fretin,
>Et que notre crayon docile
>En chaque nom trouve un butin.

>La parole aura peu d'empire
>Sur le Sénat conservateur,
>Et, comme on n'aura rien à dire,
>Achard est nommé sénateur.

>Baraguey-d'Hilliers est un brave,
>C'est bien peu. Beau-frère de Foy,
>A la liberté qu'on outrage,
>Il aurait dû garder sa foi.

>Que fait là Beaumont (de la Somme)?
>Hélas ! agriculteur verbeux,
>Avec ses discours il assomme
>Ceux qu'il nourrit avec ses bœufs.

Si j'avais nom Caumont-la-Force,
Pour siéger en un tel Sénat,
Par jugement ou par la force,
Il faudrait qu'on m'y condamnât.

Drouyn de L'Huys est bien à plaindre;
Habile, honnête, haut placé,
Aujourd'hui, voilà qu'il fait craindre
De n'être plus qu'un déclassé.

Avec son creuset, sa cornue,
Au Sénat Dumas vient d'entrer;
Sa science est bien reconnue,
Mais pourra-t-il tout épurer?

Le tendre Fould, au jeu de Bourse
Sut gagner le cœur d'un ami,
Qui du Sénat a la ressource
Pour solder son compte à demi.

Ta vieille ardeur fleurdelysée,
Gautier, va donc se ralentir?
Sous les lambris de l'Élysée,
Le temps viendra la rafraîchir.

Wagram, que la branche cadette,
Pendant vingt ans traita si bien,
A-t-il donc su payer ses dettes
En chassant? Alors, c'est fort bien.

Mettre au Luxembourg Lawœstine?
Par lui ce poste est mérité,

Car des d'Orléans, en ruine,
Il fut toujours l'enfant gâté.

Non, Magnan n'est pas pour l'Empire!
En secret, le cœur contristé,
Les yeux vers Frohsdorf, il aspire
A nous rendre la royauté [1].

En faction, pauvre La Hitte,
Quelque temps tu vas sommeiller;
Mais, patience! en ta guérite
Henri viendra te réveiller.

De tous ses cousins qu'il honore,
Lucien Murat, seul, siégera.
Va pour Lucien! Heureux encore,
Qu'on n'ait nommé que celui-là.

Le La Grange, en France, pullule,
Et l'on en a même abusé;
Pourquoi lui seul et quel scrupule?
Tous les autres ont refusé.

Il va, vient, jamais ne se pose.
Nez au vent et jarret de fer,
De rien, pour être quelque chose,
On voit toujours Lacrosse en l'air.

Au Luxembourg, lorsqu'il gravite,
Gauche, haletant, mal assuré,
Leverrier n'est qu'un satellite
Qui dans son cours s'est égaré.

[1] L'ironie de ce couplet-là n'est pas très-facile à saisir.

Du vieux roi protégeant la fuite,
Regnault fut son loyal appui ;
Qu'il soit sénateur ! dans la suite,
On peut avoir besoin de lui.

Sur la mémoire paternelle,
La Moskowa vient se hisser ;
Il est un peu petit pour elle
Et son pied ne peut que glisser.

Et puis les fils dont la carrière
Se borne aux paternels exploits ;
Le modeste la Riboisière,
Curial, Vicence, Lemarrois.

On voit dans cet obscur repaire
Le très-innocent Girardin,
Et Thayer, gendre de son beau-père,
A son frère donnant la main.

Enfin on trouve Ladoucette,
Qui vient, armé d'un lourd dossier,
Heurter sa nullité complète
Au mutisme de Lemercier.

Veut-on savoir à quel diapason de haineuse malveillance et d'esprit de parti s'élevait quelquefois cette mazarinade qu'on faisait circuler sous le manteau ? En voici deux spécimens, chacun d'un genre différent :

Lorsque Beauvau trouva facile
De ternir un nom glorieux,
Ségur-d'Aguesseau, plus habile,
Trouva moyen d'en ternir deux.

Saint-Arnaud, ministre docile,
Sera maréchal, nous dit-on.
Rien de mieux; il fut fort habile
A tourner autour du bâton.

Le sénatus-consulte qui rétablissait l'Empire fut adopté presque à l'unanimité, puisqu'un seul vote négatif vint protester contre les dispositions qu'il renfermait.

Cette voix solitaire faisant entendre son *veto* au milieu des adhésions bruyantes et des enthousiasmes trop souvent factices qui se produisent dans des circonstances semblables, c'était, on l'a su depuis, la voix sévère et convaincue de M. Vieillard, l'ancien précepteur du prince auquel on préparait un trône.

M. Vieillard prévoyait-il déjà l'avenir?

## II

Première réunion à Compiègne après la proclamation de l'Empire. — C'est encore un ménage de garçon. — Aspirations de l'entourage à toutes les fonctions brodées de la future cour. — La marquise de Contades. — Son esprit et son influence. — Payement d'une ancienne dette. — Deux invitées à sensation. — Rumeurs et commentaires. — Inquiétudes de MM. de Morny et de Persigny. — Leur double démarche auprès de Napoléon III. — Ils échouent. — Opinion de M. Mocquard. — Décision de l'Empereur. — Le bouquet de violettes. — Annonce du mariage. — Couplets satiriques. — Soirée chez mademoiselle Constance. — Envoi d'un volume de Florian. — Préparatifs du mariage. — On veut éloigner miss Howard. — Son départ de Paris et son prompt retour. — La comtesse de Beauregard. — Dernière entrevue. — Le mariage. — Les épithalames.

La première réunion à Compiègne qui suivit la proclamation du second Empire ne fut pas réglée avec autant de minutie et d'étiquette que celles qui vinrent après. C'était tout simple; on en était encore au ménage de garçon. La maison n'était pas encore complétée et le pauvre Bacciochi avait un mal affreux à conduire sa barque au milieu des demandes, des réclamations et des exigences de toute sorte dont il était accablé.

On s'y préoccupait beaucoup, du reste, de cette formation de la maison civile du nouvel Empereur, qui très-probablement serait promptement suivie de celle d'une maison de l'Impératrice, puisque M. Troplong avait glissé dans son rapport l'expression engageante du désir « que dans un avenir peu éloigné une épouse vînt s'asseoir sur le trône qui allait s'élever et qu'elle donnât à l'Empereur des rejetons dignes de lui, dignes du pays. »

On ne rêvait donc dans l'entourage et parmi les familiers que de clefs de chambellans, de costumes d'écuyers et de préfets du palais ; on allait même jusqu'à renouveler en imagination la jolie institution des pages, que Napoléon Ier n'avait pas dédaignée. J'ai connu un brave gentilhomme qui, possédant un fils dont les aptitudes en fait d'équitation donnaient déjà plus que des espérances, accourut à Compiègne pour solliciter par avance du nouveau souverain l'admission de ce jeune homme dans le corps des pages qui ne pouvait manquer d'être rétabli. « Des pages ? en aurons-nous ? » lui répondit Napoléon III en tournant sa moustache ; et ce manque d'enthousiasme pour une institution qui lui semblait si nécessaire mécontenta fort son interlocuteur.

La marquise de Contades, fille du vieux général de Castellane, lequel allait dans un avenir très-rapproché recevoir le bâton de maréchal de France, animait de son esprit et de sa verve cette cour naissante où l'imagination marchait si vite et où l'on faisait tant de projets. Elle y exerçait une véritable influence et y recommanda au choix de l'Empereur plusieurs des futurs titulaires de sa maison civile, tels que chambellans et écuyers. Les premières journées de ce séjour à Compiègne, dont la fin devait être si curieusement marquée par la décision matrimoniale de l'Empereur, avaient vu la solution définitive d'une affaire d'argent assez singulière elle-même :

Louis-Napoléon avait en 1848, pour les frais

de son élection et probablement avec la pensée que l'emploi de cet argent serait fructueux, emprunté une somme considérable, soixante mille écus romains, c'est-à-dire, trois cent vingt-quatre mille francs, au marquis Pallavicini, lequel avait pris hypothèque sur les domaines du prince situés dans les États pontificaux, près de Civita-Nova. Il avait été convenu que le remboursement de la somme totale n'aurait pas lieu avant le 15 janvier 1851; afin que le marquis Pallavicini pût, durant cet espace de temps, trouver pour ses fonds un placement convenable.

Mais le 15 janvier 1851, Louis-Napoléon n'était pas en mesure de rembourser son créancier. Il demanda plusieurs fois des délais, et le marquis Pallavicini finit par nommer le duc de Galliera son mandataire spécial pour toucher, en son nom, des mains du prince, les trois cent vingt-quatre mille francs, qui ne purent être intégralement rendus qu'en 1852.

On prétend qu'avant le coup d'État, le prince, causant avec M. Mocquard et quelques familiers, aurait dit qu'il ne serait pas impossible qu'il quittât l'Élysée pour la prison de Clichy, alors existante ; ajoutant en riant : « J'ai toujours été habitué à avoir un factionnaire à ma porte. » Était-ce aux trois cent vingt-quatre mille francs du marquis Pallavicini qu'il faisait allusion alors? il avait d'ailleurs d'autres dettes que celle-là et plus urgentes encore, peut-être.

Mais bientôt, à Compiègne, tous les esprits, toutes les imaginations, absorbés jusque-là par des questions de détail souvent puériles, se concentrèrent fiévreusement sur un fait d'une importance capitale, et digne assurément d'inspirer l'émotion générale qu'il produisait.

Deux étrangères avaient été invitées à Compiègne et pour un certain nombre des personnes présentes c'étaient des inconnues. Il fallait, en effet, avoir fréquenté les salons du dernier règne, surtout les salons des grandes ambassades, pour se rappeler ces nouvelles venues à la cour de Napoléon III, qui lui-même, alors que toute la haute société les connaissait si bien, n'avait fait que les entrevoir une fois avant le voyage de Compiègne.

Ces deux invitées à sensation n'étaient autres que madame de Montijo et sa fille Eugénie, jeune

Espagnole exceptionnellement douée au point de vue de la beauté et de la grâce, d'abord entrevue dans le grand monde diplomatique, plus répandue ensuite et ayant même, par l'effet naturel du charme de ses relations, su se créer à Paris quelques solides et sincères amitiés.

La comtesse de Montijo était la fille de M. Kirkpatrick, autrefois consul d'Angleterre dans un port d'Espagne ; fort jolie dans sa jeunesse, elle avait épousé, un peu par hasard, le comte de Téba, cadet d'une grande famille espagnole, devenu comte de Montijo à la mort de son frère aîné, et elle en avait eu deux filles. L'une était devenue duchesse d'Albe et de Berwick en s'alliant au rejeton d'une des vieilles et nobles maisons de la Péninsule. Elle est morte à Paris en 1860. L'autre, par un jeu singulier et frappant de la destinée, devait s'asseoir sur le trône de France et en prendre, pour ainsi dire, possession de par le droit de la beauté.

Il faut bien le dire, le cadre dans lequel se produisait tout à coup cette individualité charmante était merveilleusement propre à en faire valoir les perfections. Ce mouvement, ces chasses que mademoiselle de Montijo suivait avec tant d'ardeur et d'habileté, car, même à côté de la marquise de Contades, entreprenante amazone, elle brillait, à cheval, par sa grâce et son intrépidité ; ces spectacles, ces petits bals intimes qui terminaient des journées si remplies, tout semblait réuni pour faire ressortir sa supériorité féminine. La sympathie naissante de Napoléon III pour la belle étrangère n'échappa pas longtemps aux regards et aux commentaires des invités, parmi lesquels se trouvaient plusieurs des membres de la famille impériale, entre autres les princesses Mathilde et Murat, les princes Napoléon, Murat et Lucien Bonaparte. Chacun se montrait naturellement très-attentif à tous les développements, à toutes les péripéties de cette romanesque aventure. MM. de Morny et de Persigny commencèrent à s'en inquiéter. M. de Persigny, le premier, s'en expliqua avec Napoléon III. Il le suivit un soir dans sa chambre à coucher au moment où il se retirait et commença à faire en plaisantant une allusion directe à la passion nouvelle de son maître. La physionomie froidement sévère de Napoléon III l'arrêta sur-le-champ. Il vit que le cas était sérieux et résolut aussitôt de tenter une attaque sérieuse. M. Fialin de Persigny, le compagnon des mauvais jours, avait, dans l'intimité, l'habitude de tutoyer son impérial ami.

Ses observations, qu'il voyait mal reçues, prirent un caractère de plus en plus violent à mesure qu'il s'animait, et en dépit de la présence dans un cabinet voisin du valet de chambre de l'Empereur.

Il réunit toutes les objections qui pouvaient être présentées, même celles résultant des cancans et commérages débités si légèrement sur le compte de mademoiselle de Montijo dans toutes les ruelles et dans tous les cercles, commérages basés sur le laisser aller de son éducation première, suivie de l'existence nomade, aux eaux, dans les hôtels, dans les lieux publics, à travers laquelle madame de Montijo avait promené la jeunesse de sa fille.

Voyant que ce genre d'arguments échouait complétement, M. de Persigny, saisissant son interlocuteur par le bouton de son habit, alla jusqu'à lui dire : « Ce n'était ma foi pas la peine que tu fisses le coup d'État pour finir d'une telle façon. »

Cette scène avait été très-vive, et les éclats de la voix de M. de Persigny s'étaient même fait entendre au dehors, dans les couloirs du palais. M. de Morny reprit la même thèse le lendemain matin, mais avec le calme, la mesure d'un homme d'État doublé d'un homme de cour. Ses arguments furent surtout politiques, et il a dit depuis qu'une des meilleures raisons qu'il eût trouvées était de dire à l'Empereur que, puisqu'il n'attachait pas d'importance à ce que sa future épouse sortît d'une famille plus ou moins souveraine, mieux valait cent fois la prendre dans les rangs de la noblesse française que dans ceux de la noblesse étrangère. Inspirées par un zèle éclairé, présentées avec la modération qui lui était ordinaire, ces objections de M. de Morny ne produisirent aucun effet sur l'esprit de Napoléon III. Ce dernier parla un instant de l'impératrice Joséphine, puis ne répondit plus. Ce qu'il ne disait pas et ce que son interlocuteur devinait très-bien, c'était la passion violente qui le dominait.

Si quelqu'un de son entourage avait pu, en cette circonstance grave, exercer sur son esprit une influence sérieuse, c'eût été cependant le comte, depuis duc, de Morny. Curieuse figure historique que celle de ce personnage complexe, homme d'énergie et d'action sous les agréables apparences et le vernis du monde, nature parfaitement organisée pour les grandes affaires, et réunissant toutes les séductions, toutes les forces du pouvoir. Jamais ministre de l'intérieur ne rédigea mieux une dépêche aux agents supérieurs de son administration; jamais, dans l'exercice de l'autorité, on ne donna des ordres plus pratiques et plus précis; vigueur, initiative, sûreté de coup d'œil, sang-froid et, encadrant tout cela, une sorte d'aisance élégante qui trahissait toujours l'homme de salon, tel était l'ensemble de ses qualités gouvernementales. Type particulier du gentilhomme financier qui n'existait pas autrefois, mais que les mœurs actuelles expliquent, M. de Morny a trouvé dans les partis de très-violents détracteurs. On lui a reproché, et souvent très-amèrement, de s'être trop complaisamment engagé dans les affaires industrielles et financières, et le fait est qu'il est allé très-loin dans cette voie et a quelquefois dépassé les limites permises à un homme politique ; mais, en même temps, tous étaient forcés de confesser son énergique habileté et la dignité de sa conduite au moment où parut le déplorable décret concernant les biens de la famille d'Orléans.

Dans tous les cas, il ne réussit pas mieux auprès de Napoléon III que l'irascible et bizarre Persigny, qui l'avait si mal remplacé au ministère de l'intérieur.

De tous ces conseillers intimes de Napoléon III, le chef de son cabinet, M. Mocquard, fut, on ne sait pourquoi, le mieux disposé, dès le principe, à admettre favorablement le choix que l'Empereur semblait faire. Peut-être, avec sa finesse ordinaire, avait-il compris tout d'abord qu'il serait au moins inutile de lutter contre une résolution déjà formée dans l'esprit de son maître, dont il connaissait le caractère autant qu'il était possible de le connaître. Je reviendrai ultérieurement sur cette figure très-intéressante du chef du cabinet de Napoléon III, pour signaler le rôle si important qu'a joué M. Mocquard et l'influence occulte, mais considérable, qu'il a exercée sur les décisions politiques et privées du règne.

La résolution de l'Empereur, en ce qui touchait ce mariage, était bien prise, en effet; il cédait à sa passion que les obstacles ne faisaient qu'irriter. L'issue de cette intrigue matrimoniale ne fut bientôt plus douteuse pour personne, et, un soir, comme on dansait, sans cérémonie, dans la galerie des Chasses, mademoiselle Eugénie de Montijo s'étant embarrassée dans les plis de sa longue robe et ayant fait une chute sans gravité, l'expression d'inquiétude qui se manifesta soudain sur le visage ordinairement impassible de Napoléon III, ne put que confirmer la nature et la vivacité de ses sentiments dans l'esprit de toutes les personnes qui assistaient à cette petite scène, au nombre desquelles je me trouvais moi-même. Un bouquet de violettes, offert par Napoléon III au moment d'un dîner, fut le signe convenu entre les deux éminents personnages de l'irrévocable décision prise par lui d'épouser la comtesse de Téba et de l'associer à ses futures destinées. Assurément, ni l'un ni l'autre ne voyait alors de nuage dans son horizon; pas même un de ces « points noirs » qui ont tant égayé l'Europe dans les dernières années de l'Empire.

De Compiègne, la grande nouvelle se répandit bien vite jusqu'à Paris, où elle fut assez diversement accueillie. La haute société, légitimiste et orléaniste, railla et fit des bons mots. La bourgeoisie étonnée échangea sourdement des objections qui n'étaient pas exemptes de malveillance : une Espagnole sur le trône ! L'influence cléricale n'allait-elle pas apparaître sous peu et n'allait-on pas entrer dans la voie de tout sacrifier aux intérêts catholiques? On sait que c'est là un grand épouvantail pour la classe moyenne à Paris, et puis on faisait remarquer que la nouvelle Impératrice n'apportait avec elle ni alliances politiques ni dot princière. Sa beauté, dont on parlait beaucoup déjà, voilà tout ce qu'elle avait à échanger contre une couronne. C'était assurément quelque chose, disaient les sceptiques ; on comptait aussi sur une énergie dont la jeune femme paraissait capable et qui pourrait un jour se trouver une qualité précieuse chez la compagne de Napoléon III.

Quant au peuple, auquel le romanesque n'a jamais déplu, habitué à voir dans les féeries les rois se marier selon leur cœur, sauf, au besoin, à épouser des bergères, estimant que la plus belle était la plus digne de s'asseoir sur le trône, à leur côté, il partageait assez cet avis, et voyait là un abandon des traditions qui ne lui déplaisait pas.

La famille de l'Empereur, pour laquelle il avait déjà tant fait, s'inclina d'assez bonne grâce devant sa volonté, sauf le prince Napoléon. Sa sœur, la princesse Mathilde, plus sensée et plus dévouée, dit, à propos du prochain mariage de son cousin : « Les sœurs de Napoléon Ier ont fait des difficultés pour porter la traîne de la robe de l'Impératrice lors de la cérémonie ; quant à moi, je n'en ferai certainement aucune. »

Et pendant que l'on préparait les communications officielles à faire aux grands corps de l'État, la verve railleuse des adversaires se répandait dans toutes les sphères sociales en diatribes, en jeux de mots, en couplets. Le déchaînement des colères sourdes fut même plus grand, à cette

époque, qu'il ne l'avait été après le coup d'État.
On fit circuler ces quatrains d'origine inconnue :

> Chacun son goût et sa marotte :
> Les cheveux roux sont en faveur,
> Rien ne peut plaire au carotteur
> Autant que la couleur carotte.

Et cet autre après la célébration du mariage :

> Depuis que de César, en ses sacrés parvis,
> Un archevêque a béni l'amourette,
> Notre-Dame de Paris,
> C'est Notre-Dame de Lorette.

Tout le monde connaît la chanson populaire qu'on répandit dans les faubourgs, qu'on osa même coller, une nuit, sur les murs des Tuileries, et qui commence par ce couplet :

> Amis du pouvoir,
> Voulez-vous savoir
> Comment Badinguette,
> D'un coup de baguette,
> Devint par hasard
> Madame César?

On m'a dit que l'auteur de cette chanson, fort

peu littéraire d'ailleurs, et pleine de grossiers défauts de versification, était un ouvrier ou contre-maître des faubourgs. J'ai vainement cherché à approfondir ce mystère. La légende veut qu'après l'audacieuse apposition de son œuvre sur les murs des Tuileries, il ait été découvert et arrêté par la police, puis transporté à Cayenne. Rien de certain sur ce point.

Il y eut à cette époque une soirée donnée par mademoiselle Constance, l'actrice, et où se trouvaient réunies bon nombre de celles des princesses de la rampe qui avaient paru dans les parties galantes de Compiègne et de Saint-Cloud. Dans un moment d'épanchement, l'une des plus séduisantes de ces dames dit naïvement à sa voisine : « Ah! ma chère, si j'avais su! — Et moi donc! reprit son interlocutrice. — Si nous avions su! ajoutèrent en chœur un certain nombre d'entre elles. — Eh bien! si vous aviez su? demanda un auteur dramatique qui se trouvait là, que serait-il donc arrivé? — Il serait arrivé que l'une de nous serait Impératrice. — Oui, mais vous ne saviez pas. — Hélas! mais nous pouvons nous venger. — Ah! par exemple,

expliquez-moi cela. — C'est bien simple : j'ouvre une souscription pour acheter le plus bel exemplaire qui existe des amours d'Estelle et de Némorin, par M. de Florian. Nous le ferons relier en superbe chagrin noir et nous marquerons à l'intérieur du volume, avec un ruban vert, comme ceux dont les bergers amoureux ornent leurs chapeaux, à la page 37, le passage suivant :
« Bientôt Némorin connut toute la violence du feu qui le dévorait, mais il n'était plus temps de l'éteindre. »

« Tout dit, craignez de perdre un jour
De la belle saison d'amour; »

et nous enverrons le volume au nouvel époux. »

On m'a assuré que le livre relié en chagrin noir était parvenu à l'Empereur, mais l'envoi ne fut naturellement pas signé, et pour cause.

En présence des grands corps de l'État, Napoléon III prononça ces paroles : « Quand, en face de la vieille Europe, on est porté par la force d'un nouveau principe à la hauteur des anciennes dynasties, ce n'est pas en vieillissant son blason et en cherchant à s'introduire à tout prix dans la famille des rois qu'on se fait accepter, c'est bien plutôt en se souvenant de son origine, en conservant son caractère propre et en prenant franchement vis-à-vis de l'Europe la position de parvenu, titre glorieux lorsqu'on parvient par le libre suffrage d'un grand peuple. » Ce fier langage avait un grand défaut; celui de n'être pas conforme à la réalité des faits. L'Europe à laquelle on s'adressait se rappelait fort bien que c'était après avoir frappé à bien des portes princières qui ne s'étaient point ouvertes, que l'Empereur avait songé à l'alliance matrimoniale qu'il concluait en se donnant la qualification de parvenu. Cette qualification elle-même, qui pouvait (quoique ce ne fût pas dans l'intention du nouvel Empereur des Français) paraître quelque peu provoquante aux yeux des vieilles dynasties de l'Europe, cette qualification elle-même était fort discutable; car, lorsqu'on prenait le nom de Napoléon III, lorsqu'on se posait, par conséquent, comme successeur des deux premiers Napoléons, il n'était guère possible de se vanter de n'être qu'un parvenu.

Mademoiselle de Montijo et sa mère avaient,

depuis la notification officielle du mariage, été installées au palais de l'Élysée. Là, elles ne recevaient plus qu'un nombre assez restreint de leurs anciennes connaissances, qui toutes, naturellement, saluant le soleil levant, seraient aisément devenues ambitieuses et gênantes. Parmi les exceptions se trouvait madame Gould, femme d'un négociant anglais qui avait fait fortune en Portugal et s'était retiré des affaires en venant habiter Paris. C'était une amie d'assez vieille date, à laquelle la comtesse de Téba, devenue Impératrice, fit don, ne pouvant pas la nommer dame du palais, comme madame Gould l'aurait désiré, disait-on, d'un superbe médaillon orné de son portrait, preuve ostensible de son amitié, que madame Gould paraissait très-fière de porter.

Les Rothschild, les Aguado faisaient partie des élus, ainsi que cet affreux Mérimée, affreux, non pas au physique, car c'était au contraire un fort bel homme, mais au moral, à cause de ce scepticisme égoïste qu'il ne prenait même pas la peine de dissimuler et qui faisait le fond de son caractère. Quoiqu'il fût dès cette époque extrêmement intime et assidu, on ne disait pas encore, cependant, qu'il eût épousé secrètement madame de Montijo. Si ce bruit fût alors parvenu aux oreilles de l'Empereur, cela l'aurait-il arrêté dans l'exécution de son dessein? On peut dire qu'avec son caractère il eût peut-être été ébranlé par cette considération plus que par toutes les raisons politiques si chaleureusement développées devant lui. Mais de là à dominer entièrement sa passion il y avait encore bien loin.

La maison de l'Empereur et celle de la future souveraine devaient être bientôt composées et formées selon les traditions du premier Empire. Par un décret en date du 31 décembre 1852, furent nommés dans la maison de l'Empereur : premier aumônier, l'évêque de Nancy, monseigneur Darboy, la future victime des fureurs de la Commune de Paris en 1871, singulier et triste rapprochement ! grand maréchal du palais, le maréchal Vaillant ; premier préfet du palais, le colonel, depuis général de Béville, tout naturellement désigné à la faveur de Napoléon III par l'habileté et la discrétion avec lesquelles il avait, au 2 décembre, accompli la délicate mission de porter les décrets à l'imprimerie nationale et de les faire imprimer sous ses yeux ; grand chambellan, le duc de Bassano, qui, pour cette haute position de cour, abandonnait le poste de ministre de France à Bruxelles ; choix heureux sous tous les rapports, car le duc et la duchesse de Bassano, née d'Hoogworst, et morte aujourd'hui, ont rendu par leurs formes pleines d'aménité et de courtoisie de véritables services au gouvernement impérial ; premier chambellan, le comte Bacciochi ; grand écuyer, le maréchal de Saint-Arnaud ; imitation du premier Empire, où plusieurs des grandes charges de cour étaient remplies par des maréchaux dont ces sinécures dorées doublaient presque les appointements ; premier écuyer, le colonel, depuis général Fleury ; souvenir naturel d'un dévouement qui en a fait le Junot du second Empire ; grand veneur, le maréchal Magnan ; premier veneur, le colonel, depuis général Edgard Ney ; grand maître des cérémonies, le duc de Cambacérès, l'aîné des neveux de l'archi-chancelier, ancien pair de France sous Louis-Philippe, nom qu'il était tout simple, d'ailleurs, de retrouver parmi ceux des dignitaires du nouvel Empire. Des chambellans, des préfets du palais, des maîtres et aides des cérémonies, des aides de camp, officiers d'ordonnance et écuyers complétaient la maison civile et la maison militaire de l'Empereur.

Au milieu des préoccupations que lui causaient tous les arrangements intérieurs et les préparatifs que nécessitait la réalisation du grand acte qu'il allait accomplir, une idée dominait la pensée de Napoléon III ; c'était celle d'éloigner miss Howard qui, grâce à la discrétion du petit cercle dont elle était entourée, en était encore à ignorer tout. Il chargea le fidèle M. Mocquard d'aller trouver son ancienne maîtresse et de lui persuader de faire un voyage à Londres pour s'y aboucher avec un certain Jack-Young-Fitzroi, qui tenait une sorte de cercle que Louis-Napoléon avait fréquenté durant son séjour en Angleterre, et qui prétendait avoir des lettres de lui qu'il saurait publier au besoin. M. Mocquard devait offrir à miss Howard de l'accompagner dans ce voyage. Ils partirent ensemble, en effet ; mais, arrivée à Boulogne, miss Howard ayant lu dans un numéro du *Moniteur* qui venait de paraître un article relatif au mariage de l'Empereur avec la comtesse de Téba, elle comprit qu'on voulait l'éloigner et qu'elle était dupe d'une mystification ; il y eut là une scène violente ; en dépit des prières et même des menaces de Mocquard, qui voulait absolument l'embarquer pour l'Angleterre, miss Howard reprit le chemin de Paris, où elle rentra dans son hôtel de la rue du Cirque. Là, une nouvelle surprise l'attendait : elle trouva deux de ses meubles forcés. Ces meubles renfermaient des papiers secrets d'une grande importance pour elle, notamment sa correspondance avec Louis-Napoléon ; ce dernier, redoutant la colère de son ancienne maîtresse en apprenant son mariage, avait prudemment fait enlever par la police des documents qui auraient pu devenir compromettants pour lui.

Miss Howard épuisa sa colère en vaines déclamations. « Si l'Empereur, disait-elle, s'alliait à quelque maison souveraine, s'il épousait une princesse de sang royal, je ne me plaindrais pas. » Plaintes inutiles et regrets superflus ; l'Empereur, qui avait été instruit de suite de son retour à Paris, crut cependant devoir faire quelque chose pour la calmer ; il lui envoya dire qu'il la faisait comtesse de Beauregard et lui donnait la terre et le château de ce nom. Il ne s'en tint pas là, d'ailleurs, pour acquitter sa dette de reconnaissance envers une femme qui avait engagé sa fortune pour la réussite du coup d'État, et avait plusieurs fois tiré Napoléon III d'une situation difficile, notamment en 1851, en acquittant des billets protestés chez Montaut, changeur au Palais-Royal. Voici, du reste, la note manuscrite trouvée aux Tuileries après le 4 septembre 1870 :

« J'avais promis 3 millions, plus les frais d'arrangement de Beauregard, que j'évaluais tout au plus à 500,000 francs.

« J'ai donné 1,000,000 le 24 mars 1853, suivant reçu.
1,500,000 le 24 janvier 1854.
1,414,000 en rentes sur l'État.
585,000 en payements à 58,000 francs par mois, à partir du 1er janvier 1855.
950,000 en payements à 50,000 francs, à partir du 1er janvier 1853 jusqu'au 1er janvier 1855.

———
5,449,000

Cette note, écrite de la main de l'Empereur, fixe absolument l'opinion sur la quotité des sommes reçues par miss Howard, à laquelle son titre et sa fortune ne profitèrent guère, par parenthèse, car après avoir épousé à Florence un homme qui la rendit très-malheureuse, elle voulut revoir Paris en 1865, et y mourut subitement cette même année.

Peu de temps après le mariage de l'Empereur, et après en avoir reçu le titre de comtesse, elle s'était décidée à se rendre en Angleterre afin de disparaître un moment aux regards curieux et railleurs des adversaires de l'Empire. Elle écrivit alors à Napoléon III la lettre suivante : «Sire, je vais partir. Je me serais aisément sacrifiée à une nécessité politique, mais je ne puis vraiment vous pardonner de m'immoler à un caprice. J'emmène avec moi vos enfants (c'étaient ceux de la blanchisseuse de Ham qu'elle élevait) et, nouvelle Joséphine, j'emporte votre étoile; je sollicite seulement une dernière entrevue pour vous faire un adieu éternel. J'espère que vous voudrez bien ne pas me la refuser. »

Cette lettre lui avait été très-probablement dictée. Dans tous les cas, sa demande fut exaucée : l'Empereur se rendit incognito rue du Cirque et eut un dernier entretien avec celle qui si longtemps avait été pour lui une providence.

Revenons au mariage.

Après avoir constitué une maison civile de l'Empereur, on s'occupa de celle de l'Impératrice. Elle fut d'abord composée : d'une grande maîtresse, la princesse d'Essling ; d'une dame d'honneur, la duchesse de Bassano ; de six dames du palais, mesdames Gustave de Montebello, Feray, de Pierres, Lezay-Marnesia, de Malaret et de Las Marismas ; d'un grand maître, le comte ensuite duc Tascher de la Pagerie ; d'un premier chambellan, Charles Tascher de la Pagerie, d'un chambellan, le vicomte Lezay-Marnesia, et d'un écuyer, le baron de Pierres. Depuis lors, la maison de l'Impératrice s'accrut de dames du palais, de chambellans, d'écuyers et même de demoiselles d'honneur. L'Impératrice désigna pour sa lectrice une ancienne amie, une seconde madame Gould, nommée madame de Vagner.

La date du mariage religieux fut fixée au 30 janvier. La malignité publique s'était emparée du mot *parvenu*, prononcé par l'Empereur dans son discours aux grands corps de l'État, et on lança encore le quatrain suivant :

> Parvenu se pose en Titus,
> Mais il agit en sens contraire,
> Car il compte pour jours perdus
> Tous ceux qu'il passe sans mal faire.

Il y eut un assez grand nombre d'arrestations de gens qui, soit au quartier Latin, soit dans les cafés des boulevards, s'étaient permis des plaisanteries sur la fiancée de l'Empereur : un commis de M. Ritter, coulissier, rue de Hanovre, fut jeté en prison pour des paroles inconvenantes relatives au mariage ; deux ouvriers du boulevard Beaumarchais qui, sur le même sujet, échangeaient entre eux des propos malsonnants, furent également saisis par la police. Dans un café de la place des Victoires, un jeune homme eut l'imprudence de raconter à des amis qu'à Spa il avait dansé plusieurs contredanses avec mademoiselle Eugénie de Montijo, qui lui avait semblé avoir autant d'entrain que de charmes ; il fut arrêté en sortant du café. Un auteur dramatique qui, lors de l'arrivée à Paris de madame de Montijo et de sa fille, se disait épris de cette dernière, eut le même sort ainsi que bon nombre de correspondants de journaux étrangers qui, en Belgique surtout, publiaient les informations de Paris les plus hostiles et les plus outrageantes.

Celles de ces mesures qui furent connues firent beaucoup crier le public, et cependant il était fort naturel, comme M. de Morny le reconnut lui-même, que l'Empereur ayant fait un choix matrimonial, il en défendît et en fît respecter l'objet.

Le 29 janvier 1853, à huit heures du soir, le duc de Cambacérès, grand maître des cérémonies, se rendit au palais de l'Élysée avec deux voitures de la cour entourées d'une nombreuse escorte. Il allait chercher mademoiselle de Montijo ainsi que sa mère, pour les conduire aux Tuileries, où devait avoir lieu la cérémonie du mariage civil ; les voitures s'arrêtèrent, en revenant, au pavillon de Flore, où le duc de Bassano, grand chambellan, le maréchal Saint-Arnaud, grand écuyer, le colonel Fleury, premier écuyer, des chambellans et des officiers d'ordonnance attendaient l'arrivée de la future souveraine.

On se dirigea vers l'appartement dit salon de Famille; à l'entrée du premier salon du palais, le prince Napoléon et la princesse Mathilde, sa sœur, attendaient la fiancée impériale, qu'ils conduisirent à l'Empereur ; celui-ci, entouré du prince Jérôme, son oncle, des ministres, cardinaux, maréchaux et amiraux, la reçut solennellement, et la cour se rendit alors en cortége dans la salle des Maréchaux, où devait avoir lieu la cérémonie. Le ministre d'État, M. Fould, auquel incombait, en cette circonstance, la charge d'officier de l'État civil, était entouré des témoins de la future Impératrice. C'étaient MM. le marquis de Valdegamas, ministre d'Espagne à Paris, le duc d'Ossuna, le marquis de Bedmar, grands d'Espagne de première classe, le général Alvarez de Toledo et le comte de Galve, parent de mademoiselle de Montijo; les témoins de l'Empereur étaient le prince Jérôme, son oncle, et le prince Napoléon, son cousin.

L'ancien registre de l'État civil de la famille impériale avait, particularité assez curieuse, été conservé par des dévouements subalternes ; il reparut dans cette circonstance solennelle, et ce fut sur ses pages, après l'acte d'adoption par Napoléon Ier d'Eugène, fils de Joséphine, et celui mentionnant la naissance du roi de Rome le 20 mars 1811, que fut inscrit l'acte qui sanctionnait l'union de Napoléon III et de la comtesse de Téba.

Le lendemain, le cortége nuptial se dirigeait vers Notre-Dame, splendidement préparée à le recevoir avec ses quinze mille bougies éclairant les riches tentures dont on avait paré les vieux arceaux gothiques. Comme la veille, le grand maître des cérémonies était allé chercher à l'Élysée la fiancée impériale, ainsi que sa mère; l'Empereur, avant de monter dans le carrosse d'apparat qui devait le conduire à la vieille basilique, parut avec sa future épouse au balcon des Tuileries et la présenta aux troupes qui étaient massées dans la cour et sur la place du Carrousel, puis le cortége se mit en marche. On avait sur le conseil de M. de Persigny, qui aimait à entrer dans ces sortes de détails, cherché autant que possible à imiter celui du mariage de Napoléon Ier. Le nombre des voitures était le même : trois carrosses à six chevaux étaient occupés par les titulaires des grandes charges de la cour, la princesse Mathilde, la comtesse de Montijo, le prince Jérôme et son fils. Un intervalle de trente pas les séparait du carrosse impérial, le même qui avait servi au sacre de Napoléon I$^{er}$, voiture splendide de dorures et d'ornements, traînée par huit chevaux de robe pareille, escortée aux portières de gauche et de droite par le grand écuyer, le grand veneur, le général commandant la garde nationale de Paris et le premier écuyer. Ce magnifique cortége était précédé d'un escadron des Guides, corps nouvellement formé et suivi d'une division de grosse cavalerie. La foule se pressait sur son passage et n'était que difficilement contenue par la double haie formée par la garde nationale et l'armée qui tenaient chacune un des côtés de la chaussée. Tous les yeux étaient tournés vers la voiture impériale, car la plus vive curiosité régnait dans les masses populaires, avides surtout de contempler les traits de la belle étrangère qui avait su inspirer au nouvel Empereur une résolution de cette nature. Le peuple de Paris, je l'ai déjà dit, aime beaucoup le romanesque et l'imprévu ; son imagination naturelle et le goût du théâtre ont développé en lui des instincts particuliers qui, en cet instant, trouvaient un aliment naturel dans le spectacle qui se déroulait devant lui.

En de telles circonstances, il est difficile de ne pas trouver des poëtes plus ou moins bien inspirés, plus ou moins bons courtisans, qui s'empressent d'accorder leur lyre et d'invoquer le dieu Hymen. Cette fois, ce furent MM. Arsène Houssaye, Méry, Philoxène Boyer, Belmontet, qui se chargèrent de ce soin. On remarqua surtout dans ce débordement de poésie ces quatre vers délicats et galants, qui sentaient d'une lieue la poudre à la maréchale :

> D'un bonheur qui nous fuit, ah! bénissons les causes.
> Fêtons d'un même accord Eugénie et les roses.
> Hymen, tourne longtemps le fuseau de l'amour,
> Et prolonge la nuit jusqu'à la fin du jour.

## III

Une dépêche confidentielle du duc de Bassano. — Journal d'un travail secret de gravure. — Mademoiselle de Montaut, héritière du sieur Lale. — Un secret d'État. — Détails. — Histoire du comte Camerata. — Sa mort. — Faits étranges. — Mademoiselle Marthe. — Ministère de la police générale. — Inspecteurs généraux et spéciaux de la police. — Mot du chancelier Pasquier. — La police un peu dans tout.

J'ai dit que le duc de Bassano avait échangé contre la dignité de grand chambellan la haute position diplomatique qu'il occupait à Bruxelles. Avant de quitter ce poste, il eut l'occasion de rendre à la famille Bonaparte un singulier, mais très-réel service, que les découvertes et indiscrétions postérieures ont, du reste, rendu inutile. M. de Bassano n'en avait pas moins agi en fonctionnaire éclairé et en fidèle serviteur.

Voici ce qu'il écrivait, à la date du 20 mars

1852, avant le mariage de l'Empereur, à une personne qui fut sans doute M. Mocquard :

« Monsieur, j'ai à vous faire une communication d'une nature assez étrange. Vous jugerez si elle mérite d'être portée à la connaissance du prince-président. Voici ce dont il s'agit :

« Il paraît qu'en 1810 et, plus tard, en 1812, avant la campagne de Russie, S. M. l'Empereur ordonna de fabriquer une quantité considérable de faux billets de la banque d'Angleterre et de celle de Russie. Cette fabrication, dirigée par le ministère de la police, fut entourée du plus grand mystère, et la gravure des planches fut confiée à un sieur Lale, graveur habile du Dépôt général de la guerre. A une époque qui n'est pas précisée, le sieur Lale adressa à un des frères de Sa Majesté un récit circonstancié de la part qu'il avait prise à cette opération ; il l'intitula : « Extrait du « journal du travail de gravure qui m'a été con- « fié pour le service particulier du cabinet se- « cret de S. M. l'Empereur. » A sa mort, le manuscrit original de cette relation était parmi ses papiers, ainsi qu'une lettre du duc de Rovigo et une autre du sous-directeur du Dépôt de la guerre, se rattachant toutes deux aux circonstances que je viens de mentionner. Une des héritières du sieur Lale, mademoiselle de Montaut, sa nièce, se trouva en possession de ces trois pièces. Malgré le secret qu'elle garda scrupuleusement à leur sujet, leur existence ne resta pas ignorée. Des personnes hostiles aux gloires de l'Empire lui firent, à plusieurs reprises, l'offre de sommes importantes si elle voulait consentir à leur laisser ces pièces auxquelles on se proposait de donner de la publicité. Mademoiselle de Montaut ne voulut pas, par un sentiment de probité et de loyauté qui lui fait honneur, se prêter à ces perfides desseins. Elle refusa donc constamment, malgré l'état de gêne où elle vivait, les offres avantageuses qui lui étaient faites. Elle résolut de ne jamais se dessaisir des documents que le hasard avait placés entre ses mains, si ce n'était pour les remettre fidèlement un jour à l'héritier de l'Empereur. Elle désire maintenant accomplir le devoir qu'elle s'est imposé, et elle m'a prié de faire parvenir ces papiers au prince.

« Je m'acquitte de la mission qu'elle m'a confiée, et je vous envoie ci-joint, monsieur, les trois pièces dont il s'agit. Si vous avez le temps d'y jeter les yeux, vous vous convaincrez qu'il convenait que les révélations qu'elles contiennent ne fussent pas livrées aux ennemis du prince et de S. M. l'Empereur.

« Mademoiselle de Montaut n'a pas la pensée de vouloir mettre un prix à la remise de ces papiers ; elle n'a pas fait la moindre mention à cet égard ; mais je crois devoir vous faire connaître sa position. Elle est absolument dénuée de fortune ; elle n'a d'autres ressources que son travail. Elle est en ce moment institutrice des enfants du prince de Chimay. C'est une personne très-distinguée et très-méritante sous tous les rapports. »

A cette lettre étaient jointes les trois pièces en question. Dans la première, datée du 12 août 1812, le colonel Muriel, sous-directeur du dépôt général de la guerre, se plaint au sieur Lale de son éloignement momentané du Dépôt. Il lui demande la preuve que c'est par suite d'un ordre du gouvernement qu'il manque aux engagements qu'il a pris. La seconde renferme une attestation du duc de Rovigo, ministre de la police, que le sieur Lalc est chargé de dresser des *cartes très-secrètes* pour le cabinet de l'Empereur, et a reçu l'ordre de ne communiquer absolument avec qui que ce soit, excepté avec les artistes nécessaires à la confection de l'ouvrage.

La troisième renferme la relation, sous forme de journal, des faits qui se sont produits à propos du travail qui lui a été confié pour le service particulier du cabinet secret de l'Empereur. Cette relation, adressée à un des frères de Napoléon I$^{er}$, le roi Joseph très-probablement, débute ainsi :

« Il ne m'appartient pas d'approfondir les vues du gouvernement de cette époque, ni les motifs qui le forcèrent à adopter un pareil parti, pour porter à ses nombreux ennemis un coup qui devait amener la ruine complète de leurs ressources financières, ce qui devait paralyser avec le temps le nerf des opérations militaires de leurs armées, et les forcer à respecter l'indépendance de la France, à lui procurer une paix durable qu'elle avait acquise au prix de la valeur de ses nombreux guerriers, commandés alors par le plus grand capitaine de l'Europe, l'Empereur, votre auguste frère. Ma position, à cette époque, était de me soumettre aux ordres du gouvernement et de repousser avec indignation toutes propositions qui auraient eu pour but de prévenir les ennemis de la France des moyens que l'on employait contre eux. »

Après ce préambule, Lale commençait sa relation. Au début de l'année 1810, il se trouvait employé en qualité de premier graveur d'écriture au Dépôt général de la guerre. Il avait alors dix ans d'exercice et, comme tous les graveurs employés dans cet établissement, il gravait pour la ville, le matin et le soir, après les travaux du Dépôt.

Il reçut un jour la visite d'un personnage qui lui était inconnu. Celui-ci lui proposa la gravure d'une planche, qui offrait dans son exécution de très-grandes difficultés, l'original parfaitement exécuté à Londres, faisant partie d'un texte gravé en taille douce avec le plus grand soin. L'ouvrage, disait-il, était venu entre les mains d'un libraire de Paris qui désirait le compléter, et plusieurs cuivres se trouvant égarés, il s'agissait d'imiter servilement l'original. Lale se chargea de ce travail et, quinze jours après, il fit tirer des épreuves de sa planche, qu'il remit au personnage en question. Ce dernier parut émerveillé du travail, paya et disparut.

Quinze jours plus tard, il se présentait de nouveau et engageait Lale à l'accompagner chez le libraire, propriétaire de l'ouvrage. Lale l'accompagna, en effet, et sa surprise ne fut pas médiocre lorsque, arrivé devant l'hôtel du Ministère de la police générale, son compagnon l'invita à y entrer avec lui.

Introduit dans un petit salon et abandonné par son introducteur, il resta pendant près d'une heure à réfléchir sur son aventure. Enfin, un coup de sonnette vint lui annoncer qu'il allait être introduit. Il s'entendit appeler, traversa plusieurs pièces et se trouva dans le cabinet du premier chef de division de la police secrète, qu'il salua profondément et prit pour le ministre Fouché lui-même. « Je suis aux ordres de Votre Excellence, dit-il ; veut-elle bien me donner connaissance du motif qui m'amène devant elle ? — Je ne suis pas le ministre, répondit en souriant le chef de division, mais je suis chargé par lui de vous entretenir d'un travail qui va vous être confié et qui demande de votre part la plus grande discrétion. Vous en serez chargé seul, et vous répondrez de la régularité de son exécution. J'ai fait prendre des renseignements sur votre moralité; je n'ai rien oublié de ce qui pouvait nous donner la certitude que vous réunissez les capacités nécessaires pour entreprendre le travail que le gouvernement va vous confier. C'est à vous, monsieur, de répondre à ce que nous avons droit d'attendre de vous : zèle et discrétion, voilà quelle doit être la règle de votre conduite. Vous allez être dépositaire d'un grand secret d'État ; c'est à vous à vous tenir en garde contre tout interlocuteur qui voudrait le connaître et à nous prévenir de suite. Il faut dans cette affaire beaucoup de désintéressement et ne point sacrifier l'intérêt du gouvernement au profit de ses ennemis, qui ne manqueraient point de vous abuser par de séduisantes promesses, mais qui vous abandonneraient lorsqu'il s'agirait de nous rendre compte de votre trahison. — Je vous remercie, monsieur, de vos bons avis, reprit Lale; et je vous prie de me faire connaître le travail dont il est question. »

M. Desmaret (c'était le premier chef de division de la police secrète) sortit alors de son bureau une liasse énorme de billets de la banque d'Angleterre. Il plaça sur la table l'épreuve de la planche que Lale avait gravée et dit à celui-ci que cette gravure avait été vue par le ministre, qu'elle avait été comparée avec l'original et qu'elle s'était trouvée dans toutes ses parties d'une parfaite ressemblance. « Il nous est donc démontré, ajouta M. Desmaret, que vous pouvez imiter ces billets ; ils sont gravés en taille-douce et paraissent offrir à l'œil moins de difficulté dans leur exécution que la page que vous avez gravée. Ce travail sera de longue durée ; ce n'est qu'un commencement d'opération qui, par la suite, doit en amener d'autres ; vous seul serez chargé de l'exécution de toute la gravure du cabinet secret de l'Empereur, et pour vous prouver combien est grande la confiance que nous mettons en vous, vous êtes chargé de nous faire connaître un imprimeur en taille-douce qui réunisse, sous le rapport de l'habileté et de la moralité, toutes les qualités nécessaires à une pareille opération. »

Lale fit choix d'un imprimeur en taille-douce qui travaillait pour son compte, jouissait d'une excellente réputation et était d'un caractère peu communicatif. Il l'introduisit auprès de M. Desmaret et se retira à l'écart pour ne point assister à leur conférence. Trois jours après, à huit heures du soir, l'imprimeur, qui se nommait Malo, arrivait chez lui accompagné d'un M. Terrasson, commissaire du gouvernement, chargé spécialement de la surveillance du travail. Il fit choix d'un cabinet à côté de la pièce où Lale s'était installé pour travailler à sa gravure et, le lendemain, il apporta une presse. Cette presse était destinée à l'impression des épreuves des planches gravées par Lale, afin d'éviter des démarches multipliées qui auraient entraîné une grande perte de temps pour arriver aux corrections desdites planches. Seulement on adapta une chaîne aux croisettes de la presse et on y plaça un fort cadenas dont la clef fut remise au sieur Malo.

Lale occupait, dans le faubourg Saint-Jacques,

une petite maison composée de deux étages et d'un jardin, dont il était le seul locataire. Le premier étage avait trois croisées en face de la rue des Ursulines et n'était accessible à aucun voisin. La chambre d'entrée et la chambre à coucher de Lale avaient vue sur le jardin, qui était contigu à celui des Sourds-Muets. Le second étage était disposé de la même façon; même vue, même isolement. Ce logement était admirablement choisi pour la besogne qu'on y voulait faire.

Elle marcha vite cette besogne. Lale l'activa autant qu'il était en son pouvoir, sur les instances du gouvernement. Dans le commencement, il ne gravait pas ses planches avec beaucoup de sécurité, parce qu'il n'avait pas encore reçu l'autorisation du ministre, quoiqu'il la lui eût fait demander plusieurs fois. Enfin, le duc de Rovigo, qui venait de remplacer Fouché, ayant pris connaissance du travail, accorda cette autorisation si impatiemment attendue.

Lale en était à sa sixième planche gravée, ce qui, par le fait du tirage, devait déjà donner une très-grande quantité de billets faux, lorsque l'agent Terrasson se présenta chez lui à neuf heures du soir. Il lui donna l'ordre de placer dans son portefeuille les six cuivres dont la gravure était terminée et de l'accompagner. Tous deux furent bientôt en train de s'acheminer vers le boulevard Montparnasse, par une nuit si obscure que Lalé ne put s'empêcher de faire observer à son compagnon que le boulevard était bien peu fréquenté à cette heure. « Si des malveillants venaient nous attaquer, ajouta-t-il, et m'enlever mon portefeuille ? — Rassurez-vous, dit Terrasson, nous avons derrière nous trois gaillards qui ne tarderaient pas à nous secourir : pensez-vous que je m'aventurerais à cette heure si je n'étais point surveillé ? »

Ils arrivèrent ainsi au numéro 25 du boulevard ; c'était près la rue de Vaugirard. « Remarquez bien, dit Terrasson, la manière de sonner à la porte de cette maison. » Il sonna deux fois à intervalles égaux, puis mit la cloche en branle pendant dix minutes environ. Alors, un homme de forte taille vint ouvrir et refermer de suite la porte ; parvenu à l'extrémité d'un long couloir, l'agent prit les mêmes précautions ; la seconde porte s'ouvrit, ils traversèrent un petit jardin et pénétrèrent dans une grande pièce au rez-de-chaussée où se trouvait un cabinet particulier pour M. le directeur Fain, frère du secrétaire de l'Empereur. Lale fut présenté au directeur, qui l'accueillit bien et l'invita à l'accompagner à l'imprimerie; elle servait de dortoir aux imprimeurs ainsi qu'aux employés de la maison; les lits étaient à bascule et paraissaient être renfermés dans des armoires; on passa dans une seconde pièce, et Lale fut bien surpris d'y trouver Malo qui achevait de monter les presses qui devaient fonctionner le lendemain matin. C'était, en effet, un homme d'une discrétion à toute épreuve, qui avait gardé le silence même vis-à-vis de son camarade. Le directeur fit connaître Lale aux portiers de la maison, il leur donna l'ordre de le laisser entrer à toute heure de la nuit, et lui recommanda à lui-même d'observer exactement la consigne, sous peine de rester à la porte. Le plus grand silence régnait dans cette maison et la discrétion des employés était absolue. Le traitement des ouvriers imprimeurs était de neuf francs par jour, plus la nourriture. C'étaient des hommes mariés et d'une bonne conduite, pour la plupart d'un âge avancé. Lale s'était contenté du traitement qui lui avait été alloué par le ministre et qui s'élevait au double des appointements qu'il recevait comme premier graveur au département de la guerre, avec promesse d'une gratification que les événements ultérieurs l'empêchèrent de toucher. Dès qu'il fut parfaitement au courant des habitudes et des détails de la maison, il prit congé et retourna chez lui, toujours accompagné de Terrasson et de ses agents.

Assurément, cette imprimerie clandestine était admirablement organisée et dissimulée, et le gouvernement aurait pu la croire à l'abri des investigations extérieures ; mais il avait compté sans ses propres agents, et c'est un côté assez comique de cette mystérieuse aventure : il existait alors un certain commissaire de police nommé Maçon, qui passait pour l'homme le plus habile du monde, et qui, chargé spécialement de la police des Halles, étendait plus loin sa surveillance officieuse par suite d'une exubérance de ce zèle contre lequel M. de Talleyrand avait le soin de prémunir ses employés ; or, le commissaire Maçon avait été prévenu par ses agents qu'il existait sur le boulevard Montparnasse, au numéro 25, une imprimerie suspecte ; que l'on y voyait souvent entrer des gens qui, par leur mise, annonçaient de l'aisance ; que d'autres y étaient admis portant sous leurs bras des portefeuilles de ministres ; qu'on y introduisait plusieurs fois dans la journée des provisions de bouche considérables en raison du petit nombre de personnes qui entraient et sortaient de cette maison. Le commissaire prit donc la résolution de la faire investir et de saisir tout ce qu'elle contenait.

De son côté, le gouvernement était informé que, depuis quelques jours, plusieurs individus rôdaient autour du jardin de l'imprimerie du boulevard ; le rapport en avait été fait au ministère, et des mesures de précaution avaient été prises à l'effet de déjouer toute entreprise dirigée contre la sûreté de la maison.

Cependant, grâce aux profondes combinaisons du commissaire Maçon, un mardi, à deux heures du soir, le coup de sonnette se faisait entendre. Conformément à la consigne, le premier portier ouvrit à l'instant ; il se vit aussitôt prendre à la gorge, se défendit avec courage et cria : « Au secours! » L'alarme se répandit bien vite dans la maison ; les ouvriers se saisirent à l'instant de tout ce qui se trouvait sous leur main.

A la seconde porte d'entrée, ils s'aperçurent que deux agents s'étaient glissés furtivement par une petite fenêtre qui donnait sur le couloir. Ces deux hommes avaient pénétré en enfonçant avec leurs pieds cette petite croisée, dans la cuisine qui communiquait à un escalier dérobé, celui de l'imprimerie. Ils furent à l'instant saisis et terrassés par les ouvriers. Pendant ce temps, M. Fain, qui entendait frapper à coups redoublés à la seconde porte d'entrée, la faisait ouvrir, et était saisi à l'instant par le commissaire Maçon qui le tenait serré à la gorge. A peine l'infortuné directeur pouvait-il parler. Il conjura le commissaire de lire la pièce qu'il tenait à la main ; mais le farouche fonctionnaire ne voulait rien entendre et criait à ses nombreux agents d'appeler la force armée qui cernait le jardin et la maison.

Le parti assiégé tint bon et disputa le terrain pied à pied ; les coups de canne roulaient de la part des agents de police; les employés de la maison ripostaient avec des instruments de cuisine dont ils s'étaient emparés au moment du combat; il y eut des blessés de part et d'autre et le plancher était couvert de sang. Enfin, le commissaire Maçon, ayant pris connaissance du sauf-conduit et reconnu les signatures de l'Empereur et du ministre de la police, se rendit à discrétion; pâle et tremblant, il devint à l'instant l'homme le plus pacifique du monde. Présentant à M. Fain les plus humbles excuses, il ordonna à ses agents de se rallier et renvoya la force armée qui lui servait d'escorte; puis, honteux et confus, il se replia lui-même sur la préfecture de police, dont il n'aurait jamais dû sortir sans ordre. Mandé auprès du ministre le lendemain de cette affaire, il s'en fallut de très peu qu'il ne fût révoqué de ses fonctions.

Étrange et amusante aventure que celle de ce gouvernement pris en flagrant délit par ses propres agents, trop bien dressés!

Bientôt on ne s'en tint plus à la fabrication des faux billets de la banque d'Angleterre. Lale raconte qu'après l'interruption de ce premier travail il fut appelé de nouveau au ministère de la police générale et que, là, M. Desmaret lui annonça qu'il allait être chargé d'un travail important qui exigeait de sa part autant de discrétion que le premier et serait plus compliqué, mais qui offrait cet avantage qu'il pourrait être morcelé, divisé, de façon à ne point être deviné par ceux qui y seraient employés secondairement. Cette fois il s'agissait d'imiter les assignats et le papier de banque de la Russie. Ces billets, sur papier de couleur, étaient mal gravés, les caractères typographiques en étaient mauvais, mais les signatures s'en trouvaient très-compliquées ; seulement, elles pouvaient se graver à l'eau forte et même assez promptement.

On se mit à l'œuvre. Dix planches gravées sortaient de chez Lalé ; elles étaient portées à l'imprimerie du sieur Malo, rue de Vaugirard, n° 26, près du magasin d'équipements militaires, vaste hôtel que le ministère avait fait louer et où étaient installées vingt-trois presses en taille-douce qui fonctionnaient tous les jours jusqu'à onze heures du soir. L'imprimerie typographique, dirigée par M. Fain, était toujours dans le local du boulevard

Montparnasse, jadis assiégé par la police, à portée de celle de Malo.

Plus de sept cents planches furent gravées en moins de trois mois; le tirage que l'on fit, dit Lale, a dû être considérable, puisqu'il a duré jusqu'à l'époque des revers de l'armée française en Russie; les billets étaient jetés sur le carreau d'une chambre remplie de poussière et retournés dans tous les sens avec un balai de cuir; ils s'amollissaient ainsi, prenaient une teinte cendrée et paraissaient à l'œil avoir passé par beaucoup de mains; on les groupait en liasses et on les expédiait de suite au ministère.

Lorsque arriva la campagne de France, l'anxiété de Lale augmentait à chaque nouveau succès des Alliés. « L'invasion de la capitale arrivée, dit-il, quelle dut être ma position ! Ceux qui avaient le plus gagné dans cette affaire s'expatrièrent, et moi, qui avais eu la direction des deux opérations, je restai au milieu des étrangers, ennemis de mon pays, qui pouvaient d'un moment à l'autre se saisir de ma personne et m'envoyer graver en Sibérie. Grâce à Dieu, il n'en fut rien. »

La relation du sieur Lale ne renferme pas moins

de vingt-huit ou trente pages. J'en ai extrait ce qu'elle présente de plus curieux : on ne peut, après en avoir pris connaissance, que reconnaître le zèle intelligent de M. le duc de Bassano et le service qu'il rendait à la famille Bonaparte en transmettant à Napoléon III les papiers conservés par mademoiselle de Montaut.

Peu de temps après le mariage de l'Impératrice, il se passa un fait fort étrange et qui jusqu'ici n'a pas été suffisamment éclairci.

Le comte Camerata, parent de l'Empereur comme petit-fils de la princesse Élisa Bacciochi, était un jeune homme charmant et distingué sous tous les rapports. Lors de la récente formation du conseil d'État, il y avait été compris en qualité de maître des requêtes et avait déjà donné la mesure de son intelligence et de sa capacité.

Il paraît que ce jeune homme, intéressant à tous les points de vue, avait ressenti pour la comtesse de Téba et avant le mariage de cette dernière, une passion ardente, insensée, que la brusque détermination de Napoléon III et l'événement qui s'en était suivi n'avaient pu que comprimer sans l'étouffer. Reçu aux Tuileries avec toute la distinction et l'empressement que motivaient si bien ses qualités aimables, il n'avait eu que trop d'occasions de revoir l'objet de ses pensées constantes et de son culte secret. Quelle imprudence commit-il au milieu des bruyants ébats d'une fête à la cour? Risqua-t-il une déclaration à son impériale danseuse et celle-ci s'en plaignit-elle à Napoléon III? Une lettre fut-elle glissée par lui et tomba-t-elle entre les mains de quelque dame du palais? Toujours est-il qu'il fut prié de se retirer et qu'un agent de la police secrète fut chargé de l'accompagner chez lui. On ne sait ce qui se passa alors. Cet agent secret était un Corse du nom de Zambo; y eut-il une discussion violente entre lui et le jeune homme qu'il était chargé de garder à vue, sans doute, jusqu'à ce qu'une décision souveraine intervînt pour prescrire au jeune audacieux de quitter la France? Zambo obéit-il simplement à un mouvement personnel de fureur sauvage en pensant à l'injure que son souverain aurait reçue? Ce qu'il y a de certain, c'est que l'infortuné Camerata reçut derrière la nuque un coup de pistolet qui lui fit sauter la cervelle.

Maintenant, voici où l'histoire devient plus singulière encore : l'agent secret Griscelli, qui a publié des mémoires où percent à chaque instant la vanité et l'outrecuidance, mais qui renferment beaucoup de choses vraies, lesquelles perdent à être racontées dans un style fanfaron, l'agent Griscelli, Corse de naissance, après avoir présenté l'affaire Camerata à peu près comme je viens de le faire, ajoute ceci :

« M. Piétri et moi, instruits de ce qui venait d'arriver, courûmes chez le prince (Griscelli veut absolument faire un prince du comte Camerata); mais, quand nous arrivâmes, il était mort. Le préfet de police se jeta sur le corps de son ami en pleurant comme un enfant. Quelques minutes après, il se leva. Je n'avais pas versé une larme. Nous fermâmes la porte et nous passâmes par les Tuileries, où l'on dansait encore. En entrant chez le concierge, j'appris que Zambo était rentré, puis ressorti quelques instants auparavant. M. Piétri et moi nous rentrâmes à la préfecture.....

« Le matin, en me levant, j'eus comme un

éblouissement sanguin. Une heure après, sans autre idée que celle de venger l'ami de mon bienfaiteur, je me présentai chez M. Piétri et lui demandai un passe-port pour Londres. Il me regarda en face, puis me dit ces mots : « Nous sommes Corses, va, je t'ai compris ; que la vengeance ne se fasse pas attendre ! — Comptez sur moi ; dans quarante-huit heures au plus, tout sera fini. Pendant ce temps, si l'on me demande au Château, vous direz que je suis malade. » Il m'embrassa et me donna mille francs. Trente-sept heures après, j'étais de retour, après avoir couché sous le pont de Londres, complétement défiguré et poignardé, Zambo, l'assassin du prince Camerata. La police de Londres, malgré toute son intelligence, ne put jamais reconnaître le cadavre (une bouteille de corrosif lui avait brûlé la figure), ni découvrir le coupable.

« Environ quinze jours après le bal des Tuileries, j'avais accompagné Leurs Majestés impériales à Saint-Cloud, et je me promenais dans la cour, quand Napoléon m'ordonna par une fenêtre de monter au salon. Dès que je fus en sa présence, Sa Majesté impériale, devant l'Impéra-

trice, me demanda : « Connaissez-vous Londres ?
— Oui, sire. — Quand y avez-vous été ? — Lorsque Sa Majesté impériale m'y a envoyé porter une lettre à M. de Persigny. — Mais vous y avez été depuis? (Il me disait cela en me regardant en face.) — Oui, sire, répondis-je en le regardant également en face, le jour où M. Piétri m'a donné un passe-port. — *Sempre la vendetta !* dit Napoléon. — *Sono Corso !* répondis-je. »

Il doit y avoir du vrai dans ce récit si net, si précis, d'un homme qui n'hésite pas à s'accuser lui-même d'un meurtre; dans tous les cas, au lieu de faire la lumière, il apporte, avec ses réticences calculées, plus d'obscurité encore dans cette sombre affaire Camerata, qu'on étouffa alors autant qu'on le put et qui eut un touchant épilogue.

On avait répandu le bruit que le jeune comte, à la suite de pertes considérables à la Bourse, s'était brûlé la cervelle dans un accès de désespoir, et le monde parisien, préoccupé, en ce moment, de tant d'autres choses, accepta facilement, sans la contrôler, l'explication qu'on lui donnait de cette fin tragique; mais il se montra ému et touché de la mort d'une jeune femme qui en fut la conséquence. Une actrice des *Variétés*, mademoiselle Marthe, s'était sérieusement éprise du comte Camerata, qui, pour écarter l'attention et les soupçons peut-être, avait noué quelques relations avec elle et lui avait accordé une certaine confiance bien justifiée, d'ailleurs, car Marthe, douée du plus heureux naturel, avait un cœur généreux, aimant et désintéressé.

La police fut mise au courant de ces détails et du degré de confiance que le comte accordait à la jolie actrice, par une camarade jalouse de cette dernière. On fit une perquisition chez Marthe, et on saisit tous les papiers et correspondances qu'on trouva chez elle. Elle ne savait pas encore la mort du comte Camerata, et, de crainte de le compromettre, elle s'obstina à se taire quand on voulut l'interroger. Lorsqu'elle sut toute la vérité, Marthe s'asphyxia, triste et touchante victime d'une fatalité singulière.

La police joua, du reste, un fort grand rôle aux débuts du régime nouveau. On l'employait à tous les degrés de l'échelle sociale, quoiqu'on n'eût pas encore (perfectionnement qui ne vint que plus tard) rétabli le *Cabinet noir*, c'est-à-dire le décachetage des lettres par ordre, fait souvent contesté, mais désormais acquis par des preuves formelles.

La création d'un ministère de la police générale, mesure grave et digne d'attention dans les circonstances données, avait été accompagnée de l'institution d'inspecteurs généraux et d'inspecteurs spéciaux de la police dont les attributions étaient plus vaguement définies que celles du ministre lui-même. Le département de la police n'était pas, d'ailleurs, une création nouvelle ; c'était une résurrection. Le Directoire l'avait fondé ; le Consulat l'avait supprimé ; l'Empire l'avait rétabli, et la Restauration l'avait conservé jusqu'au 21 février 1820.

Mais les inspecteurs généraux et spéciaux, agents ostensibles et haut placés de ce département ministériel, avaient des attributions trop étendues, et pas assez définies, pour que, dans la pratique, elles ne créassent pas de conflits. Ils devaient, suivant les termes du décret, surveiller particulièrement tout ce qui pouvait influer sur l'esprit public ou donner lieu à des plaintes : la presse, la librairie, les publications de toute nature, les théâtres, les prisons, l'instruction publique, les associations politiques et industrielles, et, en général, fixer leur attention sur toutes les parties d'administration et de service public en se conformant aux instructions du ministre. Qui ne comprend que pour remplir cette tâche difficile et multiple, ils étaient ou trop petits ou trop grands? Trop petits si leur influence et leur action étaient subordonnées à celles des fonctionnaires, chefs naturels de tous ces services qu'ils avaient à surveiller ; trop grands si, dans cette surveillance si étendue et à laquelle le public donnait un autre nom, leur influence primait celle des fonctionnaires placés à la tête des administrations diverses.

On avait créé ainsi neuf inspecteurs généraux dont les résidences étaient fixées à Paris, Lille, Metz, Lyon, Marseille, Toulouse, Bordeaux, Nantes et Bourges. Chacun d'eux avait dans ses attributions deux divisions militaires. Douze inspecteurs spéciaux devaient résider dans les chefs-lieux de divisions militaires autres que les villes en possession d'un inspecteur général.

Cette institution n'eut, d'ailleurs, qu'une

existence éphémère. Entravée dès le début par les difficultés inhérentes à leur origine et par les conflits que devaient faire naître l'étendue et la multiplicité de leur action, ces fonctionnaires, assez bien choisis, du reste, et généralement modérés, devaient bientôt disparaître de la scène politique. Quelques-uns entrèrent au Corps législatif, d'autres dans l'administration. Mais plusieurs, dont on avait ainsi récompensé le zèle au moment du coup d'État (ces fonctions étaient très-largement rétribuées), ne purent parvenir à des positions nouvelles.

Cette création avait donné lieu à un joli mot du vieux chancelier Pasquier, qui, lisant le décret et le jugeant avec son expérience de longue date, dit : « Voilà un enfant qui n'est pas né viable, mais qui, avant son décès, peut causer beaucoup d'ennui à ses parents. »

L'autorité semblait, du reste, vouloir surveiller sévèrement alors les petites comme les grandes choses et mettre un peu la main partout. Ainsi le docteur Véron, qui venait de publier ses *Mémoires d'un bourgeois de Paris*, assez désagréables par parenthèse pour M. de Maupas, ayant voulu faire illustrer une nouvelle édition de son livre d'une gravure qui aurait représenté le docteur tirant un rideau et laissant voir M. Thiers, M. de Lamartine, mademoiselle Rachel, en un mot tous les personnages passés par lui en revue, au nombre desquels se seraient trouvées reproduites par un hardi burin des silhouettes très-compromettantes, ce luxe aristophanesque ne fut pas autorisé par la police, et le « bourgeois de Paris », repoussé avec perte, dut opérer prudemment sa retraite tout en invoquant les services que son journal avait rendus.

## IV

Premières menaces de la guerre d'Orient. — Singulière proposition du docteur Sperino. — La pudeur de l'Académie de médecine. — Arrestations diverses à Paris et en province. — Kelche à Paris. — Mot d'ordre donné à l'Opéra. — L'envoyé de Mazzini au bois de Boulogne. — La course fantastique. — L'arrestation sanglante. — Sinibaldi. — Il se pend dans sa cellule. — Morelli à Calais, à Paris et à Bordeaux. — Un cadavre dans la Garonne. — Eugène Süe en Suisse. — Victor Hugo à Jersey. — Incident diplomatique à Naples. — Le duc de Lesparre et M. Ducasse en quarantaine. — M. de Maupas prend ses passe-ports. — Ferdinand II et les *Mémoires du roi Joseph*.

Bien que des éclairs lointains mais incessants annonçassent du côté de l'Orient un orage qui pouvait prendre des proportions formidables, on fut assez longtemps à y croire sérieusement en France. Tout changeait, pour ainsi dire, de jour en jour, d'heure en d'heure, dans cette déplorable question orientale assez obscure pour les masses et que n'éclaircissaient pas les actes de la diplomatie.

Dans tous les cas, en supposant qu'il y eût un commencement de conflit sur les bords du Danube entre la Russie et la Porte Ottomane, en sortirait-il nécessairement pour cela une intervention de la France? Il y avait des ministres étrangers qui disaient à Saint-Cloud et à Compiègne : « Ce sera, entre la Russie et la Turquie, un duel au premier sang, et les quatre grandes puissances n'en seront que les témoins. » Étaient-ils de bonne foi? On croit toujours ce qu'on espère.

Le feu couva assez longtemps sous la cendre.

A cette époque fut faite à l'Empereur une singulière ouverture, relative à la santé de l'armée. Un célèbre docteur italien, M. Sperino, médecin du dispensaire de Turin, après avoir étudié et perfectionné, disait-il, un système nouvellement produit par un médecin français, M. Auzias-Turenne, vint en proposer l'application à Napoléon III. Ce système, destiné à soulever des orages dans le sein de l'Académie de médecine, consistait à guérir le mal terrible dont est mort François I$^{er}$, par l'inoculation préventive, et devait, appliqué à l'armée, rendre des services signalés. Vainement M. Auzias-Turenne avait cherché à propager sa doctrine, en courageux descendant et émule de l'inventeur du vaccin, Jenner ; nul n'est prophète en son pays. Mais M. Sperino déclarait dans une brochure, fort bien faite d'ailleurs, qu'il avait obtenu de ce système, perfectionné par lui, des effets véritablement merveilleux, et, suivant lui, il n'y aurait plus, en l'appliquant, à redouter des plaies hideuses dans les grands centres de population et dans les armées. L'Empereur fut assez surpris et embarrassé de cette communication. Il en conféra, dit-on, avec le docteur Conneau, et le bon docteur se serait montré non moins embarrassé que son maître. Ce qu'il y avait de mieux à faire, c'était de s'adresser à l'Académie de médecine de Paris, et c'est ce que l'on fit. Mais l'Académie déclara tout d'abord qu'elle trouvait le moyen proposé immoral et ne voulut même pas tolérer qu'on le mit à son ordre du jour. Dans de telles conjonctures, le docteur Sperino, que l'Empereur ne pouvait guère patronner tout seul, dut renoncer à ses espérances; quant à M. Auzias-Turenne, qui se croyait un autre inventeur de la vaccine, il rédigea à son tour un opuscule à l'effet d'en appeler à l'opinion publique sur cette grave question. L'opinion fut sourde et la question tomba dans l'eau.

On procédait toujours à des arrestations, et même dans une proportion assez notable. Un mandat d'amener fut dirigé contre M. Goudchaux, ancien ministre des finances de la République de 1848, sous la prévention de détention d'armes de guerre et d'affiliation à une société secrète. Outre cette mesure prise momentanément contre M. Goudchaux, on fit une visite domiciliaire chez M. Bastide, le ministre des affaires étrangères de 1848 ; mais cette perquisition n'amena aucun résultat compromettant pour lui. Un jeune secrétaire, chargé de faire le catalogue de la bibliothèque de M. François Arago, fut aussi l'objet de poursuites. Elles s'exercèrent également en province, notamment à Nantes, où MM. Mangin, rédacteurs d'un grand journal démocratique, et Guépin étaient également arrêtés. On avait cru remarquer, peut-être avec raison, que les chances espérées d'une guerre européenne produisaient une grande surexcitation dans le parti révolutionnaire. C'était une raison de plus pour le gouvernement d'agir dans la question d'Orient avec une extrême prudence.

Les avertissements de tout genre ne lui manquaient pas, du reste, et les mesures de précaution pouvaient se comprendre.

Dès l'année 1852, l'opinion s'était plusieurs fois émue de vagues rumeurs relatives à des attentats avortés contre la vie du chef de l'État. Le mutisme de la presse, l'absence de tout contrôle possible, n'avaient pas permis d'approfondir le mystère qui recouvrait ces tentatives individuelles. Il y en eut trois qui précédèrent le complot de l'Hippodrome et celui de l'Opéra-Comique. Elles sont généralement peu connues.

Un jour l'Empereur reçut, aux Tuileries, une dépêche chiffrée du comte Walewski, ambassadeur à Londres. Cette dépêche était ainsi conçue : « Kelche, ex-officier, évadé de Lambessa, à la solde de Ledru-Rollin et de Mazzini, est parti hier pour Paris avec des intentions criminelles. » Napoléon III, en recevant cette missive, manda le préfet de police Piétri aux Tuileries, lui

donna connaissance de la dépêche et lui dit :
« Il me faut un homme dévoué, énergique et intelligent. — J'ai cela, dit Piétri ; c'est un Corse.
— Très-bien, reprit l'Empereur ; mais je veux lui donner moi-même ses instructions, et, comme il faut se presser, vous me l'enverrez ce soir à l'Opéra. » Il en fut ainsi ; le préfet de police vint prévenir l'Empereur dans sa loge. Napoléon III sortit aussitôt en faisant signe aux deux hommes de le suivre, et les conduisit sur la petite terrasse qui se trouvait derrière la loge impériale et donnait sur la rue Le Pelletier et la rue Rossini.
« Vous savez, dit-il à l'agent corse, qu'un certain Kelche est arrivé à Paris pour attenter à mes jours ; il faut trouver cet homme, et quand vous l'aurez trouvé, me le montrer ; ensuite vous attendrez mes ordres. — Si toutefois je le puis, sire. — Et pourquoi ne le pourriez-vous pas ? — Je n'attendrais pas les ordres de Votre Majesté, si, avant que j'eusse eu le temps de le lui montrer, Kelche s'approchait de sa personne. — Et, pour le trouver, comment allez-vous faire, vous qui ne le connaissez pas ? — Rien de plus facile, sire ; que M. le préfet me donne ce soir le dossier de

cet homme; puisqu'il a été arrêté à Paris, où il était en garnison, non-seulement j'aurai son âge et son signalement, mais il me sera facile de savoir les personnes qu'il fréquentait. »

En sortant de l'Opéra, M. Piétri et son agent se rendirent à la préfecture de police pour demander le dossier de Kelche à M. Balestrino, chef de la police municipale. Ce dossier fit connaître que Kelche avait été arrêté chez son père, rue de Ménilmontant, n° 72, et que son régiment était caserné à la Nouvelle-France. Muni de ces renseignements, le Corse rôdait le lendemain, dès six heures du matin, autour de la maison du père, et voyait arriver un commissionnaire chargé de lui remettre un billet. La porte de la maison s'ouvrit, et l'agent entendit Kelche, le père, dire au porteur du message : « Le temps de m'habiller et j'y vais de suite. Comme je prends une voiture, j'y serai même avant vous. »

Un quart d'heure après, il vit paraître le même homme qu'on était venu demander. Cet homme descendit la rue de Ménilmontant jusqu'au boulevard du Temple, prit une voiture et remonta les boulevards jusqu'à la place de la

Concorde, traversa le pont, la place du Palais-Bourbon, suivit la rue de Bourgogne, le boulevard des Invalides, la rue de Vaugirard et la rue de Trancy, où il s'arrêta au n° 13.

L'agent, qui avait pris aussi une voiture, l'avait suivi pas à pas. Il le vit reparaître un instant après, accompagné d'un homme dont le signalement s'accordait trop bien avec celui de Kelche pour que l'on pût s'y tromper. Le père et le fils entrèrent en face, chez un restaurateur, où le Corse les suivit. Après y avoir déjeuné, ils montèrent en voiture et se rendirent chez le marchand de chevaux Crémieux, avenue des Champs-Élysées. Kelche descendit alors en disant à son père : « Je t'attendrai demain à la même heure. »

En le voyant entrer chez le marchand de chevaux, le Corse se rendit, de son côté, rue Montaigne, aux écuries impériales, où le général Fleury, premier écuyer, avait ordre de mettre à sa disposition les chevaux et voitures qu'il demanderait.

Il prit un cheval et se rendit aux Champs-Élysées. Kelche y était déjà, faisant caracoler un superbe alezan avec adresse et facilité. Sans avoir l'air de le voir, l'agent se dirigea vers la rue de Rivoli jusqu'au guichet de l'Échelle. L'Empereur en sortait quelques instants après, accompagné du général Fleury et du capitaine Merle. Deux piqueurs se tenaient un peu en arrière. En regardant l'Empereur, le Corse lui fit comprendre qu'il avait trouvé Kelche, et précéda le groupe impérial de trente à quarante pas, jusqu'à la place de la Concorde, où stationnait l'envoyé de Mazzini. Dès que ce dernier aperçut la livrée de l'Empereur, il mit son cheval au galop et s'avança jusqu'à dix pas de Napoléon III; mais le Corse, non moins prompt dans sa manœuvre équestre, le coupa et, se tenant très-rapproché de lui, demeura constamment placé entre les officiers qui accompagnaient l'Empereur et ce menaçant cavalier, sur lequel, tout en causant avec le général Fleury, Napoléon III jeta un coup d'œil. La promenade continua, et Kelche suivit jusqu'à quatre heures.

Quelques jours s'écoulèrent et, au bout de ce temps, M. Piétri reçut de Londres l'avis que Kelche avait écrit qu'après avoir pris sûrement toutes ses dispositions, il commettrait le lendemain l'attentat prémédité sur la personne de Napoléon III. Il avait aussitôt demandé à ce dernier l'autorisation de faire arrêter immédiatement l'agent de Mazzini; mais l'Empereur avait encore hésité.

Il fallait cependant empêcher à tout prix que cet homme accomplît son dessein.

Sur les deux heures, le Corse sortait des écuries impériales monté sur *Max*, cheval de chasse favori de Napoléon III. A trois heures précises l'Empereur, le général Fleury et le comte de Lagrange, remontant les Champs-Élysées, arrivaient à l'Arc-de-Triomphe, lorsque Kelche parut tout à coup et vint pour se jeter entre l'Empereur et ses écuyers. Ceux-ci, qui étaient prévenus, se serrèrent contre Napoléon afin de ne laisser aucun intervalle. L'Empereur prit aussitôt le galop.

Kelche avait changé de costume et de cheval; il s'élança sur les traces du petit cortége, et alors commença une sorte de *steeple-chase* furibond : l'avenue de l'Impératrice, les allées du Bois, les bords des deux lacs, les sentiers détournés et jusqu'aux prairies, tout fut parcouru au triple galop. Enfin, on sortit du Bois de Boulogne par la porte Maillot ; les chevaux étaient blancs d'écume. La monture de Kelche, en dépit des coups de cravache et d'éperons, se cabrait et refusait tout service. Napoléon III, prévenu de ce fait, ralentit son allure et rentra tranquillement aux Tuileries. Mais désormais son parti était pris. Un ordre d'arrestation fut signé le soir même, et le lendemain, à huit heures du matin, le Corse, accompagné de deux autres agents bien choisis, allait s'attabler rue de Trancy, à Vaugirard, chez le restaurateur où l'on savait que Kelche prenait ses repas. Par un hasard singulier, un de ses amis de Londres arriva et le demanda au maître de la maison, Desmaret, lequel répondit qu'il arriverait à neuf heures. Effectivement, à l'heure indiquée, il fit son entrée dans la salle, mais, y apercevant des figures qui lui paraissaient suspectes, au lieu de commander un déjeuner, il se fit servir un verre d'absinthe qu'il sembla vouloir boire debout. Cependant les dispositions du Corse étaient bien prises. Il ordonna à un des agents de couper la retraite au nouveau venu, tandis que lui-même, appuyé par l'autre, se levait et saisissait Kelche au collet, en lui disant : « Au nom de la loi, je vous arrête. »

L'envoyé de Mazzini lui échappa des mains; il échappa également à l'étreinte de l'agent placé derrière lui, s'élança dans la salle à manger, traversa un corridor, sauta par la fenêtre et tomba dans une cour fermée. Une porte donnait sur la campagne; si elle se fût ouverte, Kelche échappait à ses ennemis. La porte lui ayant résisté, l'homme de cœur, l'ancien soldat, se retrouva en lui. Il s'adossa au mur et tira un pistolet de sa poche, attendant ses adversaires comme le sanglier forcé attend les chiens.

Le Corse ne tarda pas à paraître, en effet. En voyant le fugitif tirer un pistolet et menacer de s'en servir, il prit rapidement le sien et ajusta Kelche qui le tenait en joue. Ils étaient alors à vingt pas l'un de l'autre, et firent feu simultanément.

Kelche tomba baigné dans son sang, son pistolet fumant à la main. La balle avait pénétré entre l'œil droit et le nez et était allé se loger derrière l'oreille gauche. A dix heures, le Corse et ses acolytes ramenaient mort dans un fiacre, à la préfecture de police, celui qu'on leur avait ordonné d'arrêter mort ou vif.

Une autre fois, le général Fleury vint à la hâte prévenir M. Piétri qu'une dépêche était arrivée de Londres, annonçant qu'un Italien, nommé Sinibaldi, arrivait à Paris avec des intentions criminelles ; la dépêche ajoutait que Sinibaldi descendait sous le nom de Peters, rue de la Paix, hôtel Mirabeau. L'agent chargé de cette affaire s'y prit fort adroitement : en passant rue Saint-Honoré, il entra chez un marchand de vin et demanda au maître de l'établissement deux fioles, qu'il fit remplir, l'une avec du cognac, l'autre avec du vin, puis il se rendit de suite à l'hôtel Mirabeau, où le voyageur suspect était descendu.

Le concierge, sur sa demande, lui ayant répondu que M. Peters, venant de Londres, occupait le nº 6, au premier, l'agent monta, ouvrit la porte du nº 6, et se trouva en face d'un homme de 30 à 35 ans ; il écrivait ; près de lui, sur une table, se trouvaient des pistolets et un poignard. L'agent s'avança vers lui en lui disant qu'il était le commis voyageur de l'hôtel, chargé d'offrir des échantillons de ses marchandises aux voyageurs nouvellement arrivés ; à ces avances l'étranger répondit : « Je suis Anglais et je n'ai besoin de rien ; laissez-moi en repos ! » et, se levant, il voulut s'approcher de ses armes ; mais l'agent ne lui en laissa pas le temps : il se précipita et le saisit au collet en lui disant : « Vous mentez ! vous êtes Sinibaldi, Italien et non Anglais. Je viens vous arrêter : ne faites pas de résistance ou vous êtes mort ! — Je ne suis pas Italien, je suis Anglais, continuait Sinibaldi, et je protesterai auprès de mon ambassadeur. — Tant mieux pour vous si vous êtes Anglais ; mais, en attendant, vous allez venir avec moi à la préfecture de police. »

Ce qui eut lieu, non sans quelque résistance. Un officier de paix, envoyé de suite à l'appartement occupé par l'Italien, rapporta au préfet de police, outre les armes, des papiers qui prouvaient jusqu'à l'évidence que Sinibaldi était venu de Londres pour assassiner Napoléon III.

Il fut conduit immédiatement à Mazas ; mais, le lendemain, on le trouvait pendu.

Silvani de Perruggio, se cachant sous le nom de Morelli, débarqua également un jour à Calais,

M. Billault, prévenu un peu tard, ordonna aussitôt qu'une locomotive et un seul waggon formant un train spécial, fussent mis à la disposition d'un agent secret qui devait s'entendre avec le préfet du département auquel le signalement de Morelli avait été transmis de Londres. Par une heureuse circonstance, ce dernier, qui en débarquant s'était rendu à pas précipités à la gare du chemin de fer, avait trouvé le train parti. Cela donnait à l'agent un peu plus de temps pour mettre à profit le signalement communiqué par le préfet, M. Duhamel. Appuyé sur ce signalement, il se fit, en quelque sorte, l'ombre de l'Italien, et à midi il partait de Calais pour Paris dans le même compartiment que lui, et liait adroitement connaissance, au point qu'ils allèrent loger ensemble rue Montmartre, comme des voyageurs que le hasard a réunis dans le même wagon.

Morelli avait dit être Italien et venir pour visiter Paris ; l'autre s'était présenté comme Marseillais et voyageur de commerce pour les vins de Bordeaux. Pendant deux jours, de midi à quatre heures, ils se promenèrent ensemble. Morelli voulait toujours rôder autour des Tuileries, sur la place de la Concorde ou du côté de l'Arc de Triomphe, et son compagnon se gardait bien de le détourner de sa promenade favorite. La cour allait partir pour Biarritz ; l'agent le savait. Un soir, en dînant à leur hôtel, il lui témoigna le regret qu'il avait de le quitter, devant partir lui-même pour Bordeaux. Morelli le regarda et lui dit : « A merveille ! je pars demain pour Bayonne. »

Le surlendemain, tous deux se promenèrent aux Quinconces. Le matin et le soir, comme à Paris, l'agent s'absentait sous le prétexte du placement de ses vins. Mais c'était pour rendre compte de son service au préfet. Ce préfet était alors M. Haussmann.

La veille du passage des voyageurs impériaux, à 10 heures du soir, l'agent reçut l'ordre d'arrêter Morelli, c'est-à-dire Silvani de Perruggio. Le lendemain, on retirait de la Garonne le cadavre d'un homme portant les traces de deux coups de stylet. Morelli avait résisté, et là se retrouvait encore la main du Corse Griscelli.

On avouera que ces faits, dans leur réalité, égalent en étrangetés et en péripéties les fictions ordinaires de Ponson du Terrail ou de Xavier de Montépin. Eh bien, le public n'en eut aucune connaissance. Des bruits vagues d'attentats circulèrent seulement, comme je le disais plus haut, avant le complot de l'Hippodrome, danger fortuitement écarté sans que la police pût en arrêter les auteurs, et la tentative du même genre qui échoua le 5 juillet 1853, aux abords de l'Opéra-Comique, par les soins des agents de la sûreté publique, lesquels, quoique tardivement instruits du complot, avaient pu opérer des arrestations nombreuses. Vainement les journaux officiels, par cette fausse tactique qui consiste à affaiblir la vérité dans l'espérance d'amoindrir l'émotion publique, s'efforcèrent-ils d'abord de présenter cette dernière affaire comme une tentative sans importance; les débats judiciaires qui se produisirent quelques mois plus tard donnèrent toute la mesure du péril qui en cette circonstance avait menacé Napoléon III. Il devait ultérieurement échapper à des dangers plus grands que ceux-là; Pianori, Orsini n'avaient pas fait encore leur entrée en scène. Rien ne peut changer l'heure et l'instant dans la destinée de l'homme.

A qui fallait-il attribuer ces derniers attentats collectifs? Sur quel parti devait-on faire tomber la responsabilité définitive de semblables complots? Les tronçons des sociétés secrètes démagogiques, frappées par le grand coup d'épée du 2 décembre, s'étaient rapprochés et réunis. La démagogie furieuse au dedans comme au dehors de la France, dans l'exil ou sur le sol de la patrie, relevait la tête, non pas au grand soleil, au grand jour, comme il convient à un parti qui veut combattre, mais dans l'ombre des conciliabules secrets, comme c'est l'habitude des partis qui se vengent. Des écrivains lancés dans cette voie démagogique et furieuse irritaient depuis quelques mois la fibre révolutionnaire. En Suisse, Eugène Süe publiait coup sur coup, et comme s'il voyait déjà la mort prête à interrompre son œuvre désorganisatrice, des romans anti-sociaux, des brochures d'une extrême violence contre le nouvel Empereur. Victor Hugo à Jersey, cherchant par l'éloignement et la colère à grandir son individualité et à se poser en directeur suprême de la démocratie française, prononçait des discours irrités, publiait des proclamations et des protestations dont les termes exagérés manquaient, précisément par leur violence, le but qu'il se proposait d'atteindre. « Le Français digne du nom de citoyen, disait-il, ne sait pas, ne veut pas savoir s'il y a quelque part des semblants de scrutins, des comédies de suffrage universel, et des parodies d'appel à la nation... En présence de M. Bonaparte et de son gouvernement, le citoyen digne de ce nom ne fait qu'une chose et n'a qu'une chose faire : charger son fusil et attendre l'heure... Louis Bonaparte est hors la loi ; Louis Bonaparte est hors l'humanité. » « Préparons le chanvre vengeur, » disait à son tour le manifeste de la société *La Révolution*. De telles violences dépassent toujours le but. Le *Moniteur* ne manqua pas de publier dans ses colonnes officielles les furieuses diatribes qui venaient ainsi de l'autre côté du détroit, et c'était habile, car ce langage insensé à force d'exagération ne soulevait guère en France que du dégoût.

Un incident diplomatique préoccupa l'opinion à cette époque :

Le roi Ferdinand II, de Naples, devait commander en personne de grandes manœuvres de cette armée napolitaine qu'il avait formée avec tant de soins et qui était vraiment fort belle. Pour assister à ces manœuvres et suivant les traditions établies, l'Empereur avait désigné le chef d'escadron, duc de Lesparre (le frère du duc de Gramont) et le capitaine d'état-major Ducasse, le premier attaché au ministre de la guerre, le second aide de camp du prince Jérôme. Ces deux officiers embarqués pour Naples virent avec étonnement le bâtiment qui les portait mis en quarantaine en arrivant dans le port, tandis que d'autres navires venant de Marseille étaient admis à la libre pratique. La raison que l'on alléguait pour motiver cette rigueur intempestive était que le bâtiment avait à son bord des marchandises anglaises provenant de centres commerciaux où régnait le choléra. La quarantaine fut fixée à douze jours, et le bâtiment envoyé à l'île de Nisida, malgré les vives réclamations des officiers français qui, de la sorte, allaient être retenus loin de Naples jusqu'au moment où les revues, but spécial de leur mission, seraient terminées.

M. de Maupas était alors ministre de France à Naples. Préfet de police au 2 décembre 1851, nommé ministre de la police générale après le coup d'État, il avait, lors de la suppression de ce ministère, obtenu, comme dédommagement, le poste diplomatique de Naples. Il fit de pressantes démarches auprès du gouvernement napolitain, lequel répondit qu'il n'était pas en son pouvoir de modifier les déterminations du conseil sanitaire des quarantaines et qu'il ne s'ingérait jamais dans ces sortes de conflits. De leur côté, MM. de Lesparre et Ducasse, désappointés d'une réception à laquelle ils ne s'attendaient pas et convaincus que ces entraves médico-légales cachaient une cause toute politique, ne voulurent pas demeurer à Nisida jusqu'à la fin de la quarantaine, et ne tardèrent pas à prendre passage à bord d'un bâtiment qui se rendait à Marseille.

Promptement instruit de cet incident, le gouvernement français envoya à M. de Maupas l'ordre de demander des explications au gouvernement napolitain, et, si ces explications ne lui paraissaient pas satisfaisantes, de prendre immédiatement ses passse-ports. Le gouvernement de Ferdinand II resta dans le cercle des explications qu'il avait déjà données et des motifs qu'il avait allégués. M. de Maupas qui, du reste, avait conduit toute cette affaire avec beaucoup de hauteur, demanda ses passe-ports, suivant les instructions qu'il avait reçues, et quitta Naples pour se rendre à Rome.

Ce conflit dont la cause était, en apparence, disproportionnée avec les résultats, naturellement plus défavorables pour le gouvernement napolitain que pour celui de Napoléon III, provenait-il d'un simple malentendu, d'une obstination étroite dans des habitudes administratives, ou bien d'une de ces arrière-pensées politiques que les États faibles ont le tort de ne pas avouer hautement en face des États forts, dissimulation inhabile qui a pour effet d'égarer l'opinion dans des suppositions de toute nature? Le gouvernement napolitain redoutait-il, comme on en fit alors courir le bruit, de voir la France occuper Brindisi pour y installer, en vue des complications que pouvait amener la question d'Orient, des magasins de charbon et des dépôts de troupes? Le cabinet de Naples démentait, d'ailleurs, tous les bruits répandus à ce sujet et localisait, pour ainsi dire, le conflit en le ramenant aux proportions d'une affaire concernant uniquement le conseil de salubrité. Lorsque M. de Maupas eut demandé ses passe-ports et que l'affaire prit une gravité qu'il n'avait sans doute pas prévue, le cabinet s'efforça d'en atténuer la portée en restant fidèle aux motifs qu'il avait toujours allégués.

Mais la véritable cause de cette sorte d'ostracisme dont furent frappés les deux officiers français n'était pas là : on aurait pu, en cherchant un peu, la trouver dans la part considérable prise en France, par M. Ducasse, à la publication des *Mémoires du roi Joseph*, livre dont la cour de Naples avait eu grandement à se plaindre. Assurément les règlements du conseil sanitaire existaient, mais on aurait pu les faire fléchir en cette circonstance exceptionnelle. La mauvaise humeur du roi ne le permit pas, et du reste c'était, il faut en convenir, un singulier choix pour une mission de courtoisie et au point de vue des convenances, que celle de l'éditeur, si distingué qu'il fût d'ailleurs, des *Mémoires du roi Joseph*.

## V

Préliminaires de la fusion des deux branches de la maison de Bourbon. — Le 17 novembre 1863 à Frohsdorf. — Détails apportés à Paris. — Commentaires. — Catastrophe de Sinope. — Vive émotion. — Monopole de l'Angleterre en Orient. — Lord Clarendon et sir Strafford Canning. — Menchikoff et son ultimatum. — La campagne, la victoire, la paix. — L'aigle impérial du Jardin des Plantes et M. Feuillet de Conches. — Préoccupations et occupations de Paris pendant la guerre de Crimée. — Un article du *Moniteur*. — Le duel du marquis Turgot à Madrid. — Mort de M. de Lamennais. — Un des premiers enterrements civils. — Mort de madame Salvage. — Vers de Belmontet. — Les Cent-Gardes. — Ridicule costume pour la chasse. — Absence de goût. — Réglements d'étiquette. — Le manteau de cour aux Tuileries. — Habitudes bavaroises importées par les Tascher de la Pagerie. — Voyage de l'Empereur et de l'Impératrice en Angleterre. — Détails. — L'Impératrice et ses toilettes. — Les trucs de son appartement aux Tuileries. — Attentat de Pianori.

Un fait politique d'une importance majeure, celui de la fusion des deux branches de la maison de Bourbon, a singulièrement préoccupé l'attention publique pendant l'automne de 1873. Eh bien, voilà ce qui se passait au mois de novembre 1853. On verra qu'il y a vingt ans, la question était déjà bien près d'être tranchée.

Plusieurs tentatives avaient été faites pour rapprocher les membres de la famille ; mais l'année précédente, M. de Jarnac, ami de M. le duc de Nemours, avait dû quitter Vienne sans être parvenu à pouvoir s'entendre avec M. de la Ferronnays, ami de M. le comte de Chambord. On s'était séparé, de part et d'autre, avec regret. Aussi, lorsque les négociations furent reprises, les obstacles furent-ils facilement renversés. Toutes les questions politiques ayant été résolues à l'avance, en quittant la reine Marie-Amélie qui s'embarquait pour l'Espagne, M. le duc de Nemours, l'aîné de la famille d'Orléans, se rendit à Vienne.

Les préliminaires de l'entrevue avaient été arrêtés le mercredi 16 novembre, entre M. Reille, fils du maréchal de ce nom, et M. le duc de Lévis. Le jeudi 17, le comte de Chambord envoya une de ses voitures au-devant de M. le duc de Nemours à Wiener-Neustadt, avec M. de Monti pour recevoir le prince. Le duc de Lévis se trouva à la portière de cette voiture au moment où le duc de Nemours s'arrêta devant la façade du château de Frohsdorf. Le comte de Chambord entendant venir, du fond de son cabinet, en sortit et s'avança vers son cousin, qu'il remercia sympathiquement de sa visite. Le mot *sire* ne fut pas prononcé, parce qu'il avait été convenu qu'on ne se servirait que des titres de l'exil. Le comte de Chambord, prenant les deux mains de M. le duc de Nemours, lui dit avec émotion : « Mon cousin, combien je suis heureux de vous voir ici ! » Le duc de Nemours répondit : « Mon cousin, je ne suis pas moins heureux que vous, car il me tardait de me trouver en face du chef de la famille. » Que se passa-t-il ensuite ? Personne n'a pu le dire, car les deux princes, se tenant par la main, entrèrent alors dans le cabinet.

Après une conversation qui avait duré trois quarts d'heure, le duc de Nemours se retira. Il avait été convenu que le comte de Chambord irait à Vienne le 19 pour lui rendre sa visite ; mais le duc de Nemours ayant eu une audience de l'empereur d'Autriche pour ce jour-là, la visite du comte de Chambord n'eut lieu que le lundi 21, et tout se passa le plus cordialement du monde. Dans l'intervalle, madame la duchesse de Nemours s'était rendue à Frohsdorf pour y voir madame la comtesse de Chambord. Le 23 novembre 1853, tous les membres de la famille présents à Vienne, y compris la princesse Clémentine d'Orléans, duchesse de Wurtemberg, allèrent passer la journée et dîner avec le comte de Chambord.

Les détails de cette entrevue, durant laquelle les deux parties avaient semblé très-satisfaites l'une de l'autre, furent apportés à Paris par M. le comte de la Ferté, gendre de M. Molé. Elle fut l'objet de nombreux commentaires, car elle indiquait de la part d'une partie notable de la famille d'Orléans des tendances qui pouvaient un jour (comme cela est arrivé, en effet) se généraliser et amener un résultat d'une incontestable importance. Madame la duchesse d'Orléans, ainsi que son fils, le comte de Paris, étaient, il est vrai, restés étrangers à cette démonstration, mais, tout en demeurant sur la réserve, ils ne firent aucune protestation.

En France, la catastrophe de Sinope avait produit une émotion si vive que les esprits les plus opiniâtres, les gens qui croyaient le plus fermement à la prochaine cessation des hostilités entre la Porte et la Russie, ou à l'impossibilité d'une conflagration étendue à propos de la question d'Orient, furent obligés de renoncer à leurs espérances. Ce fait de guerre, qui malheureusement avait toutes les apparences d'un guet-apens et qui se produisait à peu de distance des escadres combinées de la France et de l'Angleterre, était, pour me servir de l'expression de M. Drouyn de Lhuys dans sa dépêche du 13 décembre au général Baraguey d'Hilliers, notre ambassadeur à Constantinople, « un coup hardi qui n'atteignait pas seulement la Turquie. »

Comment la France se lança-t-elle dans cette guerre d'Orient qui sortit de l'éternelle querelle de moines qu'on appelait la question des Lieux-Saints ?

Depuis de longues années l'Angleterre exploitait l'Empire ottoman comme un de ses meilleurs marchés. Mais, depuis que les puissances occidentales aveuglées avaient frappé la Turquie à Navarin, et cela au profit exclusif de la Russie, la Grande-Bretagne avait eu à lutter contre l'influence russe, plus active, plus envahissante et plus puissante d'année en année. Or, en 1853, voilà que la Russie menaçait de mort le double monopole de l'Angleterre en Orient; double, en effet, car tout en y prospérant au point de vue commercial, elle y barrait à son profit la route des Indes et de l'Asie centrale. La Grande-Bretagne se sentait impuissante contre la Russie. Il fallait, pour qu'elle pût lutter, le concours et le poids de l'épée de la France ; mais la France venait de la confier, cette épée, à l'héritier de Napoléon, du vaincu de Waterloo, de l'ennemi légendaire de l'Angleterre, et ses hommes d'État pouvaient se rappeler la conversation, qui avait fait alors tant de bruit, de Louis Napoléon avec un publiciste français lequel s'était fait présenter à lui, à Stuttgard, en 1847 :

« Quelle impression ai-je laissée en France? — Mauvaise, prince. — Alors vous croyez ma cause compromise? — Perdue ! — Vous vous trompez, monsieur; la France ne peut vivre sans déchirer les traités de 1815 et venger

Waterloo. Elle sait que, moi seul, je lui donnerai satisfaction. »

D'un autre côté, toutes les traditions du glorieux passé de la France en Orient, ses intérêts présents et à venir la sollicitaient de s'entendre avec la Russie, plutôt que de la combattre, pour étouffer en Turquie cette politique anglaise toujours si hostile aux intérêts français et souvent si insultante. C'est, du reste, l'attitude vers laquelle Napoléon III paraît avoir incliné avant que l'Angleterre ne l'eût complétement enveloppé dans ses filets. Une longue note communiquée par l'ambassadeur de France au tzar Nicolas, à la date du 15 juin 1853, disait : « Ni les intérêts ni les principes du gouvernement de S. M. impériale ne le mettent en antagonisme avec la Russie. »

L'empereur Nicolas et les Turcs eux-mêmes crurent longtemps à la probabilité de cette attitude, ou du moins à une neutralité expectante de la France, et l'étonnement fut grand dans la majeure partie de l'Europe, lorsqu'on vit les vaincus de Waterloo, par l'ordre du successeur de la grande victime de Sainte-Hélène, traverser le Bosphore, de conserve avec les Anglais tout autant dans l'intérêt britannique que dans celui de l'Empire ottoman ; politique, qui, par parenthèse, a coûté à la France un milliard et le sang de deux cent mille de ses meilleurs soldats.

Mais l'empereur Nicolas n'avait-il pas signé sa lettre « le bon ami », au lieu de prendre, comme il le faisait avec tous les autres souverains, la qualification de « bon frère? » Mais les froideurs premières de l'Europe à l'endroit du nouveau couple impérial ne faisaient-elles pas ressortir d'autant plus les avances du ministère anglais qui, non-seulement promettait l'amitié et la reconnaissance de l'Angleterre, mais encore la prochaine visite en France de la reine Victoria, laquelle viendrait, en quelque sorte, prendre mademoiselle de Montijo par la main pour l'introduire dans la famille des rois?

Et puis, l'un des personnages les plus considérables dans les conseils de la reine, lord Clarendon, était un vieil ami de la comtesse de Montijo qu'il avait intimement connue en Espagne, et son influence était grande sur la nouvelle Impératrice. L'intervention directe et active de ce personnage triompha des dernières hésitations des Tuileries, et la guerre de Crimée décida de la politique extérieure du second Empire, en ce sens qu'elle l'inféoda à la politique anglaise. On a dit que cette guerre avait du moins eu cela de bon qu'elle brisait les liens de la Sainte-Alliance : ces liens étaient, par le fait, rompus depuis bien longtemps, et dans l'état d'antagonisme où se trouvait l'Europe, une Sainte-Alliance était impossible. On eût pu, d'ailleurs, obtenir ce résultat à meilleur marché : au lieu de l'expédition de Crimée et du siége de Sébastopol, l'établissement d'un camp retranché, occupé par l'armée anglo-française en avant de Constantinople, eût parfaitement suffi, combiné avec l'action diplomatique, pour régler en ce moment la question d'Orient.

Il n'entre pas dans mon plan, on l'a compris, de faire l'historique des faits. C'est une histoire intime du second Empire que j'écris ici et non une histoire d'ensemble ; c'est uniquement dans les détails que j'étudie cette époque, et ils sont infiniment plus curieux, d'ailleurs, que l'histoire proprement dite dont les développements doivent uniquement nous servir ici de fils conducteurs.

On sait comment le prince Menchikoff exaspéré par ordre des tergiversations de la Porte et surtout des manœuvres de sir Straffort Canning, le véritable souverain de la Turquie, posa son ultimatum et que la guerre fut déclarée en mars 1854. L'armée française, décimée d'abord dans la Dobrutscha par le choléra, se jeta sur la Crimée, battit Menchikoff à l'Alma; le 24 septembre 1854, investit Sébastopol, sauva l'armée anglaise à Inkermann le 5 novembre, et prit d'assaut Sébastopol, cette nouvelle Troie, le 8 septembre 1855, après un des siéges les plus longs et les plus meurtriers qu'ait jamais enregistrés l'histoire. La paix fut signée à Paris le 30 mars 1856.

Malgré la prise de Sébastopol, la France conserva bien des sympathies en Russie. Ces sympathies se réveillèrent vivement à la fin de la campagne quand la France refusa son concours à l'Angleterre pour détruire Cronstadt et Saint-Pétersbourg, et accorda à la Russie une paix honorable qui ne lui coûtait ni un rouble, ni un pouce de territoire, ni même une humiliation.

Napoléon III pouvait alors s'allier la Russie pour toujours et l'avenir de la France était assuré. Mais il ne sut qu'infliger à l'Angleterre, son alliée, une blessure qu'elle n'a jamais oubliée et n'oubliera jamais, sans profiter de la reconnaissance et du bon vouloir de la Russie. De même que pour les expéditions d'Italie et du Mexique, Napoléon III, ce rêveur singulier, qui prenait si souvent ses chimères pour des réalités, ne comprit et ne sut prévoir aucune des conséquences de cette expédition lointaine de Crimée qui devait absorber à peu près inutilement tant de soldats et tant de millions sans rapporter même une alliance sur laquelle on pût sérieusement compter au moment du danger.

En revanche, il se noyait dans les détails, et son somnambulisme intellectuel produisit certains faits étranges, quelquefois, jusqu'au grotesque : ainsi, pendant le cours de la guerre, il avait rêvé un mortier dont l'effet devait être foudroyant et renverser toutes les défenses ennemies. Un jour cet engin formidable arriva devant Sébastopol et fut installé avec des difficultés assez grandes ; mais ce fut exactement la montagne accouchant d'une souris. L'engin, par l'innocence et la nullité de ses effets, n'obtint qu'un succès d'hilarité en présence de tous les officiers compétents et fut mis piteusement sous la remise. Au moment de la signature du traité de Paris, alors que l'Empereur était, par le fait, maître de la situation et pouvait choisir ses alliances en inaugurant une politique claire, saine et virile, ce qui le préoccupait beaucoup, c'était de savoir avec quelle plume on pourrait bien faire signer le traité, l'instrument de la paix, comme on dit en termes diplomatiques, par les plénipotentiaires réunis. On décida avec une certaine solennité qu'on emprunterait une plume à l'aigle du Jardin des Plantes, et M. Feuillet de Conches, introducteur des ambassadeurs, chef du protocole au ministère des affaires étrangères, signa gravement une déclaration ainsi conçue : « Je certifie avoir arraché moi-même la présente plume à l'aile de l'aigle impérial. » Soustraction qui, par parenthèse, ne dut pas être facile à effectuer, à moins toutefois que l'honorable M. Feuillet de Conches n'ait eu affaire qu'à un aigle empaillé.

Pendant les longs mois de cette terrible guerre de Crimée, que faisait-on à Paris, quelles étaient les occupations et les préoccupations dans les hautes sphères du pouvoir?

On s'était d'abord assez ému des débuts de la fusion des deux branches de la maison de Bourbon, dont j'ai déjà eu l'occasion de parler. On savait que le duc et la duchesse de Nemours, la princesse Clémentine et leurs enfants avaient passé plusieurs journées auprès du comte et de la comtesse de Chambord. De plus que, par égard pour les membres de la famille d'Orléans, le comte de Chambord avait pris le deuil de la reine de Portugal, dona Maria, sœur de la princesse de Joinville et, en outre, alliée à la famille d'Orléans par les Cobourg. On ajoutait que le duc de Nemours avait été félicité de l'initiative qu'il avait prise par l'empereur d'Autriche et surtout par l'archiduchesse Sophie. Ces nouvelles, apportées en France par le comte de la Ferté, avaient été commentées par quelques journaux, entre autres par *l'Univers*, et le gouvernement, tout en laissant à ce sujet une sorte de liberté de discussion, n'en fit pas moins parler *le Moniteur*, dans un article où toutes les convenances étaient observées, d'ailleurs, et dont le sens pouvait se résumer ainsi : il reconnaissait que le rapprochement d'une famille qui avait longtemps et glorieusement régné sur la France était, pour cette famille, un événement heureux, mais tout à fait privé, dont tout le monde, en le considérant à ce titre, devait être satisfait et auquel l'Empereur lui-même ne restait pas indifférent. Mais le gouvernement ne pouvait attribuer une portée politique à cet événement et se préoccuper de l'influence qu'il pouvait avoir sur les destinées de la France, car ces destinées n'appartenaient qu'à Dieu et à la souveraineté du peuple.

En attendant, Napoléon III qui avait eu un instant l'idée de faire, en quelque sorte, une contre-partie à l'inauguration de la statue du maréchal Ney, cérémonie dont le grand inconvénient était de réveiller les susceptibilités des anciens partis, en faisant élever, comme correctif politique, une statue à Louis XVI, le père des libertés françaises, Napoléon III, disons-nous, renonça dès lors à cette généreuse idée.

Un autre fait extérieur, mais qui concernait

un de nos nationaux, préoccupa également l'opinion publique à cette époque : M. le marquis Turgot, ancien ministre des affaires étrangères, avait été envoyé à Madrid en qualité d'ambassadeur de France. Pendant un bal qu'il donnait à la haute société madrilène, une plaisanterie inoffensive du duc d'Albe sur le costume de la femme de M. Soulé, ministre des États-Unis, plaisanterie qui fut malheureusement entendue par le fils de cette dame, avait amené d'orageux pourparlers ; mais on supposait d'abord qu'une rencontre pourrait être évitée. Une lettre d'explication du duc d'Albe ayant été envoyée aux journaux anglais avec commentaires, cette nouvelle tournure donnée aux choses, amena entre M. Soulé fils et le duc d'Albe une lutte à l'épée dans laquelle le duc désarma son adversaire. Évidemment tout devait en rester là. Cependant M. Soulé père jugea à propos d'écrire une épître des plus vives au marquis Turgot pour lui demander raison de ce qui s'était passé chez lui et l'en rendre responsable. M. Turgot accepta et, trois jours après, la nouvelle rencontre eut lieu. M. Turgot y reçut un coup de feu au genou, et on remarqua que, contrairement à tous les usages, M. Soulé avait quitté le terrain sans aucune velléité de rapprochement et sans aucun témoignage de sympathie pour le blessé. Les témoins de M. Turgot étaient lord Howden, ministre d'Angleterre, et le général français Caillié, membre de la commission de délimitation des frontières et momentanément à Madrid.

Cet épisode, auquel on n'avait pas voulu croire tout d'abord, que l'on n'avait admis même que lorsqu'il n'y avait plus moyen de le révoquer en doute, produisit une sensation très-grande dans les hautes sphères gouvernementales et politiques. On trouva généralement que le marquis Turgot s'était laissé entraîner trop aisément, par des susceptibilités très-honorables, il est vrai, au-delà des bornes que lui prescrivait, peut-être, sa position officielle. Dans tous les cas, sa blessure donna des inquiétudes et il en conserva longtemps le souvenir.

Attaqué d'une pneumonie, depuis plusieurs années, M. de Lamennais succomba au commencement de mars 1854. Le célèbre abbé, dont la réputation avait été fondée par l'*Essai sur l'indifférence* et par *la Religion considérée dans ses rapports avec l'ordre politique et civil*, passait, aux yeux de l'Église catholique qui l'avait tant admiré, pour un transfuge qui rentrerait un jour ou l'autre dans son sein. Elle fut donc profondément émue en apprenant les dispositions suprêmes manifestées par lui avec l'énergie qui faisait, comme la vanité, le fond de son caractère. Resté fidèle en mourant aux principes qui l'avaient guidé dans la seconde phase de sa vie, l'auteur des *Paroles d'un croyant*, des *Affaires de Rome* et de l'*Esquisse d'une philosophie*, demanda à être enterré sans être présenté à aucune église et, en vrai démocrate, a être porté à la fosse commune. Ce fut l'un des premiers, sinon le premier, des enfouissements civils qui, de notre temps, se sont tellement multipliés. Les radicaux se montrèrent heureux et fiers d'un tel dénoûment, et la plupart considérèrent le testament politique et religieux de M. de Lamennais comme un triomphe pour leur cause, tandis que l'Église catholique accueillait la nouvelle de cette mort dans l'attitude d'une tristesse morne et silencieuse.

On fit alors la remarque qu'on n'écrivait pas

exactement les noms du célèbre abbé. Son nom patronymique était *Robert*; celui porté dans les lettres de noblesse de sa famille *de la Mennais* et son prénom *Félicité* et non pas *François*. Il se nommait donc réellement : *Félicité, Robert de la Mennais*. Parmi les siens et ses amis, on le désignait, par abréviation, sous le nom de *Féli*.

Une autre mort dont on parla fut celle de l'exécutrice testamentaire de la reine Hortense, madame Salvage de Faverolles. On sait quel fut le dévouement de cette dame, non-seulement à l'ex-reine Hortense, mais encore à l'Empereur lorsqu'il n'était encore que le prince Louis. Madame Salvage avait acheté tous les portraits de la famille Bonaparte qui se trouvaient à la Malmaison. Elle légua toute sa fortune à Napoléon III. M. Belmontet, dans les meilleurs vers qu'il ait faits, peut-être, vers que l'on ne connaît guère, si toutefois on les connaît, a retracé la fidélité persévérante de madame Salvage. En parlant de la reine Hortense, il a dit :

......Elle n'eut auprès d'elle
De toutes ses grandeurs qu'une femme fidèle.

> Un cœur, frère d'exil, comme les aime Dieu,
> Qui recueillit le sien dans son suprême adieu.
> Sa douce majesté, pour jamais endormie,
> Pour la rendre à la France eut du moins une amie,
> Qui, forte jusqu'au bout, dame d'honneur du deuil,
> Comme on servait son trône, a servi son cercueil.

La formation du corps des Cent-Gardes, les règlements d'étiquette pour les réceptions des Tuileries, les séjours en villégiature à Compiègne et à Fontainebleau, enfin les tables tournantes occupaient les loisirs de la cour. Les Cent-Gardes, qui allaient être commandés par le colonel Lepic, avaient dû, dans le principe, porter un costume singulier, mais des plus pittoresques : une cuirasse de buffle avec les armes de l'Empereur brodées au milieu, habit blanc, culotte blanche, bottes à l'écuyère et casque. On y renonça et on leur donna l'uniforme d'un bleu trop clair que nous leur avons connu et qui n'était relevé qu'en grande tenue par la cuirasse d'acier qui l'accompagnait. Pour Compiègne et Fontainebleau, on avait adopté le costume le plus ridicule du monde, grâce au tricorne Louis-XV que l'on avait jugé convenable de ressusciter. Comprend-on cette coiffure surannée recouvrant des visages d'aujourd'hui, c'est-à-dire ornés de favoris et de moustaches? Rien de plus grotesque, et même dans les petites choses, une cour ne doit pas l'être. Napoléon III (et c'est là d'ailleurs un bien petit défaut chez un souverain, comme le contraire serait une bien faible qualité), Napoléon III manquait absolument de goût. Les premiers uniformes donnés à la garde impériale lorsqu'on la forma, uniformes dessinés par des artistes de talent et qui rappelaient, par les côtés possibles, les anciens et légendaires costumes de la garde de Napoléon I<sup>er</sup>, furent bientôt modifiés de la plus déplorable façon. Au pantalon bleu (et ceci était peut-être une nécessité militaire), on substitua le pantalon garance, mais l'habit, orné d'un plastron blanc, fut remplacé par une tunique sur laquelle, trop écartés et, par conséquent n'imitant pas ceux de la superbe garde royale de la Restauration, de maigres brandebourgs blancs ressortaient gauchement. Il n'y eut que la cavalerie qui conservât des uniformes élégants, quoique un peu surchargés.

A Compiègne et à Fontainebleau, bien des accidents signalèrent et attristèrent les chasses qui se renouvelaient souvent suivant le goût et d'après les désirs de l'Impératrice. Il arriva un jour, dans la première de ces deux résidences, qu'un cerf sur ses fins, après avoir fait tête aux chiens pendant longtemps, se précipita, par un dernier effort, au milieu de la foule des cavaliers qui l'entouraient et renversa M. Fould, ministre d'État. Cette chute ayant effrayé le cheval que montait madame Amédée Thayer, femme du sénateur, l'animal se cabra et vint, après deux chutes successives, la jeter sous les roues d'une voiture. Madame Thayer eut la jambe fracturée en plusieurs endroits et fut immédiatement remise aux soins du médecin de la vénerie qui, assisté du médecin par quartier, M. Corvisart, lui donna les premiers secours. Madame Thayer était fille du grand maréchal Bertrand, le fidèle compagnon de Napoléon à Sainte-Hélène.

Quant aux règlements d'étiquette pour les réceptions des Tuileries, il fut décidé que les dames présentées ou reçues le 2 janvier, c'est-à-dire à l'occasion du nouvel an, devraient toujours porter la traine ou manteau de cour. On ne forçait naturellement personne à faire cette dépense, que plusieurs femmes de députés ou de fonctionnaires auraient pu trouver un peu lourde. Mais les dames qui portaient le manteau de cour étaient seules invitées aux petits bals de l'Impératrice et aux réceptions intimes des Tuileries. Le duc Tascher de la Pagerie, qui venait de Munich, avait d'ailleurs réglementé à la façon bavaroise le service général et l'étiquette de la cour, ce qui, par parenthèse, donna lieu quelquefois à certaines plaintes et récriminations assez fondées.

Il avait été question un moment que l'Empereur partirait pour la Crimée, mais des rapports de police avaient fait craindre que ses ennemis profitassent de cette circonstance pour exécuter sur sa personne quelques nouvelles tentatives meurtrières. Il renonça donc à ce projet et résolut d'aller, accompagné de l'Impératrice, faire une visite à la reine d'Angleterre qu'il désirait inviter verbalement à se rendre à Paris pendant la durée de la future exposition de l'industrie. Ce voyage avait été, en quelque sorte, promis par les diplomates et ministres anglais pour décider l'intervention collective en Orient, et on y tenait beaucoup.

La reine Victoria résidait alors à Windsor et l'Empereur devait se diriger sur Calais pour se rendre ensuite de Douvres à ce vieux et pittoresque château féodal sur lequel flottait en ce moment le *Royal Standard*.

Ce voyage fut officiellement annoncé dans la réception d'adieu du Corps législatif le 15 avril 1855. « Je vous remercie de votre visite, messieurs, dit l'Empereur aux députés ; je vais à Londres et je m'y occuperai des affaires d'Orient. Nous voulons la paix, mais une paix honorable. Au reste, paix ou guerre, je compte toujours sur votre loyal concours. » Et les députés s'inclinèrent.

Dès le matin du 16 avril, la ville de Douvres était assiégée par une foule immense. Toutes les autorités municipales étaient sur pied, la garde civique et la *Yeomanry* sous les armes ; des drapeaux flottaient à toutes les fenêtres, donnant à la vieille cité un air de jeunesse et de fête. Le prince Albert arriva vers neuf heures du matin et reçut du maire et du conseil municipal une adresse à laquelle il répondit par quelques mots affectueux, ajoutant que la visite de Napoléon III ne pouvait que resserrer les liens qui existaient déjà entre l'Angleterre et la France, ce qui devait nécessairement accroître les forces et le bien-être des deux nations, phrases stéréotypées, qui pourtant empruntaient de la circonstance même une signification particulière et une valeur incontestable.

Un épais brouillard était descendu sur la ville et sur la mer, dérobant à la vue le château, les falaises et les navires en rade. La navigation sur ces côtes ne laisse pas de présenter quelquefois des dangers et l'on craignit un moment que le programme de la journée ne fût forcément modifié.

Cependant on apprit, à neuf heures et demie, que l'empereur des Français avait quitté Calais à bord du *Pélican*. Les canons tonnèrent du haut des falaises et tout se disposa pour la réception officielle. Le maire et les *aldermen* attendirent sur la magnifique jetée commencée depuis sept ans et qui n'était pas encore terminée à cette époque. Cependant le brouillard ne se levait pas et d'on n'apercevait rien à cent cinquante mètres de distance.

Vers onze heures et demie, une salve générale des batteries de la côte annonça l'arrivée de l'escadrille impériale. Le prince Albert descendit au débarcadère accompagné du comte Walewski, et du personnel de l'ambassade française ; mais rien ne parut. Un faux signal avait été donné. On vit le prince Albert causer longuement avec lord Chelsea de l'uniforme de la milice, qu'il examinait en détail, et lord Paget monta dans une chaloupe pour faire une reconnaissance en mer. Mais au moment où il s'installait dans l'embarcation, *le Pélican* apparut à cent mètres du débarcadère portant à l'avant le pavillon anglais et au grand mât le pavillon tricolore. Napoléon III, debout sur le pont du bâtiment à vapeur, salua le prince Albert. La foule, qui se pressait sur les quais, fit entendre un long hourrah et la musique de la milice entonna l'air : *Partant pour la Syrie*, puis le couple impérial débarqua.

La traversée, très-mauvaise, avait été d'une heure et demie plus longue qu'elle n'aurait dû l'être, et le bâtiment qui portait Napoléon III, enveloppé par un brouillard en sortant de Calais, avait, quoique très-habilement dirigé et précédé à deux encâblures par un autre navire, failli être jeté sur les rochers de South Foreland.

Après un déjeuner servi à l'hôtel du *Lord-Warden* où le prince Albert avait directement conduit ses hôtes entre deux haies de la milice et aux applaudissements de la foule, les maires et les *aldermen* de Douvres présentèrent une adresse de félicitation à Napoléon III, qui répondit par quelques mots en anglais, puis on se rendit au chemin de fer. Ce ne fut, d'ailleurs, qu'à sept heures du soir qu'on signala, au château de Windsor, l'arrivée du train impérial. Un détachement des gardes formait la haie depuis la station du Great-Western-Railway jusqu'aux portes du palais où une garde d'honneur reçut, au son des fanfares, l'Empereur et l'Impératrice qui occupaient des voitures découvertes, de même que le prince Albert et leurs suites. La reine d'Angleterre, entourée du prince de Galles, de la princesse royale, du duc de Cambridge, revenu de Crimée, et du prince de Leiningen, reçut ses visiteurs dans le grand vestibule du palais; les dignitaires de l'État et de la couronne, y compris lord Palmerston et le comte de Clarendon, étaient groupés, tous en costume, derrière la reine, ainsi que la duchesse de Wellington, grande maîtresse du palais, les dames et demoiselles d'honneur. Ces divers personnages, montant le grand escalier, arrivèrent dans la salle du trône où les enfants de la famille royale étaient réunis ; puis dans la salle de réception où, suivant la tradition des cours, les personnes de la suite des souverains leur furent réciproquement présentées. La suite de l'Impératrice était composée de la grande maîtresse, princesse d'Essling, et de deux dames d'honneur. Celle de l'Empereur de huit personnes, dont les principales étaient le maréchal Vaillant et le duc de Bassano. Le dîner eut lieu dans la salle Saint-Georges, puis, après avoir entendu quelques morceaux de musique exécutés par les artistes de la chapelle de la reine, l'Empereur et l'Impératrice se retirèrent dans les grands appartements de gala du château qui leur avaient été destinés. Deux jours après, un chapitre de l'ordre de la Jarretière était tenu à Windsor par la reine Victoria, et Napoléon III était reçu chevalier de cet ordre illustre, comme le roi Louis-Philippe l'avait été dans une circonstance analogue; puis eut lieu le déjeuner, offert à Guild-Hall par la ville de Londres, et qui fut suivi d'une grande réception diplomatique chez le comte Walewski, ambassadeur de France.

J'ai dit que Napoléon III manquait absolument de goût quant aux costumes et adoptait quelquefois les tenues les plus ridicules. Il n'en était pas de même de l'Impératrice, dont les toilettes étaient toujours des modèles d'élégance et d'entente des couleurs. On comprend que pour ce voyage d'Angleterre elle eût fait de grands frais d'invention et, du reste, les résultats de ces élucubrations féminines furent tout à son avantage. La grâce de sa personne, les merveilleuses recherches de ses toilettes furent complétement appréciées. Quoiqu'elle se préoccupât déjà très-sérieusement de ce chapitre, si important d'ordinaire dans la vie des femmes, et qu'elle se fût déjà livrée, sur ce point, à de véritables études, le temps n'était pas venu encore où un atelier de modistes et de couturières serait installé aux

Tuileries, au-dessus de l'un de ses appartements privés, et où, grâce à un ingénieux mécanisme, les toilettes, toutes dressées sur un mannequin préparé à sa taille, descendraient du plafond lorsqu'on aurait besoin de s'en servir.

Il m'est arrivé, durant le détestable règne de la Commune de 1871, et comme je voulais voir le plus possible des choses qui se passaient à cette triste époque dont j'avais l'intention d'écrire l'histoire, de visiter, moyennant le prix d'entrée fixé à cinquante centimes, l'intérieur du palais des Tuileries huit ou dix jours avant sa destruction, il m'est arrivé, dis-je, de m'arrêter philosophiquement dans les appartements de l'Impératrice et d'être troublé dans mes méditations par l'expression bruyante de l'étonnement de femmes qui avaient eu la même curiosité que moi et auxquelles on montrait, dans le plafond, les traces de l'ingénieux mécanisme, assez bien dissimulées, d'ailleurs, par l'ensemble de l'ornementation de la pièce.

Ce fut à cette occasion que je vis, pour la première et la dernière fois, les gracieuses et récentes peintures dont Chaplin avait, tout à fait dans la manière de Boucher, orné les appartement d'une jolie femme couronnée.

Après les émotions agréables de l'excursion politique que le couple impérial venait de faire au delà du détroit, au milieu des souvenirs récents et flatteurs de la réception du peuple anglais, un événement d'une nature bien différente vint lui donner un sombre avertissement de l'instabilité possible des choses humaines.

L'Empereur était rentré le 22 avril à Paris, le 28, entre cinq heures et cinq heures et demie du soir, au moment où il passait à cheval, dans l'avenue des Champs-Élysées, escorté de deux aides de camp et se rendant au bois de Boulogne, où l'Impératrice le précédait en voiture, un homme attablé devant un café situé à la hauteur du Château-des-Fleurs, se leva soudainement en le voyant s'avancer, s'élança sur la chaussée, sortit de son paletot gris un pistolet à deux coups, tira une première fois sur l'Empereur, dont il s'était efforcé d'approcher le plus possible, puis une seconde fois, et cherchait déjà dans ses vêtements un autre pistolet qu'il y tenait caché, lorsqu'un Corse (toujours des Corses), nommé Alexandri, appartenant à la police, et placé dans une voiture qui suivait de près l'Empereur, se précipita sur l'assassin et, luttant avec lui, l'atteignit d'une arme qu'il portait. Tous deux roulèrent dans la poussière, et l'Italien (car c'en était un), rudement maintenu par le Corse, fut aisément arrêté.

Le bruit de la première détonation avait fait bondir le cheval de l'Empereur, et, ce dernier apercevant alors l'assassin prêt à tirer un second coup de l'arme qu'il dirigeait contre lui, s'était brusquement penché en arrière et avait ainsi évité la balle.

La foule s'assemblait; des ouvriers qui travaillaient dans le voisinage, venaient à chaque instant la grossir. L'Empereur avait regardé si son cheval était blessé, puis, ouvrant ses vêtements pour montrer aux personnes qui l'entouraient qu'il n'était pas atteint, il avait dit au colonel Edgard Ney : « Courez en avant et allez rassurer Eugénie. » Puis, continuant sa route, il s'était dirigé au pas du côté du bois de Boulogne.

L'Impératrice éprouva l'émotion la plus vive en apprenant cet attentat. Par une circonstance singulière, elle se trouvait avoir contribué à sauver l'Empereur, détail peu connu et parfaitement exact : son écuyer étant atteint d'une indisposition le jour de cette promenade, l'Empereur, au moment du départ, avait ordonné à l'un des deux officiers qui l'accompagnaient, de rejoindre la voiture de l'Impératrice et de l'escorter. Mais, en voyant arriver cet officier, M. de Valabrègue, et par une sorte de prescience, l'Impératrice avait insisté pour qu'il retournât de suite auprès de l'Empereur. Celui-ci s'avançait alors dans les Champs-Élysées, n'ayant auprès de lui que le colonel Edgard Ney, qui protégeait sa gauche. M. de Valabrègue, rejoignit au rond-point l'Empereur, couvert dès lors des deux côtés, et cette circonstance gêna singulièrement les mouvements de Pianori, dont elle contribua puissamment à faire avorter le dessein. Dès que la nouvelle de l'attentat se fut répandue dans le bois de Boulogne, l'émotion y fut grande parmi les cavaliers et les amazones qui cherchèrent de suite à rencontrer les souverains. L'Impératrice, extrêmement atteinte dans tout son système nerveux, ne pouvait retenir ses larmes. Le soir, l'Empereur voulut paraître au théâtre de l'Opéra-Comique, et, lorsqu'il revint aux Tuileries, il y trouva réunis plusieurs membres du corps diplomatique qui, ayant de suite télégraphié la nouvelle à leurs souverains respectifs, étaient déjà en mesure de communiquer à l'Empereur les réponses qu'ils avaient reçues.

Cependant l'auteur de l'attentat, jeté dans une voiture, avait été conduit à la préfecture de police, où M. Piétri lui avait fait subir un premier interrogatoire. On avait trouvé sur lui, au moment de son arrestation et indépendamment du pistolet à deux coups qu'il venait de décharger, deux autres petits pistolets, un poignard et cent francs en or. Son passe-port était piémontais, son pistolet à deux coups était de fabrique anglaise, le chapeau qu'il portait paraissait avoir été acheté récemment à Londres. Agé d'une trentaine d'années, il déclara faussement s'appeler Livérani, et avoir exercé à Rome la profession de cordonnier. Il avait juré, disait-il, lors du siége et de la prise de Rome par l'armée française, de frapper un jour Louis-Napoléon Bonaparte, qui n'était alors que président de la République.

A peu de distance du lieu où l'attentat avait

été commis dans les Champs-Élysées, une femme placée dans une voiture attendait l'assassin, la main placée sur la portière pour la lui ouvrir et le faire échapper à toute vitesse, s'il était parvenu, dans le premier moment de trouble, à se soustraire à l'étreinte de la police. La voiture et la femme ne purent être retrouvées. Pendant la nuit, beaucoup d'arrestations furent opérées parmi les réfugiés venus à Paris, et au nombre desquels se trouvaient plusieurs Italiens. On sait qu'en vertu de l'article 54 de la Constitution de 1852, une haute-cour de justice jugeait sans appel ni recours en cassation tous les attentats ou complots contre le chef de l'État ; mais cet article de la Constitution n'excluait pas la juridiction ordinaire et ce fut à la juridiction ordinaire, c'est-à-dire à la cour d'assises de la Seine, que l'Empereur voulut confier le soin de prononcer sur l'attentat commis contre sa personne.

L'instruction de l'affaire fit connaître que l'assassin se nommait Giovanni Pianori, et que, bien qu'il déclarât n'avoir pas de complices, l'acte qu'il avait commis était certainement le résultat d'un complot, et devait d'abord s'exécuter à Londres, pendant le séjour de l'Empereur. Pianori était venu d'Angleterre, avec une petite somme d'argent, trois cents francs, qu'il n'avait pu gagner par son travail. L'arme dont il s'était servi, celles qu'il portait sur lui au moment de l'attentat, étaient des armes d'une certaine valeur. Il avait, avant de venir à Paris et de se rendre à Londres, séjourné à Marseille et à Lyon. Il fut très-laconique dans ses réponses, soutint jusqu'à la fin qu'il n'avait pas de complices, et montra une impassibilité presque absolue durant l'audience, fort courte d'ailleurs, qui fut consacrée à son jugement. M<sup>e</sup> Paillet avait été désigné d'office pour le défendre; il se dit malade et fut remplacé par M. Benoît-Champy, qui, pris ainsi à l'improviste, et assez embarrassé de ce rôle de défenseur qu'on lui donnait en face d'une pareille accusation, ne prononça qu'un plaidoyer extrêmement court. M. Rouland, procureur général, déclara qu'il ne considérait pas ce crime comme un crime isolé, et que la police était sur les traces des ramifications qu'il pouvait avoir; la suite a prouvé d'une façon bien sérieuse la vérité de ces assertions et la réalité d'une conspiration persévérante contre les jours de Napoléon III, voué à la mort par les sociétés secrètes de l'Italie. Pianori, condamné à la peine des parricides, aux termes de la loi votée par le Corps Législatif, au mois de mai 1853 et qui remettait en vigueur les articles 86 et 87 du code pénal, dit seulement, lorsqu'on lui demanda s'il n'avait rien à ajouter pour sa défense : « *L'ho fato e non lo faro piu.* »

Il était évident pour tout le monde, du reste, qu'en le frappant on n'abattait qu'une des mille têtes de l'hydre toujours renaissante, acharnée contre la personne de l'Empereur. Les sociétés secrètes d'Italie ont été fatales à la France, et on peut dire qu'elles l'ont indirectement conduite à sa perte, en profitant de la faiblesse de Napoléon III, pour lui imposer la guerre d'Italie, l'unification de la péninsule italique y compris la Sicile, et en donnant ainsi à la Prusse l'idée et le goût d'imiter le Piémont et d'unifier aussi l'Allemagne à son profit.

L'ambition piémontaise qui, grâce à la profonde habileté de M. de Cavour, connaissait si bien le terrain sur lequel elle allait se développer, commençait d'ailleurs à pointer à l'horizon politique. Le 4 mars 1855, on avait échangé à Turin les ratifications d'un traité par lequel le roi de Sardaigne, s'alliant activement, en vue de l'avenir, à la politique de la France et de l'Angleterre en Orient, s'engageait à fournir pour les besoins de la guerre un corps d'armée de quinze mille hommes, formant deux divisions et une brigade de réserve, sous le commandement d'un général sarde, la solde et la subsistance de ces troupes devant demeurer à la charge de Victor-Emmanuel. Ce fut au général Alphonse de la Marmora que fut confié le commandement de cette petite armée. Ces quinze mille Piémontais, employés à propos et les bombes d'Orsini ont fait l'unité de l'Italie.

## VI

Découverte du cercueil de Bossuet, à Meaux. — Drame de a rue de la Vieille-Lanterne. — Apparition du spiritisme. — Les tables tournantes. — Allan Kardeck. — Le marquis de Mirville. — MM. Agénor de Gasparin et Delamarre. — Tyrannie des adeptes du nouveau dogme. — Manière d'opérer. — Conversations avec les morts illustres. — Moïse et Rabelais. — Voltaire et Fénelon. — Interrogatoire de Merlin l'enchanteur. — Audaces et abus du spiritisme. — L'Américain Home aux Tuileries. — Impudence et scandales. — Ouverture de l'Exposition. — Cérémonie froide et manquée. — Le salon de repos de l'Impératrice. — Visite de la reine d'Angleterre en France. — La reine à Paris, à Saint-Cloud et à Versailles. — Cette visite n'a été rendue qu'en 1870.

On venait de découvrir dans la cathédrale de Meaux, par des fouilles heureusement dirigées, le véritable endroit où avait été inhumé Bossuet. Le cercueil avec son épitaphe, que l'histoire a eu soin de recueillir, fut parfaitement reconnu et fut ouvert en présence de l'évêque et des autorités locales, qui purent contempler les vénérables dépouilles du plus illustre pontife de l'Église gallicane et de l'un de nos plus grands écrivains. La tombe encore existante, avec une inscription, ayant été déplacée dans un renouvellement du dallage de l'église, il fallut se servir de renseignements puisés dans les documents de l'époque pour arriver sûrement à la découverte du précieux cercueil, quoiqu'on sût à peu près, par tradition, le lieu où il devait se trouver.

On se figure volontiers Bossuet d'une stature élevée. Eh bien, d'après la mesure qu'on prit alors de la longueur de son corps, il n'avait guère que cinq pieds deux pouces. La face n'était pas encore entièrement décomposée, on reconnut la moustache et la mouche, telles qu'on les portait de son temps. Les dents de devant étaient fort bien conservées, et, comme le dit alors M. Poujoulat, l'un des témoins de cette cérémonie, dans laquelle on pourrait dire que des mains pieuses profanaient saintement une tombe illustre, les assistants purent voir encore quelques-uns de ces cheveux blancs dont Bossuet, lui-même, parle dans l'oraison funèbre du grand Condé.

Il était mort en 1704 ; c'était donc au bout de cent cinquante ans environ que l'on troublait ainsi le repos de ses dépouilles mortelles. Un service funèbre fut célébré en même temps pour Bossuet et pour les autres évêques de Meaux. Le cercueil ne fut pas immédiatement refermé ; on prit seulement la précaution de placer une glace sur les restes vénérés du prélat afin de les préserver des atteintes de l'air. M. Poujoulat demanda qu'avant de restituer Bossuet à son tombeau, on lui fît de grandes et solennelles funérailles dans la cathédrale de Meaux ; funérailles auxquelles seraient invités, avec le haut clergé, l'Académie française et les grands corps de l'État. On ne donna pas de suite à cette proposition.

A peu de temps de là, une mort étrange dont on voulut accuser le gouvernement et l'ordre social, venait émouvoir le monde littéraire et les foyers de théâtre. Un matin, au point du jour, un sergent de ville trouvait pendu par le col aux barreaux d'une petite fenêtre donnant sur une des plus abominables rues du vieux Paris, un homme pauvrement mais proprement vêtu qu'il décrochait déjà froid et dans la poche duquel il trouvait un passe-port pour la Turquie au nom de M. Gérard de Nerval.

La rue de la Vieille-Lanterne où le malheureux écrivain était allé fantasquement accomplir ce sinistre dessein, était plutôt un égout qu'une rue. Elle se trouvait dans le voisinage du Châtelet et devait disparaître dans les grandes démolitions de ce quartier. Son extrémité finissait par une sorte d'affreux escalier dégradé, sur les premières marches duquel donnait la fenêtre en question. Toute la ruelle était formée d'horribles maisons parmi lesquelles les plus équivoques et les plus borgnes. Pour accomplir son projet sans être troublé, Gérard de Nerval avait, à dessein, choisi ce lieu si repoussant. Ses précautions avaient été parfaitement prises d'ailleurs. Il avait lancé une corde toute neuve et bien évidemment achetée expressément pour cet usage, derrière un des barreaux de la fenêtre et en rattrapant le bout, il avait dû former le lacet et monter sur une pierre mobile, retrouvée là, pour l'atteindre; puis, une fois accroché et repoussant la pierre, il s'était élancé dans l'espace au-dessus des marches de l'escalier qui s'abaissaient sous l'aplomb de la fenêtre.

Les gens de la police qui l'avaient recueilli le portèrent à la Morgue. Théophile Gautier prévenu sur-le-champ accourut dans ce triste lieu pour le reconnaître et le réclamer si la famille n'agissait pas. On le trouva nu, posé sur une dalle de marbre noir, le visage souriant, tel qu'il l'avait toujours. Il fut convenu avec l'autorité que, si dans la journée du lendemain la famille n'apparaissait pas, le corps serait remis à son ami pour qu'on lui rendît les derniers devoirs.

Gérard de Nerval écrivait sous un pseudonyme. Son véritable nom était *de la Brunie*. Son père ancien chirurgien des armées impériales et qui avait fait la campagne de Russie, vivait encore à cette époque, mais dans un âge si avancé, qu'il est possible que l'état de ses facultés ne lui ait pas permis de percevoir bien nettement la catastrophe qui mettait fin aux jours de son fils. Quant à ce dernier, qui n'était pas précisément dans la misère, on dut attribuer cette horrible fin aux intermittences d'obscurité et d'exaltation qui se disputaient son esprit distingué et l'avaient déjà fait soumettre à un traitement dans la maison du docteur Blanche. Le gouvernement et la société n'étaient donc pour rien dans cette triste mort.

On sait qu'en dehors d'une excellente traduction de Faust et de son drame-roman *Leo Burckardt*, qui furent ses œuvres les plus sérieuses, Gérard de Nerval écrivit beaucoup dans les revues et les journaux où ses travaux se faisaient toujours remarquer du moins par ce mérite, alors comme aujourd'hui si rare, mais qui le devient de plus en plus, d'une langue pure et d'une phrase élégante.

De la folie aux tables tournantes et au spiritisme, il n'y a qu'un pas. J'ai dit que la cour et la ville avaient été atteintes de cette monomanie; la cour peut-être même plus encore que la ville. Il y eut un moment où il devenait pour ainsi dire impossible d'échapper aux obsessions des adeptes et des propagateurs de la doctrine des *esprits*. Les livres d'Allan Kardeck, l'ouvrage du marquis de Mirville auquel le *Journal des Débats* crut devoir consacrer un article de quatre colonnes, tant le spiritisme était devenu à la mode comme conséquence du prétendu phénomène des tables tournantes, les expériences de M. Agenor de Gasparin qui interrogeait quotidiennement les esprits frappeurs, et de M. Delamarre, le directeur du journal *la Patrie*, qui leur demandait sérieusement des avis et des conseils relativement à ses affaires et au personnel de son journal, tout, en un mot, contribuait à répandre l'influence contagieuse de ces idées et la vive propagande dont elles étaient l'objet.

On ne pouvait entrer dans un salon sans que, de bonne volonté ou non, on vous attelât au cercle qui se formait autour d'un chapeau et d'une table, et, chose curieuse, après les heures d'ennui et d'attente, il se trouvait toujours un compère ou un collaborateur fatigué qui donnait un coup de pouce à la table rebelle ou au chapeau récalcitrant. L'impulsion une fois imprimée était nerveusement continuée par les acteurs plus ou moins convaincus de cette petite comédie, et la maîtresse de la maison comptait un triomphe de plus. Parmi les femmes et les jeunes gens (les jeunes filles surtout, comme on ne tarda pas à le remarquer) il en était bien peu qui ne donnassent pas dans ce merveilleux et il fallait à tout prix être de leur avis sauf à passer à leurs yeux pour un fanatique d'incrédulité.

Pour tous ces gens-là, M. de Mirville était considéré comme un nouveau Christophe Colomb ayant découvert le monde invisible. On admettait deux sortes d'esprits qu'on pouvait évoquer autour d'un guéridon : les esprits malins, c'est-à-dire les démons, et les esprits des morts, c'est-à-dire les revenants. C'était une chose convenue pour peu qu'on ne rougit pas d'accepter le nouveau dogme. Ainsi, par là, se trouvaient réhabilitées à la fois la magie et la sorcellerie, ces sciences ou arts dans lesquels excellait le moyen âge et dont les procédés procuraient à ceux qui ne craignaient pas de se livrer au démon l'avantage de pouvoir connaître l'avenir et les choses les plus secrètes, soit en interrogeant les esprits infernaux, soit en évoquant les morts. On demandait dans une réunion nombreuse à une table animée si l'histoire de Faust était vraie ; elle répondit : « Toujours. » Pour renouveler cette histoire à volonté il ne s'agissait donc plus vraiment que d'oser se livrer au diable.

C'était, d'ailleurs, dans le pêle-mêle le plus étrange qu'on interrogeait les grands défunts : Voltaire, Fénelon, Luther, Mahomet, Charlemagne, Henri IV, saint François de Paule, Rabelais, que sais-je ? Tout y passait et chacun d'eux avait l'obligeance de répondre quelques mots, peu compromettants, du reste, à son interrogateur. Les choses furent poussées très-loin dans cet ordre d'idées et des adeptes de bonne foi ont dû singulièrement rougir depuis en songeant à ce qu'ils avaient cru et essayé de faire croire aux autres. J'ai entre les mains une brochure, fort rare par parenthèse, et qui est intitulée : *les Habitants de l'autre monde, révélations d'outre-tombe dictées par coups frappés et par l'écriture médianimique.* Cette brochure, publiée chez Ledoyen, le libraire du Palais-Royal, était signée et lancée par Camille Flammarion, l'astronome distingué qui depuis s'est fait connaître par d'excellents travaux de vulgarisation. La brochure était divisée en plusieurs parties : *Typtologie* ou communications dictées par coups frappés ; *Pensées d'outre-tombe*, dictées par coups frappés ; *Psychographie* ou communications données par l'écriture médianimique, ou des *Médiums* ; et enfin *Communications spontanées et évocations*.

On y lit, par exemple, au chapitre des pensées d'outre-tombe, dictées par coups frappés, cette sentence signée *Moïse* : « L'âme ne peut trouver une pleine consolation et une joie parfaite qu'en Dieu, le consolateur des affligés et le soutien des faibles. Qu'une telle vérité vous guide ! » Et, dans un genre fort différent, cette joyeuseté signée *Alcofribas Nazier*, pseudonyme de Rabelais :

« Liesse et Noël ! monsieur Satan est deffun et de male mort. Bien marrys sont les moynes, moynans, bigotz et cagotz, carmes chaux et déchaux, papelards et frocards, mitrez et encapuchonnez. Les vécy sans ouvrage, les espericts les ont détrônez. Plus ne serez roustiz et échaubouillez ez marmites monachales et roustissoires dyaboliques. Foin de ces billevesées papales et clericquales. Dieu est bon, juste et plein de misericorde.

« Il dist à ses petits enfancts : Aymez-vous les uns les autres, et il pardoint à la repentance. Le grand dyable d'enfer est mort ; vive Dieu ! »

Qui ne reconnaît tout de suite le pastiche appliqué aux théories des libres-penseurs?

Ailleurs, dans cette même brochure et sous le titre d'évocation, je trouve ce passage et je le cite textuellement, tant il est curieux : « Fénelon conversait avec nous (c'était dans le salon de mademoiselle Huet, *médium* fort connu, rue du Mont-Thabor). M. de la V. lui demande s'il peut lui dire ce qu'était Merlin ou Myrdhinn, l'enchanteur? « C'était un célèbre médium sans le savoir qui avait la puissance de communiquer avec les esprits. — Pourrais-je l'évoquer? — Oui, si son corps (car il est réincarné) lui permet de venir. » Après une longue attente, l'Esprit vient écrire d'une écriture ressemblant aux manuscrits de son époque, sixième siècle. « Enfin me voilà parmi vous. — Au nom de Dieu est-ce bien vous Myrdhinn?—Oui, c'est moi ; je descends de Saturne. — Qu'étiez-vous sur la terre? — Un savant et un personnage important; j'étais barde. — Quel était le sujet de vos poëmes? — Je chantais les guerriers et les dieux.—Quels guerriers chantiez-vous? — Ceux de mon pays gaulois. — Avez-vous réellement chanté les Gaulois, et ne seraient-ce pas plutôt les Bretons? Citez-nous quelques noms. — Leurs noms sont dans la nuit des temps. Je les ai oubliés. — Vous étiez Breton, cependant. — La Bretagne était bien mon pays, mais les Gaulois se battaient aussi, et j'ai chanté la guerre en général. — Vous avez dit tout à l'heure que vous aviez chanté les dieux; quels étaient-ils? — J'ai chanté la poésie, aussi le dieu de la beauté et le dieu des grands courages. — Dites-nous un nom de ces dieux que vous avez chantés. — Voulez-vous des noms païens? Aujourd'hui je n'y crois plus. — Vous étiez un grand personnage? — On me croyait magicien parce que j'en savais plus que les autres; j'étais plus instruit que ceux de mon époque et j'ai passé pour un enchanteur. — En quel lieu vivez-vous maintenant? — Dans Saturne, je suis réincarné. Je suis un personnage connu qui dirige la justice du pays. — Quand vous viviez, n'aviez-vous pas des rapports avec cet astre? — De cette planète je tirais ma puissance magique. J'étais astrologue, comme vous savez. — Quel parti tiriez-vous de votre science? — Je conseillais les rois. — Dans quel but conseilliez-vous les rois? — L'avenir m'était révélé par une puissance supérieure (on remarquera que Merlin a été plus modeste plus haut), et je le dictais aux grands en vue du bien et du progrès. Quelquefois aussi un peu de gloire m'en revenait. — Sous quelle forme votre puissance se manifestait-elle? — Pour parler votre langage actuel, j'étais médium intuitif; j'avais des révélations. — Comment manifestiez-vous ces révélations? — L'inspiration m'arrivait sous cette forme et je la dictais aux grands par mes chants ou par mes paroles. Ma manière de révéler ressemblait à celle des Druides. — Comment l'inspiration vous arrivait-elle? — L'inspiration m'arrivait d'abord par l'évocation, ensuite par la tension de mon esprit, et les paroles arrivaient d'elles-mêmes. — Quel genre d'évocation faisiez-vous? — J'évoquais Dieu d'abord dans l'esprit de vérité, de révélation, et un bon ange m'apportait l'inspiration. — Vous avez chanté les dieux et maintenant vous parlez de Dieu? — Dieu c'est la religion; les dieux ce sont la poésie, la fiction ou la forme. — Vous avez donc chanté la fable? — Oui. — Vous qui vous prétendiez inspiré par l'Esprit de vérité, comment avez-vous pu chanter la fable? — Il faut souvent déguiser la vérité sous les traits de la fable pour la faire passer plus facilement; ne le faites-vous pas encore aujourd'hui? — Pourriez-vous écrire avec moi? — Oui, je sens que votre nature m'est sympathique, mais je ne le ferais peut-être pas dans un premier essai. — Pouvez-vous nous dire si vous avez vécu longtemps? — J'ai vécu très-longtemps. — Combien d'années à peu près? — Plus de quatre-vingts hivers. — Comment êtes-vous mort? — Pas de mort naturelle. — Avez-vous été heureux ou malheureux dans ce monde? — Malheureux, persécuté. — Viviez-vous de la vie sauvage ou civilisée? — J'aimais la solitude et je n'allais en présence des grands que pour leur parler de l'avenir. »

Tel est ce curieux morceau que l'auteur termine en disant : « Les recherches de M. le vicomte de la Villemarqué ont prouvé la véracité de toutes ces réponses et l'identité de l'Esprit. »

Une pareille publication était bien un signe des temps. Il règne quelquefois en l'air comme un souffle de vertige ou un besoin absolu de merveilleux ; tel était bien le cas, en effet.

Malheureusement pour le spiritisme, la physique, la mécanique surtout s'en mêlèrent. On se servit de tables dont les pieds, correspondant avec des feuilles de parquet mobiles, tantôt se levaient, tantôt faisaient entendre des petits coups sourds plus ou moins renouvelés selon l'alphabet convenu. On sait ce que, dans ce genre, ont pu produire les frères Davenport. Le célèbre Américain Home, introduit et reçu aux Tuileries, s'y conduisit avec la dernière impudence. On a raconté qu'en dehors de toutes ses autres fourberies, il avait eu l'audace de proposer à l'Empereur de lui faire toucher sous le tapis d'une table la main inerte de la reine Hortense, sa mère, et que, sur l'acceptation de Napoléon III, il n'avait pas craint de glisser un pied hors de son soulier verni et de le présenter à l'attouchement du souverain.

Des scandales d'une autre nature signalèrent encore ce règne du spiritisme. Les expériences des tables tournantes, durant lesquelles les mains se joignaient, permirent à certaines jeunes filles d'entretenir avec leurs voisins non moins jeunes des correspondances fort compromettantes. La femme d'un fonctionnaire assez élevé ayant pris la fuite ou, pour parler plus exactement, s'étant fait enlever par un associé d'agent de change, on sut que toutes les conventions relatives à ce voyage imprévu avaient été transmises de la même façon pendant une séance de spiritisme. De son côté, Home en était venu au point de dépasser toutes les limites permises, non-seulement au point de vue des convenances, mais même aussi, dit-on, à celui de l'honnêteté. La police lui signifia un arrêté d'expulsion.

Ces entraînements aveugles vers l'étrange, le mystérieux, le surnaturel, sont un des côtés curieux de la période historique et sociale que représentent les dix-huit années du second Empire. Napoléon III croyait bien à son étoile, ses sujets pouvaient bien croire aux esprits et à leur langage.

Malheureusement un courant d'idées d'une nature bien différente s'était établi peu à peu parallèlement à celui-là : en face des crédulités par trop naïves et enfantines se dressaient des théories d'incrédulité absolue, de matérialisme et d'athéisme que le gouvernement pouvait difficilement combattre et que, dans tous les cas, il combattit maladroitement.

L'ouverture de l'Exposition universelle avait été fixée au 15 mai. Le temps ne la favorisa pas. La journée fut grise, pluvieuse, glaciale, et l'astre des fêtes laissa les choses s'accomplir sans lui. Un immense gâchis de terre fraîchement remuée et de macadam trop peu solidifié entourait le palais des Champs-Élysées, au grand désespoir des dames obligées de laisser çà et là leurs voitures, suivant les prescriptions de la police. On avait averti que les portes, qui devaient s'ouvrir à dix heures, devaient aussi se fermer à midi quoique la cérémonie ne fût annoncée que pour une heure, et chacun cherchait à ne pas demeurer en dehors des portes. On vit alors les femmes du meilleur monde et les mieux parées, dont les voitures ne pouvaient, suivant toutes les probabilités, arriver à temps au seuil du palais, obligées de mettre pied à terre au beau milieu du sol détrempé, s'embourbant dans la fange, jetées dans un inextricable cohue, y perdant celle-ci sa fourrure, celle-là son mari, et ne parvenant sous le péristyle qu'à grands coups de coude, donnés un peu, reçus beaucoup, et bien heureuses si la moitié de leur chaussure n'était pas restée dans la boue !

A l'intérieur de l'édifice, tout l'appareil occupait le centre de la grande nef. Dans l'axe du palais, en face de la grande entrée, le trône, élevé de plusieurs degrés et recouvert d'un riche baldaquin, s'adossait à une muraille de velours cramoisi ; en avant de l'estrade impériale, s'étendaient, à droite et à gauche, des rangées de bancs réservés à tous les grands corps de l'État. Les rangs les plus rapprochés du trône étaient à dossiers et destinés au corps diplomatique et aux femmes des dignitaires ; sur des banquettes rouges faisant face s'alignaient la magistrature de tous les degrés, le haut clergé, le conseil supérieur de l'Université, l'Institut, les membres de la Commission impériale et du Jury international. Enfin, sur les gradins supérieurs étaient groupés les invités et c'était surtout de ces estrades élevées que l'on voyait le mieux se développer l'ensemble de cette somptueuse mise en scène. A droite et à gauche du centre réservé à la cérémonie se dressaient les baraques, les comptoirs, les vitrines des exposants, le tout à moitié garni et disposé à la hâte.

A une heure précise, le cortége impérial arriva. Il était fort brillant, et l'Impératrice, en grande toilette, portant un magnifique diadème de diamants, n'avait peut-être jamais paru si belle. On avait, en tout, cherché à imiter le cérémonial qui avait présidé à l'exposition de Londres, et c'est le prince Napoléon, en grand costume de général de division, qui devait jouer le rôle du prince Albert. Lorsque le trône fut occupé, il s'avança au pied des degrés et lut, en qualité de président de la Commission impériale, un assez long discours qu'on n'écouta guère ; après quoi le cortége, dans l'ordre d'entrée, commença à parcourir l'avenue centrale, longitudinale, de l'Exposition ; mais l'itinéraire avait sans doute été mal défini, car, après avoir visité le centre, lorsque le cortége dut revenir sur les côtés bordant la nef centrale, il fallut, pour lui faire place, enlever brusquement les banquettes, frayer un passage au milieu du monde officiel amassé et y mettre le désarroi. La promenade terminée, à travers bien des étalages incomplets ou même vides, on revint au centre de l'axe, sans retourner vers le trône, et, les officiers de service ayant donné le signal du départ, l'orchestre entonna la marche finale de *Guillaume Tell.*

Aucune salle n'avait été préparée spécialement pour le couple impérial. Ce fut en pleine rue, au milieu des grands corps de l'État, fort mêlés désormais par la curiosité et le défaut de cérémonial précis, que l'Impératrice reçut sa pelisse au milieu d'une conversation familière avec ses dames. A partir de ce moment, toute étiquette avait disparu et les assistants, appartenant ou non à la cour, étaient là comme des gens qui, à la sortie de l'Opéra, attendent leurs voitures en s'enveloppant et en causant par groupes. Le canon des Invalides salua ce départ sans façon et la fin d'une solennité à laquelle, fort heureusement, la reine d'Angleterre n'assistait pas.

Plus tard, un salon de repos fut disposé au palais de l'Exposition pour l'Impératrice, et ce petit *retiro*, composé de deux pièces, pouvait passer pour une merveille de bon goût. Les meubles en étaient du style Louis XIV, la tenture et l'étoffe recouvrant les meubles en tapisserie au petit point, d'une finesse extrême, représentant des héros en costume d'Opéra dans des médaillons entourés de riches arabesques. Cette tapisserie magnifique avait un autre intérêt que celui de sa beauté : elle était historique. Faite sous la direction de madame de Maintenon par les demoiselles de Saint-Cyr, elle ne fut pas employée suivant sa destination première et dut être conservée au garde-meuble. En 1791, une vente du mobilier des châteaux royaux ayant eu lieu par l'ordre du comité révolutionnaire, cette tapisserie fut achetée par un riche propriétaire qui y attachait le plus grand prix et la conserva, sans l'employer, dans sa collection, mais, après 1848, se vit contraint de s'en défaire, par suite des rudes atteintes portées à sa fortune par la révolution de février. Cette belle tapisserie, encore en rouleaux, fraîche comme si elle venait d'être terminée, fut alors achetée par l'entrepreneur qui devait être chargé plus tard de la décoration du salon destiné au repos de l'Impératrice pendant ses visites à l'Exposition. Le boudoir qui accompagnait cette première pièce et dans lequel on pénétrait en soulevant une portière de velours rouge, était entièrement tendu en moire antique rose de la fabrique de Lyon, ouatée et doublée de satin rose. Le plafond, qui s'élevait en coupole, était recouvert de moire antique gris perle. Un store brodé à la main faisait l'admiration de toutes les visiteuses, ainsi que la glace en verre de Venise, dont le cadre, également en verre, produisait un effet charmant sur la soie rose de la tenture. Une table et une console signées par un des meilleurs ouvriers du temps du premier Empire et ornées de médaillons en porcelaine de Sèvres, complétaient, avec un tapis en damas de soie blanc, la décoration de ce petit sanctuaire où perçait déjà ce luxe qui, comme une désastreuse marée, devait monter, monter toujours, durant le second Empire et amener tant de naufrages. Dans un coin du salon, on remarquait la petite voiture dans laquelle devait se placer l'Impératrice pour visiter l'Exposition. C'était un chef-d'œuvre lilliputien de la carrosserie anglaise qui lui avait été offert par le prince Albert lors du récent voyage de Londres.

Celui de la reine d'Angleterre à Paris avait été fixé au 18 août et le programme officiel de tout ce qui serait fait durant son séjour était réglé à l'avance. L'Empereur attachait une énorme importance à cette démonstration de la souveraine de la Grande-Bretagne, car la visite de la reine Victoria au château d'Eu, sous le règne de Louis-Philippe avait eu un caractère beaucoup plus privé que n'en aurait le voyage de 1855 à Paris, et le séjour de la reine à Saint-Cloud et à Versailles.

Dans la soirée du 17 août, le yacht royal, accompagné de la flottille qui lui faisait escorte, mouilla à l'entrée du port de Boulogne. Ce yacht était d'un très-fort tonnage, et, pour pénétrer dans le port, il lui fallait absolument attendre la pleine mer. La reine passa à bord la nuit du 17 au 18. On comptait pouvoir ce jour-là entrer dans le port vers une heure de l'après-midi et toutes les dispositions avaient été prises en conséquence; mais ce ne fut qu'à deux heures que le yacht parut entre les deux jetées et que le débarquement de la reine put avoir lieu. L'Empereur était arrivé la veille au soir à Boulogne par un train express. Dans la matinée du 18, il visita les camps et se montra aux troupes placées sous le commandement du maréchal Baraguey d'Hilliers. Vers midi, toutes ces troupes furent dirigées vers la ville ou placées sur les falaises et les dunes qui couronnent la côte depuis Boulogne jusqu'à Wimereux, à droite de la Liane, et depuis Capécure jusqu'à Porsel, à gauche de cette rivière; curieux et très-frappant spectacle que celui de cette armée se déployant sur les hauteurs de Boulogne pour fêter l'arrivée d'une reine d'Angleterre et dessinant sa silhouette sur les falaises d'où, un demi-siècle auparavant, Napoléon I$^{er}$, la lorgnette à la main, cherchait, pour ainsi dire, le point vulnérable de la Grande-Bretagne, sa puissante et mortelle ennemie!

Une double haie de cavalerie, formée par des lanciers et des dragons, s'étendait depuis l'endroit fixé pour le débarquement jusqu'à l'embarcadère du chemin de fer, et (coup d'œil assez original) deux ou trois cents sapeurs, la hache sur l'épaule, garnissaient les deux côtés des ponts sur la Liane. Une voiture magnifique, à six places et doublée de satin blanc, traînée par deux chevaux non moins admirables qu'elle-même, était destinée à transporter au chemin de fer la reine, ainsi que le prince Albert et ses enfants. Aussitôt que le yacht aborda, l'Empereur, mettant pied à terre, franchit la rampe garnie de velours et de tapis qui unissait le quai au bâtiment royal et s'avança vers la reine, dont il baisa la main, puis il l'aida à débarquer et la conduisit jusqu'à la voiture qui l'attendait. Dès qu'elle y eut pris place, ainsi que sa famille, Napoléon III, remontant à cheval, se mit à la portière de droite, tandis que le maréchal Baraguey d'Hilliers tenait la portière de gauche ; et le cortége se mit en marche au milieu des cris des populations accourues de fort loin pour assister à ce curieux spectacle.

L'heure avancée à laquelle le yacht avait pu seulement pénétrer dans le port trompait naturellement tous les calculs pour l'heure de l'arrivée du convoi à Paris. La reine Victoria avait exprimé le désir d'y entrer en calèche découverte plutôt qu'en carrosse de gala, afin de jouir plus complétement du coup d'œil de ces boulevards dont la réputation est européenne. Malheureusement le retard du débarquement à Boulogne la faisait arriver à Paris au crépuscule, trop tôt pour que des illuminations pussent remplacer le jour, trop tard pour qu'il lui fût possible de bien saisir l'ensemble et les détails de cette scène vraiment unique. Ce retard avait un peu refroidi l'enthousiasme de la foule désappointée de ne pas bien distinguer les traits de la reine au milieu de ce cortége que les lanternes allumées des voitures faisaient ressembler de loin à une promenade aux flambeaux. Ce ne fut, en effet, qu'à sept heures et demie du soir que la reine Victoria fit son entrée dans cette capitale où, depuis l'infortuné Jacques II, aucun souverain britannique ne s'était jamais montré. Le chemin de fer du Nord avait été, pour cette circonstance, relié à celui de l'Est, afin que, sortant de l'embarcadère monumental de Strasbourg, le cortége n'eût à suivre qu'une ligne continue de boulevards jusqu'à la Madeleine, et, par conséquent, jusqu'à Saint-Cloud, qu'une voie d'une largeur, d'une variété et d'une splendeur inouïes.

La haie sur tout le parcours était formée d'un côté par la garde nationale, de l'autre par l'armée, plusieurs arcs de triomphe s'élevaient dans l'espace compris entre la porte Saint-Denis et la Madeleine, ainsi que des colonnes commémoraratives et des statues allégoriques. Les drapeaux anglais, français, sardes, turcs flottaient aux balcons et se balançaient à la douce brise d'un jour d'été véritablement splendide; on admirait surtout le grand arc de triomphe élevé à la hauteur de la rue Richelieu par les soins de l'administration de l'Opéra, c'était un véritable monument enjambant toute la chaussée, s'élevant jusqu'au troisième étage des maisons, surmonté d'aigles immenses et présentant des écussons qui reproduisaient les chiffres entrelacés de l'Empereur et de l'Impératrice, de la reine Victoria et du prince Albert; la voûte de ce bel arc de triomphe était garnie d'une tenture pourpre couverte d'abeilles.

La reine répondait avec beaucoup de bonne grâce aux saluts et aux démonstrations sympathiques dont elle était l'objet. Elle admira l'effet architectural produit par le monument de la Madeleine dont les proportions ne paraissent jamais plus belles qu'à la chute du jour; en traversant la place de la Concorde dont les merveilleuses perspectives avaient été systématiquement respectées par les décorateurs, elle put évoquer par la pensée une foule de souvenirs historiques; les Champs-Élysées se présentèrent à ses regards dans leur simplicité grandiose, égayés seulement de loin en loin par des mâts pavoisés aux couleurs anglo-françaises et par des faisceaux de drapeaux qui décoraient la façade du Palais de l'Industrie. L'arc de triomphe de l'Étoile était complétement dépourvu de toute ornementation de circonstance ; un tel monument en eût été amoindri ; l'avenue de l'Impératrice assez récemment ouverte n'offrait à l'œil que quelques massifs improvisés et de rares constructions à peine terminées, le bois de Boulogne dont les embellissements étaient également récents, ne pouvait, surtout au crépuscule, présenter un bien grand intérêt à la reine Victoria que les splendides parcs de la Grande-Bretagne avaient habituée aux richesses d'une végétation hors ligne ; la campagne était superbe, du reste, de fraîcheur et de verdure, et la chaude pureté de l'atmosphère pouvait impressionner très-favorablement la royale voyageuse. Le palais de Saint-Cloud considéré en pareille circonstance comme demeure privée, ne se signalait de loin par aucun appareil extraordinaire ; gardé par des troupes d'élite en grande tenue, il attendait ses hôtes sans éclat extérieur ; mais, à l'intérieur, rien n'avait été négligé pour donner à la réception impériale toute la splendeur que nécessitait une semblable visite. Les tableaux les plus précieux et les plus célèbres des grands maîtres avaient été empruntés au musée du Louvre pour orner les salons et les appartements de Saint-Cloud, ce qui, par parenthèse, était un acte blâmable, car de pareils chefs-d'œuvre ne doivent jamais être déplacés même sous les meilleurs prétextes. La reine, en entrant dans la partie du palais qui lui était destinée, allait éprouver l'agréable surprise de se retrouver, pour ainsi dire, grâce à la copie exacte de mille détails d'ameublement, dans l'appartement qu'elle occupait à Windsor. L'ancien boudoir de la reine Marie-Antoinette qui lui avait été particulièrement réservé, venait d'être remis à neuf, et les peintures décoratives qui l'ornaient avaient été refaites par deux artistes de talent. Hélas ! après les fureurs de la guerre de 1870, que reste-t-il de toutes ces splendeurs ?

Les deux principaux épisodes du séjour de la reine Victoria à Paris furent, indépendamment de ses visites nombreuses aux galeries de l'Exposition et aux divers monuments de la capitale, le bal admirable qui lui fut offert à l'Hôtel de Ville et la fête incomparable donnée en son honneur à Versailles. Le bal de l'Hôtel de Ville, qui ne coûta pas moins de trois cent cinquante mille francs, dépassa en magnificence tout ce qu'on avait vu jusqu'alors dans ce merveilleux palais de l'édilité parisienne ; la reine s'y montra avec une toilette brillante et y dansa avec beaucoup de grâce deux contredanses françaises ; je me souviens même (car j'avais pu m'approcher du quadrille royal) qu'elle les dansa avec toute la régularité de pas qu'enseignent les maîtres à danser, mais avec une grâce tout à fait remarquable, petit incident inattendu qui fit presque sensation. Le 25 août avait été choisi pour la grande fête de Versailles. Dans la matinée, la reine visita le château de Saint-Germain, puis on revint à Saint-Cloud et ensuite à Versailles où une nuit vraiment féerique attendait l'illustre voyageuse. Ce fut par la cour de marbre que le cortége entra dans le palais du grand roi dont la statue avait été entourée de fleurs rares et semblait aussi associer à la fête l'auguste personnage dont elle reproduisait les traits. Des fleurs décoraient également l'escalier de marbre recouvert pour la circonstance des plus riches tapis ; au bout et à droite de cet escalier, dans les salles dites de 1794 et 1795, on avait improvisé pour l'impératrice Eugénie un petit appartement composé de plusieurs pièces ; plus loin, dans la salle qui précède celle si célèbre de l'Œil-de-Bœuf, se trouvait l'entrée des appartements réservés exclusivement à la reine Victoria ; c'étaient les anciens petits appartements de la reine Marie-Antoinette et ils avaient été décorés dans le goût de l'époque ; le boudoir surtout était devenu un spécimen complet de l'art de l'ameublement sous le règne de Louis XVI : tendu en bleu, orné de guirlandes de fleurs, enrichi de deux médaillons du temps, représentant la reine infortunée, paré çà et là de quelques groupes en porcelaine ou en marbre ; ce boudoir offrait, en dehors des souvenirs historiques qui s'y rattachaient, un véritable intérêt archéologique par la façon dont il avait été disposé et restitué ; l'Œil-de-Bœuf transformé en magnifique salon de réception était destiné à recevoir et à réunir toutes les personnes royales. C'était dans la galerie des glaces que le bal devait avoir lieu et la décoration de cette pièce magnifique avait été complétement empruntée (sous l'inspiration et d'après les ordres de l'Impératrice) à un dessin représentant une fête donnée par Louis XV. Rien de gracieux et d'élégant comme les guirlandes de roses tombant du plafond pour soutenir et relier entre eux les quarante grands lustres qui s'étalaient sur trois rangs et avec les candélabres du pourtour ne supportaient pas moins de 2,500 bougies; aux quatre coins de la galerie avaient été dressés de petits orchestres ornés avec goût et entourés d'un léger grillage en fil de fer doré, la galerie des glaces ainsi disposée et éclairée était bien certainement la salle de danse la plus magnifique et la plus curieuse dans son élégance de tous les palais de l'Europe. A la chute du jour, la place d'armes avait été brillamment illuminée, et, dans la cour intérieure, tous les grands hommes de marbre ainsi que les détails d'architecture des façades ressortaient merveilleusement sous les jets de lumière qui venaient habilement les frappèr. Vers dix heures un admirable feu d'artifice fut tiré à l'extrémité de la pièce d'eau des Suisses qui, elle-même était couverte de barques illuminées et pavoisées. Au milieu de cent autres merveilles de pyrotechnie, la reine qui contemplait ce spectacle d'une sorte de tribune construite pour la circonstance et adjacente à la galerie des glaces, put reconnaître le château de Windsor très-exactement reproduit. Après ce feu d'artifice, brillant accessoire d'une fête qui avait attiré, de Paris seulement, près de dix mille spectateurs, le bal commença ; mais l'extrême chaleur d'une nuit d'été en paralysait naturellement l'animation, et, d'ailleurs, les invités relativement peu nombreux, l'étaient trop encore pour que la circulation ne fût pas difficile. Ce fut un spectacle plutôt qu'un bal où, forcément retenu à la même place, on admira beaucoup plus la gracieuse décoration de la salle et les toilettes merveilleuses des invitées, que l'on ne se livra à la danse ; un souper avait été préparé dans la salle de spectacle, merveille nouvelle au milieu de tant d'autres et qui complétait splendidement cette fête digne de Louis XIV. Le lundi suivant la reine Victoria quittait Paris. Hélas ! le couple impérial devait lui rendre cette visite, non plus entouré de l'auréole du bonheur et du prestige de la toute-puissance, mais enveloppé des voiles de l'infortune dont il est donné à si peu de personnages historiques de se faire une pourpre, et tout meurtri encore d'une chute sans précédent dans l'histoire !

## VII

Naissance et baptême du prince impérial. — M. de Morny à Saint-Pétersbourg. — Son mariage. — Complications intimes. — Menaces d'une Ariane abandonnée. — Le courrier extraordinaire. — Le précieux coffret. — Les deux natures de M. de Morny. — Loisirs et travaux de la paix. — M. Haussmann. — Transformation du bois de Boulogne. — Les cartes du cabinet de l'empereur. — Un chercheur de sources. — La strophe supprimée au *Moniteur*. — Un Belmontet trop libéral. — Dénombrement de la famille Bonaparte. — Les parents pauvres. — Hivers de 1856 et 1857. — La princesse Mathilde rue de Courcelles et à Saint-Gratien. — Anecdote. — M. Demidoff en arménien. — Le prince Napoléon au Palais-Royal. — Ses amitiés. — Lettres de lui à l'Empereur. — Renan et Girardin. — Le luxe! toujours le luxe! — Une étrange anecdote. — La femme du député. — Le député devenu sénateur.

On avait remarqué que, depuis quelques jours, l'impératrice Eugénie ne prenait plus part aux excursions et promenades en voiture de la reine d'Angleterre; la cause de ce repos insolite était la position intéressante dans laquelle elle se trouvait déjà, mais qui n'était pas encore officiellement annoncée. Elle donna le jour à un fils le 16 mars 1856, durant les conférences de Paris, et cet événement qui semblait consolider la dynastie des Bonaparte coïncida d'une façon très-remarquée avec l'issue si heureuse de l'imprudente campagne de Crimée.

Voici le relevé exact et complet des dépenses occasionnées par la naissance du prince impérial : Médaillons en diamants, vingt-cinq mille francs ; allocation aux médecins, soixante-deux mille francs ; à la sage-femme, six mille francs ; aux sociétés des auteurs et compositeurs dramatiques, des gens de lettres, des artistes dramatiques, des artistes musiciens, des peintres et sculpteurs, des inventeurs industriels, des médecins du département de la Seine, soixante-dix mille francs ; aux bureaux de bienfaisance de la Seine et aux communes où étaient situés les biens de la couronne, quatre-vingt-treize mille francs ; la layette, cent mille francs ; gratification de quatre mois de traitement aux agents du service intérieur de l'Impératrice, onze mille francs ; spectacles gratis du 18 mars 1856, quarante-quatre mille francs; secours aux parents des enfants nés le 16 mars, cinquante mille francs; médailles aux auteurs et compositeurs de cantates et vers adressés à l'Impératrice; médailles aux troupes et élèves des lycées : quatre-vingt-cinq mille francs; brevets adressés aux parents des filleuls de l'Empereur et de l'Impératrice, vingt mille francs; cortége du baptême, service des écuries, cent soixante-douze mille francs; gratifications aux employés divers de la maison impériale, cent cinquante mille francs.

Le total s'élevait à huit cent quatre-dix-huit mille francs, somme fort respectable assurément, surtout lorsqu'on songe que la naissance du duc de Bordeaux avait à peine coûté trois cent mille francs, et celle du comte de Paris environ cent mille.

Le couronnement du nouvel empereur de Russie, Alexandre II, devait avoir lieu à Moscou le 7 septembre 1856, et il ne pouvait entrer dans les vues politiques de la France, la paix étant conclue avec le tzar, de mettre une froideur trop grande dans la reprise des relations que la question d'Orient avait si violemment interrompues. Le couronnement d'Alexandre II fournissait d'une façon très-naturelle l'occasion de cette reprise, chacune des cours de l'Europe devant envoyer un représentant pour assister à cette solennité. Le choix de Napoléon III indiqua l'importance qu'il mettait au renouvellement des bonnes relations avec l'empereur de Russie. Ce fut le comte, depuis duc de Morny, qui dut aller remplir cette mission extraordinaire. L'esprit souple, la profonde connaissance du monde politique, les instincts de l'homme d'État, tout jusqu'à l'élégance des habitudes, se réunissait chez M. de Morny pour en faire, en cette circonstance, l'ambassadeur le plus utile et le plus agréable tout à la fois.

Lorsque, rentré momentanément dans la vie privée à la suite des décrets relatifs aux biens de la famille d'Orléans, M. de Morny s'était vu appeler par Napoléon III à la présidence du Corps législatif, il avait instamment demandé à ne pas être chargé de fonctions qui, écrivait-il à l'Empereur, étaient en dehors de ses goûts comme de ses habitudes ; mais l'Empereur avait tellement insisté, que son ancien ministre du 2 décembre avait dû céder. Cette fois, il acceptait avec plaisir la mission temporaire dont on le chargeait et il partit accompagné d'un personnel nombreux et distingué qui indépendamment des secrétaires d'ambassade, suite habituelle d'un envoyé extraordinaire, renfermait des généraux (Lebœuf, Frossard et Dumont), de jeunes membres du Corps législatif, et de brillants officiers de la garde impériale. Les fêtes de Moscou, la ville sainte, furent splendides. L'Angleterre s'y était fait représenter par lord Granville ; l'Autriche par le prince Paul Esterhazy ; la Turquie par Mehemet-Kebresli-Pacha ; la Prusse et les États allemands y avaient envoyé les princes de leurs maisons régnantes, et la Belgique un personnage qui portait avec élégance et dignité un nom rappelant les plus vifs souvenirs de la diplomatie de ce siècle, le prince de Ligne. Des députations venant de toutes les parties de l'empire avec leurs costumes particuliers et pittoresques devaient assister aux cérémonies du couronnement à côté de ces envoyés de l'Europe.

Ces derniers furent reçus par le nouvel empe-

reur avec des nuances qui furent très-remarquées.
Le comte de Morny, arrivé à Saint-Pétersbourg et
présenté le premier à Alexandre II, avait, suivant
l'usage, pris le pas sur ses collègues ; il reçut à
la cour un accueil très-empressé et très-flatteur
que la ville ne manqua pas d'imiter; les attentions
qu'on lui prodigua firent ressortir davantage la
froideur relative qui accueillait lord Granville, le
représentant de la Grande-Bretagne. Bientôt,
comme dans toutes les occasions de ce genre,
des anecdotes circulèrent, des mots furent répétés, et il y en eut qui devaient avoir un grand
retentissement; ainsi l'empereur Alexandre II
dit un soir au prince Esterhazy, représentant de
l'Autriche : « Je suis fatigué de la politique à
double face ; désormais je ne croirai plus à vos
paroles mais à vos actes ; je ne sais à quoi m'en
tenir sous ce rapport et, à l'heure qu'il est, votre
souverain n'ignore pas ma pensée à cet égard. »
Malheureusement pour l'Autriche, le prince Esterhazy était un peu sourd et l'empereur Alexandre avait dû parler très-haut.

En partant pour son ambassade extraordinaire,
le comte de Morny, chargé de renouer les relations

entre les deux empires, avait emporté les instructions suivantes dont je garantis l'authenticité : « Ne laissez porter aucune atteinte à l'alliance anglaise et, loin de chercher à diviser les grandes puissances, indiquez au contraire que, si elles avaient le bon sens de s'unir et de s'entendre, toutes les misérables difficultés qui surgissent en Europe pourraient toujours se résoudre pacifiquement. » Déjà dans ces instructions se trouvait en germe, on le voit, l'idée d'un congrès européen, si souvent mise en avant depuis, et avec si peu de succès. C'était, d'ailleurs, commettre une faute immense que de sacrifier d'une façon absolue et dans un pareil moment l'alliance russe ardente et puissante à l'alliance anglaise inutile et platonique : les désastres de 1870 ne l'ont que trop prouvé.

Au milieu de toutes les fêtes officielles ou particulières qui suivirent les splendides cérémonies du couronnement d'Alexandre II, le bal donné par M. de Morny obtint un succès spécial dû au bon goût de l'ambassadeur de France. M. de Morny avait transporté à Moscou tous les raffinements de l'élégance parisienne et madame de

Seebach, fille du comte de Nesselrode et femme du ministre de Saxe, l'avait parfaitement secondé dans sa tâche de maître de maison. Mais il comprenait peut-être que les hautes fonctions dont il était investi tant en Russie qu'en France exigeaient que son salon fût tenu par une maîtresse de maison véritable, car déjà, au milieu de ce monde brillant qui l'entourait, ses yeux cherchaient la future compagne de sa vie. Il la rencontra dans une jeune personne appartenant à la plus haute noblesse russe et que les malheurs politiques de sa famille avaient faite en quelque sorte la pupille de l'empereur, mademoiselle de Troubetskoï. Il résolut de l'épouser dans un délai très-rapproché et cela donna lieu à quelques complications intimes : peu de jours après la première nouvelle qu'un journal donna de cette résolution conjugale prise par M. de Morny, celui-ci recevait de Paris une lettre conçue en ces termes : « Les journaux annoncent que vous allez épouser une jeune fille appartenant à la cour de Russie. Je vous préviens que si vous ne faites pas démentir cela au reçu de la présente, je livre à la publicité les lettres, papiers et documents qui sont, comme vous savez, en ma possession, en commençant par ceux qui concernent le coup d'État du 2 décembre 1851. »

L'effet produit sur le comte par cette missive inattendue fut assez grand pour qu'immédiatement il l'adressât à Napoléon III avec cette annotation marginale : « Sire, avisez et veuillez agir promptement, ou nous ne pourrons éviter un grand scandale. » Un courrier extraordinaire fut chargé de porter immédiatement le message à Paris.

L'Empereur, après en avoir pris connaissance, fit appeler le préfet de police Piétri, lui fit lire la lettre et lui demanda s'il ne pourrait pas, lui-même ou tout homme de son personnel, ferme et de manières convenables, se rendre sur-le-champ chez la personne qui avait adressé à M. de Morny l'épître comminatoire, afin d'obtenir d'elle par la persuasion ou l'intimidation la remise des papiers compromettants. M. Piétri, qui était un fonctionnaire très-dévoué, était aussi un homme très-timide et craignant particulièrement le scandale. Il ne se mit point personnellement en avant, mais dit à l'Empereur qu'il avait sous la main l'agent qu'il lui fallait en cette circonstance. « Qui est-ce ? dit l'empereur. — Sire, c'est un Corse. » Napoléon III fit un mouvement qui signifiait : ce n'est pas là ce qu'il faudrait ; mais M. Piétri se hâta d'ajouter : « C'est un Corse qui connaît la personne en question et est reçu chez elle.—Faites alors et promptement, ajouta l'Empereur. » En ce moment un aide de camp faisait passer au préfet de police un pli rédigé par quelque agent secret, pli que M. Piétri s'empressa d'ouvrir et de communiquer à l'Empereur, il contenait ce qui suit : « Monsieur le préfet, j'ai le regret de vous annoncer que madame***, à l'annonce du mariage de M. le comte de Morny, a fait passer en Angleterre un portefeuille renfermant, dit-on, des papiers, lettres et documents importants ayant trait au coup d'État du 2 décembre. » « Alors, ce serait trop tard, dit l'Empereur, cependant je ne crois pas que la dame en question vende ou publie les papiers avant d'avoir reçu la réponse à sa lettre ; partez de suite, et agissez énergiquement si la prudence échoue. »

M. Piétri exécuta aussitôt les ordres qu'il recevait et se dirigea accompagné de l'agent qu'il avait désigné vers l'hôtel habité par la dame dont on redoutait à la fois, en cette occasion, les inpirations jalouses et les opinions orléanistes. Arrivé à la porte de l'hôtel, il n'entra pas et laissa son acolyte accomplir la besogne. Celui-ci rencontra précisément au bas de l'escalier un des fils de la maison, jeune homme aimable et spirituel, qui avait sur sa mère beaucoup d'influence; Il le prit à part et lui expliqua d'un ton grave ce dont il s'agissait; le jeune fonctionnaire, assez ému de cette communication, et qui d'ailleurs ne partageait pas complétement les opinions maternelles, déclara après quelques hésitations que l'on était complétement dans l'erreur en croyant que les papiers en question avaient été envoyés à l'étranger; il ajouta qu'ils étaient tous renfermés dans une cassette et que cette cassette n'était pas sortie de l'hôtel. Tous deux montèrent alors et, après une scène des plus émouvantes, obtinrent enfin la remise des précieux papiers, qu'ils emportèrent séance tenante et que le fils déposa lui-même entre les mains de l'Empereur.

La question des intérêts financiers pendante entre M. de Morny et cette ancienne amie si irritée (et avec quelque raison) du manque d'égards dont il avait fait preuve envers elle, était bien plus difficile à débrouiller et à régler. Ce fut M. Rouher qui fut désigné comme arbitre par une volonté souveraine pour mettre fin à de scandaleux débats de revendication mutuelle. Le choix était bon ; c'était même le seul qu'on pût faire, car M. Rouher, client de M. de Morny et protégé par lui dès le début de sa carrière, était aussi l'ami de la partie adverse ; il n'en éprouva pas moins beaucoup de difficultés dans cet arbitrage délicat.

M. de Morny ne revint en France que lorsque les bases de cet arrangement furent à peu près posées. Son mariage avait eu lieu sans beaucoup d'éclat à Saint-Pétersbourg, mais la nouvelle comtesse était un type d'élégance et de grâce que la société de Paris sut apprécier de suite..

Il y avait deux natures en M. de Morny : celle de l'homme d'État très-complet et du gentilhomme, et celle de l'homme d'argent, d'affaires industrielles, d'entreprises commerciales, celle enfin qui le lança dans les dédales du Grand Central et dans les marchés de tableaux à la cour de Russie; négociations assez scabreuses, spirituellement et méchamment dévoilées par lord Peel au retour de son voyage à Saint-Pétersbourg. Cette dernière et regrettable nature, dont les tendances dominatrices ne pouvaient sans doute pas être réprimées ou contenues par lui, jettera toujours du vague sur la figure historique de M. de Morny qui, sans cela, aurait eu un relief tout à fait exceptionnel, parmi celles des hommes politiques contemporains.

La période de temps qui s'écoula entre la paix, de Paris et la déplorable guerre d'Italie, fut un moment de calme dont le pays sembla jouir avec délices. Ce calme, du reste, n'était pas le repos, car, si d'un côté, les travaux publics prirent à Paris, comme dans tous les grands chefs-lieux de province, une extension incroyable, le commerce et l'industrie se développèrent du leur d'une façon extraordinaire.

Sous les mains fiévreuses de M. Haussmann, Paris commençait à changer d'aspect. Il fallait un pareil homme à une pareille tâche, car une fois la besogne en train, il importait d'aller jusqu'au bout, et pour arriver à un tel résultat, une indomptable énergie était nécessaire. Il est vrai que la volonté approbative de Napoléon III, cette volonté qui, dans les choses matérielles, ne connaissait pas d'obstacles, servait de point d'appui au grand démolisseur. M. Haussmann, encouragé par son maître, a fait de grandes choses. Une sorte de destinée semble avoir réuni ces deux hommes pour l'accomplissement, à un jour donné, d'une œuvre colossale ; et pourtant bien des obstacles pouvaient s'opposer à cette réunion. La note secrète rédigée jadis sur lui, d'après les rapports des inspecteurs généraux de la police et communiquée à l'Empereur, était conçue en ces termes : « M. Haussmann est un administrateur intelligent et capable, et d'un dévouement loyal au chef de l'État ; mais la rudesse de ses formes le rend peu sympathique. Il a été successivement, dans le même département de la Gironde, conseiller de préfecture, sous-préfet et préfet ; c'est évidemment un inconvénient. Il s'est marié dans le pays ; quelques difficultés lui viennent de là. Il a eu dans le département des affaires d'argent très-fâcheuses [1]..... Il ne fait

---

[1] Ici je supprime des vivacités de langage.

pas d'amis au prince, et est au contraire un obstacle pour bien des gens qui veulent s'allier au gouvernement; c'est, en somme, une situation mauvaise, je n'hésite pas à l'affirmer. Je ne doute pas que tôt ou tard on ne reconnaisse la nécessité de donner à M. Haussmann la direction d'un autre département.... » Ce département fut celui de la Seine. Je le répète, c'était une destinée.

Les embellissements de Paris et des parcs impériaux, la transformation du bois de Boulogne surtout, préoccupaient vivement l'Empereur. Il m'est arrivé, lorsque je faisais partie du conseil d'État, d'être introduit dans le cabinet de Napoléon III, pour lui rendre compte des résultats d'une mission qu'il m'avait confiée à l'étranger. Demeuré seul pendant quelques instants, mon attention se portait naturellement sur de grandes cartes piquées de nombreuses épingles multicolores, et qui, étalées par terre, encombraient le tapis en gênant le passage. Je pensais que c'étaient des cartes des bords du Rhin ou de la Belgique, et que Napoléon III, imitant Napoléon Ier, les consultait en se couchant par terre, comme faisait le grand homme dont il portait le nom. Erreur ! Je me penchai et je reconnus que c'étaient des plans reproduisant minutieusement les diverses allées et les deux lacs nouvellement dessinés du bois de Boulogne.

Un matin, avant neuf heures, le personnel du château de Saint-Cloud ne fut pas médiocrement surpris et intrigué par l'arrivée d'un grand et fort gaillard, tout de velours habillé, c'est vrai, mais de ce velours à côtes, qu'on voit plutôt sur les places de village, les jours de fêtes, que dans les résidences impériales. Ce rustique personnage ne paraissait aucunement déconcerté par l'attention et la curiosité dont il était l'objet. Tirant de sa poche une lettre contenue dans une enveloppe portant le large cachet de la maison de l'Empereur, il arriva armé de ce talisman, non pas dans l'antichambre, mais bien dans la salle de billard où on le fit asseoir.

En ce temps-là de graves accidents étaient arrivés à la pompe à feu de Chaillot et en avaient avarié les machines. Pour amener de l'eau (et en petite quantité) au bois de Boulogne, il avait fallu surmonter de très-grandes difficultés ; d'un autre côté, la digue de Marly avait besoin d'être réparée, et cela pouvait entraîner à des dépenses considérables en y comprenant celles qu'il faudrait appliquer au système tout entier de conduite des eaux à Versailles.

Notre paysan du Danube se nommait M. Amy ; il avait partagé les travaux du célèbre abbé Paramelle, dont il avait même, disait-on, jadis servi la messe. C'était un homme modeste et simple qui ne prétendait pourtant à rien moins qu'à ceci : indiquer des sources suffisantes pour l'alimentation de Paris et l'agrément du bois de Boulogne, dans un rayon de cinq à vingt kilomètres, et dans un rayon beaucoup plus restreint pour Versailles et Saint-Cloud.

Avant de dévoiler ses projets, M. Amy avait exploré son terrain; et quand il avait été sûr de son affaire, il s'était mis en mesure de les appuyer sur des faits. D'abord, il avait fait jaillir dans le potager impérial de Versailles une source dont personne ne soupçonnait l'existence ; il en avait trouvé bien d'autres ensuite, et enfin, dans la commune de Luzarches, passant, avec le conseil municipal qui l'avait mandé, auprès de la propriété de M. Seydoux, député, où des ouvriers creusaient inutilement un puits pour la vingtième fois, il leur avait dit : « Vous êtes à trois mètres du bon endroit. » Ce qui avait été reconnu vrai. Il n'en faut pas tant pour qu'on parle d'un homme.

L'Empereur, qui ne rêvait en ce moment que sources, lacs et chutes d'eau, fut bientôt informé de ces faits merveilleux et s'empressa de faire écrire à M. Amy de se rendre à Saint-Cloud, toute affaire cessante. On le dirigea d'abord sur Villeneuve-l'Étang avec une lettre de M. de Chaumont-Quitry, chambellan, annonçant à M. Mathieu, jardinier en chef, que, par ordre de l'Empereur, il eût à se mettre à la disposition de M. Amy, pour lui faciliter l'exploration des terrains. Plusieurs sources furent immédiatement reconnues, et l'on dut les mettre à nu le plus promptement possible. C'était une curieuse expérience à suivre, et en procédant de la sorte, on pouvait s'éclairer suffisamment pour savoir ce qu'il y aurait à faire pour attaquer les grosses questions pratiques que j'ai mentionnées plus haut. L'épreuve qu'on faisait subir en ce moment à M. Amy était d'autant plus sérieuse et décisive du reste, que les terrains de Villeneuve-l'Étang avaient été précédemment explorés par un Espagnol qui n'avait pas été heureux dans ses recherches. Après la visite officielle aux terrains désignés, M. Amy revint à Saint-Cloud et fut alors reçu par l'Empereur, dans cette même salle de billard où on l'avait introduit le matin. Six personnes étaient présentes à l'entretien. « Eh bien, monsieur Amy, m'avez-vous trouvé de l'eau, puisqu'on dit que vous en trouvez partout? dit l'Empereur. — Oui, Sire, quand il y en a, répondit Amy, et j'espère que vous n'en manquerez pas plus qu'on n'en manquera à Luzarches où, ce mois-ci, j'ai fait des découvertes dont vous pouvez juger par le certificat authentique que voici. » Napoléon III prit la pièce et la lut à haute voix. « Ce n'est pas tout, ajouta Amy, je connais une source à côté de celle dont il est question ici, qui pourrait donner quatre mille litres d'eau à la minute, et serait facilement utilisable pour Paris. — Savez-vous qu'il en faut beaucoup pour Paris? — Oui, Sire, mais je sais où elle est. — Et pour Versailles? — Également. — Eh bien, alors, remettez-moi un projet, et nous verrons. »

M. Amy obtint peut-être quelques résultats partiels, mais, en songeant aux immenses travaux et aux dépenses considérables auxquels on eut recours pour alimenter la ville de Paris, en détournant certaines rivières éloignées, on peut supposer que les expériences, vantées à cette époque, ne donnèrent pas de bien grands résultats.

On n'en était pas alors aux idées de couronnement de l'édifice et d'Empire constitutionnel; lorsque M. Belmontet voulut publier une ode sur l'issue de la campagne de Crimée, le *Moniteur* lui supprima la strophe suivante qui ne vit pas le jour.

> Victoire donc! victoire à l'Europe plus libre!
> C'est l'Occident levé qui renverse Attila!
> Seule, quand notre sang fait le grand équilibre,
>     L'Allemagne n'était pas là.
> Qu'importe! pour le bien à s'unir décidées
> L'Angleterre et la France en tête des idées,
> S'avancent... l'avenir du monde est dans leurs mains.
> La majesté du but les suit autour du globe.
> Qui leur résisterait? leur alliance est l'aube
>     Des libertés du genre humain.

M. Belmontet trop libéral ! cela donne la mesure des tendances du gouvernement à cette époque. Qu'on était loin alors de M. Émile Ollivier !

Les hivers de 1856 et de 1857 furent extrêmement brillants. Les Tuileries, les salons ministériels, ceux de quelques membres de la famille impériale ouvrirent leurs portes à deux battants. Je dis quelques-uns, car tous les parents du chef de l'État étaient loin de rendre à la circulation, en bals et fêtes, les sommes considérables qu'ils recevaient de l'Empereur. Cette famille, qui vivait en grande partie à ses dépens, était véritablement innombrable, et toutes les personnes qui la composaient n'étaient pas connues du public. Ainsi, indépendamment du prince Jérôme, de son fils Napoléon et de la princesse Mathilde, qui avaient le pas sur les autres, il y avait : la princesse Baciocchi, les princes Lucien Murat, Achille et Joachim Murat, le comte Baciocchi, le prince Pierre Bonaparte, le prince Antoine Bonaparte, le prince Louis-Lucien Bonaparte, le prince Lucien Bonaparte, le prince Napoléon-Charles Bonaparte, la princesse Marianne Bonaparte, madame Valentini, la comtesse Rasponi, le marquis Pepoli, la marquise Roccagiovine, la comtesse Primoli, la comtesse Campella, la princesse Gabrielli, la baronne de Chassiron, madame Wyse, madame Ratazzi née Wyse, madame Turr née Wyse, la marquise Christine Stephanoni, la comtesse Lavinie Aventi, la marquise Amélie Parisani, madame A. Bocker, madame Clelia-Honorati Romagnoli, M. Jérôme Bonaparte fils, la marquise Bartholini, la comtesse Mosti née Pepoli, la comtesse Ruspoli née Pepoli, la comtesse Tattini née Pepoli, et M. Wyse (Lucien Napoléon).

Un très-grand nombre de ces parents pauvres touchaient cent mille francs de subvention annuelle; d'autres bien davantage. Ainsi le prince Lucien Murat reçut, par à-compte, un capital d'environ deux millions quatre cent cinquante mille francs, et madame la duchesse de Mouchy (Anna Murat), lors de son mariage, une dot de deux millions. J'ajouterai que cette branche de la famille s'est du moins toujours montrée fidèle et dévouée, et, ce qui a bien son importance, n'a jamais causé au chef le moindre embarras politique ou privé; l'on ne pourrait pas en dire autant des autres.

La princesse Mathilde était, de toutes les personnes faisant partie de la famille impériale, celle qui recevait le plus et le mieux. Sa résidence de la rue de Courcelles n'était point un palais, à proprement dire, mais un somptueux et élégant hôtel situé entre une cour assez spacieuse et un jardin d'une très-convenable dimension. Le rez-de-chaussée, bien distribué pour la réception, se composait d'une pièce d'attente, de six salons, de grandeurs diverses, communiquant entre eux, et d'une salle à manger, arrangée en serre, du plus gracieux aspect. Des tableaux modernes d'un heureux choix, des bustes, des figurines précieuses, des bronzes d'art décoraient ces beaux salons, et la façon dont étaient distribuées et groupées toutes ces richesses, indiquaient de suite que la princesse elle-même était une artiste. La cousine de l'Empereur aimait, du reste, à s'entourer d'intelligences d'élite : de littérateurs, de sculpteurs, de peintres. Elle n'avait pas toujours la main très-heureuse dans ses intimités intellectuelles, témoin Sainte-Beuve; mais on remplirait une longue page des noms de tous les amateurs du beau qui se pressaient dans ce cénacle, où, durant les mois d'hiver, se succédaient les concerts, les bals, voire même les comédies de salon. L'été, la princesse Mathilde habitait d'ordinaire le château de Saint-Gratien.

On m'a raconté (mais je ne garantis pas l'anecdote), que lorsqu'elle fut en âge d'être pourvue d'un mari et que les prétendants se produisirent, son choix se fixa sur M. Demidoff, parce que la première fois qu'elle l'avait vu, ce millionnaire russe qui, comme on sait, avait beaucoup voyagé, portait une robe arménienne avec le bonnet d'astrakan, et la barbe taillée conformément à ce costume, ensemble qui, paraît-il, lui allait fort bien en l'avantageant prodigieusement.

Plus tard, lorsqu'il crut devoir renoncer à ce costume pittoresque mais fantaisiste, et qu'il reparut avec celui de la civilisation complète, c'est-à-dire avec l'habit noir, le pantalon étroit, la botte vernie et le chapeau à haute forme, ce n'était plus l'idéal, ce n'était plus l'homme rêvé, et cette déception, jointe à certains procédés un

peu kalmouks du personnage, aurait contribué à
a mésintelligence qui amena la séparation de ces
époux mal assortis.

Le prince Napoléon avait, comme sa sœur,
maison largement montée au Palais-Royal, et,
de loin en loin, il donnait un bal monstre où tout
Paris était convié. C'était surtout à des dîners
qu'il réunissait les éléments d'une intimité assez
compromettante, où la libre pensée, l'athéisme
absolu, l'utopie politique et la rêverie sociale tâ-
chaient de faire bon ménage. Jamais homme intelligent n'a été aussi dangereux, mais fort heureusement, aussi impopulaire dans notre pays.

On a trouvé de lui des lettres adressées à
l'Empereur et qui sont vraiment curieuses. Dans
l'une d'elles il dit : « Sire, vous serez peut-être
étonné de recevoir cette lettre, quand vous verrez
surtout qu'elle ne vous parle ni de politique, ni
d'affaires personnelles, ni de demandes. M. Renan
est mon ami ; c'est un esprit très-supérieur ; je le
vois souvent et nous causons philosophie. Il publie un recueil de divers articles, et je l'ai engagé
à y joindre une préface résumant des idées sur
les sujets les plus élevés. C'est cette préface que

je vous envoie, et pour laquelle je vous demande une demi-heure. Je ne partage pas toutes les idées de M. Renan, mais une grande partie. Je crois que vous ne regretterez pas cette lecture. Laissez-moi donc espérer qu'elle vous donnera quelques instants d'intérêt et de hautes réflexions. » Cette propagande, auprès de l'Empereur, des idées de M. Renan, est chose assez singulière.

Dans une autre lettre, on lit les curieuses lignes que voici : « Le développement de la ville (Alger) doit donner beaucoup d'éclat au nouveau gouvernement (celui du général Mac Mahon). Je voudrais y voir faire une belle promenade, des docks, de beaux établissements, de grandes rues, un monument pour la statue de l'Empereur, et, en un mot, tout ce qui peut frapper l'imagination, être utile et donner une grande idée de la France et de l'Empereur. Il faut, pour cela, y faire arriver les capitaux privés ; un administrateur habile, ferme, persévérant, voyant les affaires de haut sans s'embarrasser des détails, poursuivant notre but, est indispensable ; j'ai une idée que personne ne soupçonne, et sur laquelle je viens prendre vos ordres, quelque bizarre et singulière qu'elle puisse vous paraître. C'est de nommer M. Émile de Girardin à cette place; sans l'avoir consulté, je crois qu'il accepterait. Sa ténacité, ses talents, son dévouement sur lequel vous pouvez, je crois, compter; la position de sa femme, son amour de l'étude le rendent propre à ces fonctions, s'il veut les accepter. Politiquement, c'est un *déclassé*; il est détesté des républicains; s'il accepte, il est plus que compromis et ne pourra que vous servir. De plus, ce que ses idées politiques pourraient avoir d'effrayant, est sans inconvénient en Algérie. Il a beaucoup de ressource dans l'esprit; c'est un ami des mauvais jours qui, au fond, aime et admire l'Empereur, qui est très-ambitieux et a la rage de faire quelque chose. Sa femme est gentille; il a 80,000 livres de rente; dépensera et représentera bien. En un mot, je crois qu'il pourra faire beaucoup de bien et aucun mal. Même, ce qui paraîtra étrange et inattendu n'est pas un inconvénient. Je réponds de ses bonnes relations avec le général Mac Mahon; il a un caractère très-liant et souple avec les hommes de bonnes manières. Quel danger peut-il y avoir ? Si vous en êtes mécontent, vous pourrez toujours le révoquer, et d'avoir été préfet d'Alger ne le grandira pas beaucoup et n'en fera pas un homme dangereux; au contraire, il sera compromis avec nous, sans retour... » L'Empereur ne répondit pas.

Le ministère des affaires étrangères pendant tout le temps qu'a duré l'Empire, et soit que le ministre s'appelât Turgot, Morny, Drouyn-de-l'Huys, Waleswky, Thouvenel, de Moustier ou de Gramont, a toujours, ainsi que le ministère d'État, rivalisé avec les Tuileries pour la splendeur des réceptions et des bals. La présidence du Corps législatif suivait cet exemple. Vers 1855, commença la dispendieuse monomanie des bals costumés. A dater du mariage de l'Impératrice, le luxe ne fit d'ailleurs qu'augmenter d'année en année et, dans les derniers temps, il avait pris les proportions d'un fléau.

Marée envahissante et dissolvante à laquelle on eut trop tard la velléité d'opposer des digues qu'elle eût, peut-être, emportées, d'ailleurs, le luxe devait ébranler profondément les fondements de l'ordre social. La corruption, qu'on a tant reprochée au second Empire qu'il devient presque ridicule d'en parler, et les défaillances nombreuses qu'on a signalées durant l'agonie militaire de la France en 1870, prenaient leurs véritables sources dans ce luxe maudit.

C'est à la date de 1862 qu'il faut placer l'anecdote suivante, étrange et profondément triste à la fois, mais bien caractéristique et qui, si je ne me trompe, reflète toute une époque : un propriétaire, appartenant à l'un des départements du midi de la France, s'y était fait nommer député au Corps législatif grâce au concours du préfet, grâce aussi à l'influence personnelle qu'il possédait dans le pays. Il y passait pour riche, ayant environ vingt-cinq mille livres de rentes en terre, ce qui en province, à cette époque, produisait encore un certain effet. Ce député qui n'était sorti de son département qu'à d'assez longs intervalles, et toujours pour peu de temps, était marié et, père de deux enfants qu'il avait eus de ce mariage, fille et garçon, n'avait conservé que le garçon. Sa femme, dont le père, un riche marchand de bois, appartenait à un département voisin de celui que notre homme représentait, avait vingt-quatre ans lorsqu'il l'avait amenée à Paris. Il l'avait épousée lorsqu'elle n'en avait encore que dix-huit. C'était une femme de taille moyenne et parfaitement prise, plutôt grande que petite et merveilleusement proportionnée. Cheveux châtain clair d'une nuance charmante, yeux très-ardents quoique bleus, dents superbes, ni trop grasse ni pas assez, l'air de la santé et de la force; en un mot, une des plus jolies femmes que l'on pût voir.

Lui, physique honnête de mari, ni beau ni laid et plutôt bien que mal ; mais, par exemple, toujours député. Député en se levant, député en se couchant ; esprit peu développé et brillant, mais sérieux et pratique ; ayant beaucoup aimé sa femme et l'aimant toujours un peu, mais détourné de l'amour par l'ambition et rendu sombre ou distrait par la constante méditation d'un discours qu'il ne prononcerait peut-être jamais. En résumé, homme droit, loyal dans la vie privée, prêt à toutes les transactions dans la vie publique, très-convaincu de son mérite politique, s'occupant plus de l'avenir que du présent et de sa carrière que de son intérieur.

Lorsqu'après l'élection qui l'envoyait à Paris, M. \*\*\* y arriva avec sa femme, son premier soin fut de choisir un appartement qui fût convenable sans être trop dispendieux. Il le prit dans une des rues qui avoisinent cette grande artère qu'on nomme la rue du Fauboug-Saint-Honoré et y aboutissent. Madame \*\*\* que, pour plus de commodité, nous appellerons simplement Octavie, n'avait en sortant de pension et en se mariant aucune idée pratique relativement à la tenue d'un ménage. Elle s'y était faite peu à peu. Mais la tenue d'un ménage au fond d'une province ou à Paris, et à Paris sous le second Empire, cela ne se ressemblait guère. Elle put s'en apercevoir de suite et en fût assez troublée.

En outre, la toilette qui pour un homme à Carpentras ou à Paris, est toujours à peu près la même, et ne devient jamais beaucoup plus dispendieuse en un lieu que dans l'autre, présente, pour la femme, des nuances bien autrement importantes. La toilette des salons de province n'a, pour ainsi dire, rien de commun avec celle des salons de Paris. Il y a dans cette dernière des raffinements, des imaginations coûteuses;

des exigences de bijoux, qui n'existeront jamais dans l'autre, malgré ses afféteries et ses recherches d'un goût douteux. Octavie s'aperçut très-bien de cette différence dès les premiers pas qu'elle fit dans ce monde nouveau. La première année de leur séjour dans « la capitale » elle ne fut conduite par son mari que dans quelques ministères où elle obtint, du reste, de véritables succès. Il est certain que c'était une singularité au milieu de ces groupes de femmes fatiguées et étiolées que cette beauté fraîche, fringante, appétissante, et se révélant tout à coup. Dans le premier moment d'étonnement et de plaisir que provoquait sa présence, on ne fit pas d'abord une bien grande attention à sa toilette insuffisante ; les hommes même ne s'en préoccupaient guère, tout absorbés qu'ils étaient par le contenu au préjudice du contenant. Mais bientôt, le premier mouvement de surprise une fois passé, les femmes ne manquèrent point de dire : « Pauvre madame ***, elle est jolie, c'est vrai, mais quelle toilette provinciale ! comme elle est fagottée ! voilà une femme qui ne doit pas coûter cher à son mari. » Octavie finit par comprendre cette sorte de pitié plus ou moins exagérée ou bien jouée dont elle semblait être l'objet. Cela lui alla au cœur, et qui pis est, cela lui fit faire des réflexions. Heureusement la saison des réceptions tirait à sa fin et la session du Corps législatif aussi. Les deux époux quittèrent Paris pour retourner dans leur province et reprendre leurs habitudes de simplicité campagnarde.

La seconde année, en présence du luxe croissant et de ses exigences, Octavie de plus en plus au courant des choses parisiennes, se sentit tout à fait humiliée. En face des robes de huit ou douze cents francs, les conceptions de sa modeste faiseuse lui parurent bien mesquines et tout à fait ridicules. Aux scintillements des rivières et des diadèmes de diamants, les pauvres petites pierres de couleur perdues dans leurs montures d'or qui provenaient de sa corbeille de mariage lui firent l'effet de mendiants en guenilles coudoyant des personnages recouverts de satin et de velours.

Pour comble de malheur, M. ***, qui s'acclimatait à la Chambre et y paraissait quelquefois à la tribune, sentait son ambition grandir en même temps que son audace parlementaire et voulait donner à sa fortune politique tout le développement dont elle était susceptible. Pour cela il comprenait qu'il ne fallait négliger aucun moyen et prétendait fréquenter plus que jamais, avec sa femme, les salons officiels petits et grands.

Un soir, très-peu de temps après la réinstallation du ménage à Paris, Octavie qui se disait souffrante passa dans sa chambre à coucher presque aussitôt après le dîner de famille. Lui, un peu étonné de ce malaise subit, ne tarda pas à l'y suivre et la trouva installée dans un fauteuil au coin du feu et les pieds sur les chenets dans la pose d'une personne parfaitement décidée à ne pas quitter cette attitude commode de toute la soirée. « Mais tu sais que nous avons une soirée chez le ministre de l'intérieur, lui dit-il ; il est indispensable d'y aller. — Tu iras tout seul, lui répondit-elle. Le mari insista; Octavie lui dit tout.

Le lendemain, la conversation reprit, entre le mari et la femme, à l'issue du déjeûner. M. *** écrivit dans son département au notaire qui faisait ses affaires de lui emprunter sur ses biens une somme de... six mille francs. Ce chiffre que vainement Octavie voulut élever jusqu'à dix mille, son mari, dans ses idées sagement provinciales, ne consentit pas à le dépasser. Éteindre les dettes du ménage et complaire à sa femme dans les bornes du possible, tel était son objectif. Il ne s'en départit pas.

Lorsque madame *** revint dans son département, elle y rapporta une aisance de manières, un laisser aller mondain qu'on ne lui connaissait pas et qui la changeaient complétement. Elle possédait maintenant l'aplomb des grandes coquettes et cela, il faut bien l'avouer, relevait singulièrement ses charmes naturels. Le préfet, qui était un célibataire de bon goût et avait beaucoup vécu dans les salons du grand monde parisien, la voyant si charmante et si bien dressée aux belles manières, commença prudemment et sourdement mais très-chaleureusement, à lui faire la cour. Un peu étonnée d'abord, mais flattée dans son amour-propre, car, enfin, le préfet du département de *** n'était pas le premier venu, et cette poursuite lui donnait une assez haute idée de sa propre valeur, elle repoussa d'abord en riant, puis plus sérieusement, les avances secrètes du galant fonctionnaire qui profitait toujours des moments où il savait le député en tournée électorale pour venir faire des visites à sa femme. Sur ces entrefaites, la troisième session, un peu avancée je ne sais plus pour quelle cause politique, s'ouvrit au Corps législatif, et les deux époux regagnèrent Paris.

C'était la troisième année qu'ils y séjournaient; les premières fois qu'ils allèrent dans les soirées officielles les deux fameuses robes achetées l'année d'avant furent encore à peu près convenables, mais bientôt, en dépit de tous les remaniements intelligents qu'Octavie leur fit subir, ces malheureuses robes froissées, défraîchies, ne purent plus soutenir la comparaison avec leurs voisines et la triste Octavie, que ne relevaient que bien faiblement les quelques bijoux achetés l'année précédente, commença à s'apercevoir qu'on la regardait de nouveau avec des yeux profondément navrés ou méchamment et ouvertement ironiques.

— Faudrait-il donc avoir recours à un nouvel emprunt? Mais, d'abord, c'était un expédient dangereux et puis le chef de la communauté y consentirait-il? Octavie était une femme très-pratique et comprenait très-bien au fond que son mari pût avoir des répugnances très-sérieuses à grever son budget des intérêts d'une dette un peu importante. Elle réfléchit longtemps et tristement à la situation et résolut de patienter encore sans faire de nouvelle demande à M. \*\*\*. Son amour-propre souffrirait sans doute, mais sa conscience et sa raison seraient satisfaites. Hélas! chez presque toutes les femmes que sont la conscience et la raison en regard de la vanité?

Un jour, c'était une de ces dernières journées de soleil comme on en voit quelquefois à la fin de novembre, Octavie se rendit au jardin des Tuileries pour y promener son enfant et profiter elle-même des dernières faveurs d'une température attardée dans sa douceur exceptionnelle. Elle prit des siéges en plein soleil et, plongée dans ses réflexions, elle n'en était distraite que par le babil et les gambades de cet homme de six ans qui voulait déjà imposer ses volontés aux autres plus jeunes que lui, aux petites filles surtout, lorsqu'une voix se fit entendre à ses côtés, voix qu'elle crut de suite reconnaître à son timbre particulier, et qu'elle connaissait en effet.

Une femme d'une quarantaine d'années, dont les traits réguliers prouvaient qu'elle avait dû être fort belle, car elle était agréable encore, venait de prendre une chaise à côté de la sienne et entamait avec elle par les banalités d'usage une conversation qui ne devait être rien moins que banale assurément. Cette femme était vêtue avec une simplicité qui n'excluait pas l'élégance ; on pourrait même dire que cette simplicité existait plus dans le choix des nuances que de toute autre façon, car l'inconnue était habillée de soie et de velours noirs sur lesquels un œil féminin pouvait du premier coup distinguer une ornementation en dentelles précieuses. Octavie se rappela l'avoir déjà rencontrée deux fois : la première, dans le faubourg Saint-Honoré où l'inconnue qui marchait derrière elle lui avait fort obligeamment offert l'abri de son parapluie pour protéger une toilette neuve jusqu'au fiacre qu'Octavie hélait d'une façon désespérée ; l'autre sur le boulevard de la Madeleine où, service pour service, cette dame la rencontrant et se faisant reconnaître d'elle, lui avait demandé de rattacher une voilette dont elle ne pouvait venir à bout, tout en lui exprimant chaleureusement le plaisir de sa rencontre, et en lui adressant les compliments les plus vifs sur sa beauté.

Avec sa mine avenante, sa tenue irréprochable et son air décent, l'inconnue devait naturellement inspirer la confiance. L'entretien fut long, très-amical, plein d'intérêt pour les deux interlocutrices puisqu'il ne dura pas moins de deux heures et que l'on ne se sépara qu'en se disant, comme cela se lit au bas des feuilletons : « La suite à demain. » La dame en noir se trouvait savoir parfaitement qui était Octavie et ce que faisait son mari. Elle connaissait tout le monde d'ailleurs, et sa conversation ne manquait pas de piquant. Mais, lorsque sortant des généralités, elle aborda les sujets familiers, intimes, les difficultés du ménage, par exemple, et la cherté de toutes choses, cet intérêt était devenu palpitant pour Octavie. Il fallait bien se séparer pourtant, car les heures fuyaient. L'inconnue fit connaître son nom, un nom simple et convenable comme sa toilette; elle indiqua son domicile, rue Grange-Batelière, et, comme je l'ai dit plus haut, on se donna rendez-vous au même lieu pour le lendemain.

Octavie s'y trouva la première ; une singulière curiosité la poussait, car la dame en noir avait, sur la fin de leur dernière conversation, laissé entendre qu'elle possédait certaines théories sur la manière de conduire son ménage et de diriger sa vie à Paris de façon à en tourner le plus possible les difficultés et à naviguer à travers les écueils. La conversation, enfermée tout d'abord dans des généralités comme la veille, tarda moins que la veille à entrer dans le cercle des faits et enseignements pratiques. La dame en noir en vint peu à peu à développer ses théories. Elles étaient d'une double nature : celles qui ne concernaient que le pot-au-feu et les domestiques, et celles qui s'appliquaient aux dépenses extérieures, aux dépenses de luxe. On n'insista pas beaucoup sur les premières ; quant aux secondes, on en vint promptement à développer, avec prudence d'abord, avec plus d'assurance ensuite, la thèse suivante dont les premières hardiesses furent habilement voilées :

L'étrangère s'était, du premier coup, posée en moraliste et en adversaire des intrigues amoureuses qui permettent à un homme de pénétrer dans un intérieur et d'y jeter un trouble, souvent irrémédiable, sans aucun profit réel pour la femme et au grand détriment du mari. « Pour être heureuse, disait-elle, une femme ne doit jamais permettre qu'un mot d'amour lui soit adressé qui puisse attirer l'attention, exciter la curiosité maligne, provoquer la jalousie et la haine. Il lui faut renoncer aux coquetteries qui souvent mènent si loin. Les hommages, des hommages compromettants, la belle affaire ! et qu'une femme jeune, jolie, dévouée à son intérieur serait sotte de se laisser prendre à de telles niaiseries, à de si misérables piéges ! mais il est des cas où la femme doit pousser le dévouement au delà des limites ordinaires et alors comment pourrait-on la bâmer, par exemple, quand elle sacrifie tout aux convenances forcées du monde dans l'intérêt commun du ménage, de l'avenir du mari et surtout de son repos ? »

Ces théories assez obscures tout d'abord, la dame en noir les développa avec beaucoup d'habileté et de chaleur. Octavie buvait ses paroles et le sophisme entrait peu à peu dans son esprit. La conclusion fut qu'elle ferait le lendemain une visite à l'inconnue qui, là, achèverait de lui expliquer ce qu'elle n'avait peut-être pas encore bien compris.

Octavie fut exacte au rendez-vous donné et accepté ; elle se trouva dans un appartement fort richement meublé et d'un luxe d'assez bon goût. La dame en noir lui en fit parcourir les détours et admirer les commodes dispositions. Elle avait *les plus belles connaissances*, tous personnages importants, français et étrangers, qui venaient souvent la voir et qui, très-riches, pour la plupart, étaient également disposés à rendre service aux belles dames. Ses amis, haut placés de province, qui, en passant à Paris, ne manquaient jamais de la venir voir, étaient surtout fort nombreux et très-généreux, jetant l'argent par les fenêtres et heureux d'obliger momentanément une femme dans l'embarras en lui donnant tout le temps possible pour s'acquitter à leur égard. Il ne s'agissait que de se mettre en rapport les uns avec les autres et la maîtresse de la maison s'en chargeait ; de telle sorte que si Octavie *voulait*, elle pourrait aisément, sans troubler son intérieur, sans tourmenter inutilement son époux, combler le déficit de son budget, pourvoir à ses dépenses de luxe et empêcher par la haute convenance de ses toilettes les plaisanteries qui pourraient nuire aux destinées particulières et élevées que la politique préparait à son mari.

Hélas ! que dirai-je ? Octavie *voulut*.

A un jour désigné, un fiacre s'arrêtait devant la porte de la maison de la rue Grange-Batelière. Une femme de tournure élégante et le visage couvert d'un voile épais, en descendait furtivement, ce que voyant, la concierge de la maison qui travaillait ou guettait au coin de sa fenêtre, tirait prestement le cordon afin que la visiteuse séjournât moins longtemps dans la rue.

La femme voilée qui avait payé son fiacre d'avance, entra rapidement, monta assez vite l'escalier quoique son cœur battît bien fort, et, après avoir sonné discrètement à la porte de l'étrangère, pénétra dans l'appartement de celle-ci, qui était venue ouvrir elle-même.

« Vous êtes bien aimable d'avoir été si exacte, ma toute belle, dit-elle à Octavie, il y a quelqu'un qui a un grand désir de vous voir et qui commençait à trouver le temps long. Entrez là et ne vous impatientez pas. » Elle l'introduisait en même temps dans son petit salon, en l'engageant à ôter son chapeau et son manteau.

Octavie était à peine depuis quelques minutes dans cette pièce un peu sombre lorsqu'une portière s'écarta. Un homme parut et s'avança. Il était fort élégant quoique d'un âge mûr; elle ne distingua ses traits que lorsqu'il fut près d'elle et alors, poussant un cri sourd, elle tomba sur le canapé devant lequel elle se tenait debout.

Elle venait de reconnaître le préfet de son département.

Celui-ci profondément surpris, mais se remettant bien vite de ce premier étonnement et comprenant instinctivement la situation, se conduisit en homme d'esprit qu'il était, prodigua les consolations à la belle éplorée qui cachait son visage dans ses mains, lui dit qu'il devinait très-bien le motif de sa conduite, la calma, la réconcilia, pour ainsi dire avec elle-même en lui citant des exemples analogues, ajouta qu'il bénissait personnellement un tel hasard et jura d'être l'homme le plus discret de la terre comme il en était le plus heureux. C'était, je le répète, un homme de beaucoup d'esprit que le préfet du département de \*\*\*.

Après les premières effusions, il lui dit encore : « Ne vous tourmentez pas désormais des détails de votre existence mondaine, et quant à votre mari, j'ai idée qu'il arrivera plus aisément à un ministère qu'il ambitionne en quittant le Corps législatif pour passer au Sénat avec trente mille francs de traitement. Or, j'ai précisément à caser au Corps législatif un protégé de l'Empereur... »

Et ce fut ainsi que l'excellent M. \*\*\* devint sénateur et que le préfet devint ministre.

Cette histoire typique est celle d'une foule de femmes sous le second Empire. Et dire que, sans le luxe, toute cette corruption n'aurait pas existé!!

# VIII

M. de Cavour. — Son attitude au Congrès de Paris. — Sa note au comte Walewski. — Brouille avec le gouvernement napolitain. — Complot de Tibaldi, Mazzini et Ledru-Rollin. — La loge des Vengeurs. — Le comte Arese. — Orsini et consorts. — Leur passé. — L'attentat. — La lettre d'Orsini. — Motifs intimes de la guerre d'Italie. — Pieri et les sociétés secrètes. — Mesures politiques. — La loi de sûreté générale. — Les quatre grands commandements. — Manœuvres du comte de Cavour. — Il est instruit du voyage de Pieri. — Il se rend à Plombières. — Conférences secrètes. — Le ministre piémontais sait employer toutes les influences. — La comtesse de Castiglione. — Offres de cession de territoires. — Projet d'alliance pour le prince Napoléon. — M. de Cavour persuade l'Empereur. — Il fomente des troubles dans toute l'Italie. — Adhésion de Garibaldi. — Sir Hudson, ministre d'Angleterre à Turin. — Mazzini et Cavour. — La réception du corps diplomatique aux Tuileries le 1er janvier 1859. — La brochure et les articles du *Moniteur*. — Attitude de l'Autriche. — Napoléon III communique confidentiellement ses projets au roi de Prusse. — La guerre est déclarée. — Fautes militaires. — Heureuse intervention de Mac-Mahon à Magenta. — Napoléon s'arrête après Solferino. — Pourquoi? — Le télégramme du roi de Prusse.

Nous voici arrivés à l'époque la plus critique, suivant moi, et la plus triste à rappeler du second

Empire. Peut-il exister en effet quelque chose de plus navrant que le spectacle d'une faute immense, irréparable, commise au son des fanfares de la victoire et au bruit des applaudissements intéressés d'ennemis secrets et implacables?

Dans les dernières séances du Congrès de Paris on en était venu à aborder, malgré les répugnances de l'Autriche, cette brûlante question italienne qui, plus tard, devait préparer tant de difficultés et produire de si redoutables conflits! Ce fut à cette occasion que M. de Cavour, cet homme politique doué d'une si rare initiative et si profondément ambitieux pour son pays, ce ministre plus fort encore que M. de Bismark, ce qui n'est assurément pas peu dire, et qui avait ardemment poussé son souverain à donner son concours à l'action anglo-française en Crimée, signala en en exagérant sciemment les dangers, la situation de l'Italie en présence de l'influence autrichienne, dont l'extension dans la Péninsule italique, en dehors des stipulations des traités, présentait, suivant lui, si l'on n'y portait remède, des périls graves pour la paix de l'Europe, langage qui obtint une grande faveur auprès des plénipotentiaires anglais et auquel M. de Cavour se reporta souvent, depuis, dans les luttes diplomatiques, ballon d'essai habilement lancé dans l'intérêt de l'avenir. D'un autre côté la France et l'Angleterre étaient fort mécontentes de la conduite politique du gouvernement des Deux-Siciles pendant leur lutte contre la Russie. On s'occupa aussi des tendances de ce gouvernement durant les conférences de Paris. Avait-on bien le droit de s'immiscer ainsi, surtout par voie de remontrances, dans les affaires intérieures d'un État qui savait parfaitement ce qu'il faisait en combattant incessamment les principes révolutionnaires, lesquels, en fin de compte, devaient parvenir à le renverser ? C'était fort contestable, et cela ressemblait beaucoup à un abus d'influence et de pouvoir du plus fort contre le plus faible.

Assurément la France et l'Angleterre ne pouvaient pas espérer, au début de la guerre d'Orient, de rencontrer un auxiliaire ardent de leurs desseins dans le roi de Naples, Ferdinand II, car son attachement personnel à l'empereur Nicolas (indépendamment des tendances politiques qui rapprochaient les deux souverains) était une chose connue de tous les cabinets de l'Europe. Ces puissances avaient cru voir un acte d'hostilité sourde du gouvernement des Deux-Siciles dans les restrictions apportées par lui à l'exportation des grains, des pâtes et des bestiaux qui eussent été utiles aux approvisionnements de l'armée anglo-française. Mais là encore, on ne pouvait pas dire avec justice que le roi de Naples fût absolument hors de son droit et, comme l'écrivit alors un publiciste impartial, « permettre ou interdire l'exportation d'une subtance qui est la base de l'alimentation populaire, c'est une question de police intérieure sur laquelle un gouvernement peut et doit se déterminer sans être exposé à voir instruire contre lui un procès de tendance. » L'exportation ne fut même pas longtemps entravée.

Seulement un fait existait ; il était incontestable : le roi de Naples voyait avec un vif déplaisir la lutte des puissances alliées contre la Russie, dans laquelle il s'était habitué à rencontrer une alliée. L'accroissement, l'exagération même de la prépondérance russe ne l'effrayaient point parce que, pour lui, le tzar Nicolas était le défenseur né des trônes légitimes et l'adversaire obligé des révolutions. Aussi, dans aucune cour de l'Europe, la mort de ce souverain ne produisit-elle un effet aussi grand, aussi pénible qu'à Naples. Indépendamment de ces tendances bien connues du roi, plusieurs petits conflits étaient venus successivement aggraver la situation en causant d'assez vifs mécontentements à la France et à l'Angleterre. J'ai déjà mentionné l'incident qui s'était produit à propos de la non-admission immédiate à la libre pratique d'un navire qui amenait à Naples deux officiers français. Depuis cette époque, tantôt c'était un drapeau qu'on n'arborait pas à Messine pendant qu'un vaisseau français en relâche dans ce port y célébrait la fête de Napoléon III; tantôt c'étaient des reproches adressés par le directeur de la police au duc de Satriano, surintendant des théâtres, pour avoir reçu dans sa loge un attaché de la légation anglaise connu pour ses opinions libérales. Tous ces misérables conflits préludaient d'une façon très-regrettable à la conduite ultérieure des deux puissances relativement au royaume des Deux-Siciles.

Lorsqu'à la suite des conférences de Paris, le

Congrès crut devoir, à la grande joie des plénipotentiaires piémontais, s'occuper des affaires de l'Italie et émettre le vœu que des mesures de clémence fussent prises avec opportunité par les gouvernements de la Péninsule italienne, surtout par celui des Deux-Siciles, la cour de Naples s'émut vivement d'un avertissement dont elle ne saisissait pourtant pas au début la véritable et considérable portée. Elle avait pensé que l'Autriche, qui, relativement aux exigences anglo-françaises, avait témoigné une certaine froideur en même temps qu'elle insistait sur le principe inviolable de l'indépendance des États, viendrait à son secours dans cette circonstance délicate. Son premier mouvement fut donc de repousser avec une certaine énergie les démarches diplomatiques faites auprès d'elle par la France et par l'Angleterre. Plus tard, lorsqu'elle vit que non-seulement l'Autriche ne la soutenait pas dans la voie négative où elle était entrée, mais encore blâmait ses refus téméraires, elle en vint peu à peu et à la longue à faire quelques concessions contraires suivant elle, d'ailleurs, à la dignité comme à l'indépendance des États, et, ainsi qu'il arrive toujours, ces concessions tardives ne satisfirent personne. Voilà comment, de grief en grief, la France et l'Angleterre cédant aux rancunes suscitées par l'attitude du gouvernement napolitain pendant la campagne d'Orient, en vinrent à une rupture avec Naples, mesure dont toute la gravité n'a été bien appréciée qu'ultérieurement, lors des événements qui ont fait triompher complétement la révolution dans le midi de l'Italie.

Cependant l'Autriche qui avait eu connaissance de la note adressée par M. de Cavour au comte Walewski et à lord Clarendon dans les derniers temps du Congrès de Paris, véritable acte d'accusation porté contre son attitude forcée en Italie, l'Autriche devait être singulièrement blessée de ces sourdes attaques de la puissance écrasée à Novare et qu'elle aurait pu si facilement alors faire disparaître de la carte de l'Europe; ses ressentiments devinrent plus vifs encore à la suite des débats parlementaires qui eurent lieu au sein des chambres piémontaises, où des interpellations furent adressées à M. de Cavour par plusieurs députés d'opinions diverses. Ce fut précisément à propos d'une de ces interpellations que le chef du cabinet piémontais donna lecture de la note et la rendit ainsi publique : or elle se terminait ainsi : « Les faits qui viennent d'être exposés suffisent pour faire apprécier les périls de la position dans laquelle se trouve placé le gouvernement du roi de Sardaigne ; agité au dedans par les passions révolutionnaires, provoquées autour de lui par un système de compression violente et par l'occupation étrangère, menacé par l'extension de la puissance de l'Autriche, il peut, d'un instant à l'autre, être contraint par une nécessité inévitable d'adopter des mesures extrêmes, dont il est impossible de calculer les conséquences... » M. de Cavour ajouta bien qu'il n'avait pas prétendu dire que le Piémont fût sur le point de rompre avec l'Autriche, mais seulement que la politique des deux États différait essentiellement, partant de deux principes opposés. Le langage tenu par le ministre aux chambres piémontaises, et les arrière-pensées du gouvernement sarde ainsi dévoilées, n'en produisirent pas moins tout d'abord un sensible refroidissement entre l'Autriche et le Piémont, refroidissement qui ne devait pas tarder à devenir une rupture complète.

Dans la question italienne il y avait, en ce qui touchait le cabinet des Tuileries, des raisons de politique générale, mais celles-ci, mauvaises d'ailleurs, ne furent pas déterminantes. Les motifs intimes l'emportèrent et, sous ce rapport, on peut dire que l'attentat d'Orsini fut, quoiqu'il n'aboutit pas, un immense malheur pour la France par les conséquences fatales qu'il entraîna après lui.

Déjà bien des tentatives avaient été dirigées contre la personne de Napoléon III par les adeptes de la *Jeune-Italie* qui avaient d'abord trouvé des auxiliaires en France pour leur œuvre meurtrière. J'ai raconté, en les prenant par leur côté étrange et pittoresque, celles qui accidentèrent les premières années du règne de Napoléon III. Puis étaient venus les attentats de Pianori et de Bellemarre ; la découverte d'une machine infernale sur le chemin de fer du Nord (c'était une boîte contenant une forte charge de fulminate de mercure, et disposée sur les rails pour faire sauter le wagon impérial) ; enfin, le 13 juin 1857, trois Italiens nommés Paolo Tibaldi, Giuseppe Bortollotti et Paolo Grilli avaient été arrêtés à

Paris au moment où, passant des théories à l'action, ils allaient à leur tour chercher à frapper l'Empereur. On trouva chez Tibaldi seize pistolets chargés, cinq poignards, des munitions de tout genre et des traces écrites de la coopération de Mazzini à l'œuvre qui devait s'accomplir. M. Ledru-Rollin, l'ancien membre du gouvernement provisoire de 1848, fut même compromis par les aveux de Bortolotti qui, après avoir déclaré, ainsi que Grilli, qu'ils avaient reçu mille francs pour assassiner Napoléon III, ajouta que M. Ledru-Rollin avait conféré avec Mazzini de la tentative projetée et avait avancé l'argent destiné à la rétribuer.

C'est ce qui fit que MM. Mazzini, Ledru-Rollin, Massarenti et Campanella furent, dans ce procès, condamnés par contumace. Tibaldi s'était refusé de faire aucun aveu; il fut déporté et ses deux complices se virent condamnés à quinze ans de détention.

Mais tous ces exemples ne servaient à rien, hélas! Napoléon III avait jadis juré aux carbonari de réaliser l'indépendance et l'unité de l'Italie. Ainsi qu'on l'a dit, du jour où il était arrivé au pouvoir, le spectre marchait derrière lui, dans l'ombre, son serment d'une main, le poignard de l'autre, obsédant ses veilles, épouvantant ses nuits; lui signifiant l'arrêt de la loge des Vengeurs où quarante conjurés avaient été désignés par le sort pour l'assassiner s'il ne tenait pas ses promesses envers l'Italie. Le comte Arese arrivait aux Tuileries, secouait sa torpeur et lui signalait le péril qui le menaçait... Napoléon promettait mais ajournait toujours.

Cependant à l'époque même de la tentative de Tibaldi, de fréquents voyages étaient effectués de Londres à Birmingham par un autre Italien nommé Felice Orsini qui s'y rencontrait avec un compatriote du nom de Pieri.

Orsini était né dans les Romagnes en 1819; dès l'âge de vingt-deux ans, il s'était affilié aux sociétés secrètes, suivant les traces de son père qui, conspirateur incorrigible, après avoir été emprisonné pour ses actes révolutionnaires, avait trouvé la mort dans cette insurrection des Romagnes dirigée en 1831 contre le gouvernement pontifical et à laquelle avait pris part Louis-Napoléon Bonaparte et son frère aîné qui y succomba.

Felice Orsini, condamné lui-même aux présides en 1845, avait été rendu à la liberté par une amnistie de Pie IX, après avoir passé quelques mois à la forteresse de Civita Castellana ; puis il avait pris part à une insurrection dans les Abruzzes, fomentée par Mazzini, et lorsque, à la suite des bouleversements européens de 1848, la République fut proclamée à Rome, il avait été élu membre de l'Assemblée constituante romaine. C'était, en effet, en dehors de ses opinions exaltées et de l'exagération pour ainsi dire maladive de son patriotisme, un homme d'une capacité réelle et d'une éducation distinguée. Des désordres démagogiques ayant éclaté à Ancône, il fut même (détail bien peu connu) chargé de les réprimer et s'acquitta de cette tâche, plus en homme de gouvernement qu'en révolutionnaire ; enfin lors de l'intervention française en Italie, et après avoir contribué à la défense de Venise sous le célèbre Manin, il avait été embarqué pour l'Angleterre par les autorités piémontaises qui redoutaient en lui de nouvelles et compromettantes menées politiques.

A Londres, où se trouvait Mazzini devenu le

grand-prêtre de la démagogie italienne et la personnification vivante des sociétés secrètes, il eut le malheur de se mettre une fois de plus en rapports avec lui. Mazzini l'envoya en Suisse au mois de mars 1854 pour quelque machination nouvelle; mais, poursuivi par les autorités helvétiques, il dut se cacher à Zurich sous le nom de Georges Herwagh, jusqu'à ce qu'il pût se diriger sur Milan. De Milan, il se rendit à Vienne par Venise et Trieste, et de Vienne il gagna Hermanstadt, où ses démarches auprès des agents de Kossuth le firent surveiller, puis arrêter par la police autrichienne. Ramené à Vienne et reconnu pour un Italien que ses antécédents pouvaient rendre dangereux, il fut envoyé à Mantoue pour y être jugé par la cour spéciale de justice et renfermé dans la citadelle de San Georgio.

Il se passa là la scène la plus romanesque de sa romanesque existence : une attitude habilement étudiée de prisonnier jovial, pacifique et indifférent, lui avait concilié, pour ainsi dire, la confiante sympathie de ses geôliers. Un jour, une femme dévouée lui fit passer une lime dans un pain, et lui, de son côté, tressant une corde avec du linge qu'il parvenait à dérober aux yeux de ses gardiens, il put, dans la nuit du 29 mars 1855, déranger un des barreaux de sa fenêtre qu'il avait scié à l'avance, attacher la corde qu'il avait fabriquée à l'un de ceux qui restaient, passer à travers l'ouverture et enfin, se fiant à la Providence, se suspendre intrépidement sur l'abîme, et descendre ainsi dans les fossés de la forteresse.

Le roman et le théâtre ont quelquefois représenté des scènes de ce genre, mais, en cette circonstance, la réalité dépassa tout ce que les fictions les plus émouvantes ont jamais pu inventer et produire : le malheureux descendait ainsi le long des hautes et froides murailles de la forteresse, se soutenant à l'aide de sa corde improvisée, quand tout à coup, au moment où, parvenu à l'extrémité de cette corde dont il croyait avoir exactement calculé la longueur sur l'élévation des murs de sa prison, il voulut se laisser glisser sur le sol, il sentit qu'il tombait dans le vide d'une hauteur beaucoup plus considérable que celle qu'il avait supposée. Cette sensation fut si terrible que ses cheveux blanchirent soudainement.

Il s'en fallait de vingt pieds que la corde fût assez longue, et le prisonnier, en tombant dans le fossé de la citadelle, se blessa grièvement au pied et au genou. Vainement, il essaya de se traîner hors de ce fossé, les forces lui manquèrent et le jour allait paraître ramenant avec lui la captivité, lorsque des chasseurs parurent dans le crépuscule, insouciants et joyeux, se rendant à quelque partie de plaisir. Ils allaient passer sur le rebord du fossé ; Orsini les implora et ils eurent compassion de ce malheureux. Ils réunirent leurs efforts pour le sortir du lieu où il était, et, après l'avoir hissé hors du fossé, ne voulurent pas que la besogne charitable qu'ils avaient entreprise fût faite à demi. Bravant les rigueurs autrichiennes, ils facilitèrent donc sa fuite et même lui indiquèrent un asile chez des amis politiques d'où il passa de nouveau à Londres dès qu'il fut remis de ses blessures.

Là il parvint à se créer quelques ressources en publiant l'histoire (j'allais dire le roman) de sa vie, et en la racontant dans des lectures publiques comme les aiment les Anglais. Le compatriote du nom de Pieri qu'il allait visiter à Birmingham était, comme on pouvait en juger à première vue, un personnage grossier et vulgaire, bon tout au plus à devenir un comparse dans quelque drame politique. Né en 1808, à San Stephano près de Lucques, ayant des antécédents douteux, forcé de quitter Florence qu'il habitait, épousant à Lyon une femme qu'il ne tardait pas à abandonner avec ses deux enfants, prenant part, en 1848, à tous les désordres dont Paris fut le théâtre, passant ensuite en Italie et y commandant un corps franc; enfin, après être rentré en France, expulsé par les soins de la police, et allant habiter Birmingham, où il vivait assez largement sans qu'on pût connaître d'où provenaient ses ressources. Quel intérêt pouvait donc réunir un homme comme Orsini, nature ardente, mais distinguée, à une individualité obscure et vulgaire comme celle de Pieri? évidemment quelque sombre intrigue pour laquelle on n'avait guère le choix des complices.

Cependant, à la suite de ces voyages à Birmingham, un nommé Bernard, chef de clubs français, devenu professeur de langues en Angleterre, était mis par Pieri en rapport avec Felice

Orsini en même temps qu'un nouvel Italien du nom de Gomez, ancien soldat de notre légion étrangère, homme de la plus contestable moralité.

Un jour, en octobre 1857, Orsini et Bernard, rencontrant Gomez dans une rue de Londres, l'invitèrent à venir le lendemain causer avec Orsini dans un logement de Grafton Street. Gomez s'y rendit. « Le *prophète*, lui dit Orsini (c'est le surnom que Mazzini avait reçu de ses compatriotes émigrés à Londres) le prophète dépense inutilement ses forces ; ses entreprises n'aboutissent qu'à faire fusiller de braves gens en pure perte, tandis que moi j'ai formé un plan qui doit produire un soulèvement général de l'Italie sans compromettre la vie de tant d'hommes utiles. Voulez-vous vous associer à ce plan ? Gomez s'y engagea facilement et voici quel était le projet d'Orsini : Il avait, en parcourant la Belgique, remarqué dans un musée une sorte de bombes destinées à être jetées à la main et fabriquées en 1854 pour un attentat contre la vie de Napoléon III. Son imagination surexcitée à la vue de cet engin de destruction l'avait immédiatement conduit à supposer et à espérer qu'avec quelques perfectionnements apportés dans la fabrication de cet instrument de mort, on pourrait utilement l'employer comme machine infernale destinée à frapper l'Empereur.

Il chargea aussitôt un tourneur de lui faire, d'après ses indications, un modèle en bois de ces terribles projectiles ; seulement il comprenait que sa qualité d'étranger pourrait lui rendre très-difficile la recherche d'un fabricant qui consentît à lui prêter son concours, et il s'entendit avec Bernard pour chercher un intermédiaire anglais. L'intermédiaire se trouva : c'était un nommé Thomas Allsop, ardent chartiste et partisan fanatique des doctrines de Robert Owen, dont il était l'intime ami. Allsop connaissait à Birmingham un ingénieur-mécanicien du nom de Taylor, auquel Bernard, sous la dictée d'Orsini, écrivit à la date du 16 octobre 1857, pour lui demander de fabriquer une « boule en fer fondu de la meilleure et de la plus dure qualité et de la dimension exacte du modèle, les trous devant être faits de la même largeur et dans la même direction » selon l'indication minutieusement détaillée de l'instrument de mort. Allsop se chargea de faire parvenir cette note à Taylor, qui fabriqua, suivant les instructions données, dix demi-bombes devant, en se vissant hermétiquement, en former cinq entières.

Il fut alors convenu entre Orsini, Allsop et Bernard, qu'Orsini entrerait en France par la Belgique; que les bombes dévissées seraient transportées à Paris par un homme qui n'en soupçonnerait pas l'usage, et que ce même homme conduirait pour Orsini un cheval dont celui-ci pensait avoir besoin. Ce cheval qu'on acheta en Belgique à un officier du régiment belge des guides, devait être habitué au feu, et ne s'effrayer d'aucune explosion.

Pieri et Gomez s'étaient engagés à suivre Orsini en France, et à l'assister dans sa tâche meurtrière; mais ce n'était pas assez des deux complices, d'autant plus que l'énergie et même la fidélité de Gomez étaient très-problématiques. Un autre réfugié italien nommé Carlotti, fit savoir qu'il connaissait un compatriote qui, dans sa profonde misère, chargé d'une femme et d'un enfant, accepterait probablement toutes les offres qui lui seraient faites.

Ce compatriote c'était de Rudio. Il était né en 1833, d'une famille noble ; son grand-père avait été préfet à Bellune sous Napoléon I^er. Son père avait épousé la fille du comte de Domini, gouverneur autrichien de Bellune, après la chute de l'Empire, et ce mariage dont trois enfants étaient issus, l'avait brouillé avec sa famille. Rudio, l'un des trois enfants, était entré par la protection d'un oncle à l'école des Cadets, puis, lorsque éclatèrent les événements de 1848, avait tout abandonné pour se jeter, à peine âgé de seize ans, dans le parti révolutionnaire. Il dut s'enfuir en Suisse à l'issue du siége de Rome, et plus tard en 1851, parti pour l'Amérique, où il se rendait en désespoir de cause, il fit naufrage sur les côtes d'Espagne, gagna la terre à la nage, vint à Barcelone, puis à Marseille, et passa de là en Angleterre, où il vécut misérablement en donnant des leçons d'italien et d'allemand. Il avait épousé une jeune fille de seize ans, nommée Elise Booth et en avait eu un enfant. Ce malheureux de Rudio était une proie facile et désignée d'avance pour une tentative du genre de celle qui se préparait dans l'ombre. Carlotti lui fit des ouvertures vagues à ce sujet, et l'engagea à écrire à Orsini, ce qu'il fit; mais, Orsini était déjà parti pour la Belgique avec un passeport au nom de Thomas Allsop, et ce fut Pieri qui répondit à de Rudio en l'affiliant au complot. Le 8 janvier 1858, Bernard lui apportait un passeport au nom de da Sylva, un billet de chemin de fer et 14 shellings. Il devait partir pour Paris et se rendre rue du Mont-Thabor, n° 10, chez un Anglais nommé Allsop et se tenir à sa disposition. « Ce personnage, lui dit Bernard, vous le connaissez très-probablement, et si, par hasard, il y avait quelqu'un chez lui lorsque vous vous y présenterez, vous n'aurez pas l'air de le reconnaître. » Pieri et Gomez étaient partis pour la France deux jours auparavant. Le 10 janvier, les quatre conjurés se trouvaient réunis à Paris.

Quant aux engins de destruction dont ce personnel du complot devait se servir pour arriver au but qu'on avait rêvé, Bernard chargea un nommé Georgi de porter en Belgique des appareils à gaz d'une invention nouvelle qui devaient être expédiés à un Anglais nommé Allsop. C'étaient les bombes dévissées. Joseph Georgi se chargea de la commission, et une fois arrivé à Bruxelles, remit à son tour, et sur les indications de Bernard, le fatal paquet à un garçon de café, nommé Casimir Zéighers, qui allait conduire à Paris le cheval acheté par Orsini.

On sait ce qui arriva : une fois installé à Paris, le faux Allsop chercha à se tenir au courant des habitudes de l'Empereur, des heures auxquelles il sortait, des promenades qu'il faisait d'ordinaire et des lieux qu'il fréquentait. Dans la journée du 14 janvier 1858, il apprit que Napoléon III assisterait le soir à la représentation de l'Opéra. Son parti fut pris aussitôt ; il se rendit à l'hôtel qu'habitait de Rudio et Pieri, rue Montmartre, et, les trouvant sortis, leur fit dire qu'ils eussent à venir lui parler rue du Mont-Thabor, dès qu'ils seraient rentrés. Ils se rendirent à cet appel. Gomez était déjà près d'Orsini. Après leur avoir expliqué qu'il s'agissait d'utiliser les bombes le soir même, Orsini leur en remit une à chacun et en garda deux pour lui. En se rendant de la rue du Mont-Thabor à l'Opéra, Orsini, de Rudio et Gomez marchaient ensemble. Pieri se tenait un peu en arrière, ce qui inspira même à Orsini la pensée que ce complice n'agissait pas avec franchise, et cherchait à déserter. Cependant il les dépassa à la hauteur de la rue Lepelletier, au coin de laquelle le petit groupe des conjurés s'arrêta quelques minutes, et ce fut alors que, par une de ces circonstances favorables que ménage quelquefois la destinée, un officier de paix nommé Hébert, se trouva au coin des rues Lepelletier et Rossini en présence de Pieri, qu'un rapide coup d'œil fit aussitôt reconnaître pour un Italien expulsé de France en 1852 et signalé depuis quatre jours par une dépêche de M. Adolphe Barrot, ministre de France à Bruxelles, comme ayant dû arriver à Paris le 9 janvier avec un compatriote dans l'intention de commettre quelque attentat contre la personne de l'Empereur. M. Hébert, frappé par ses souvenirs, n'avait pas hésité un instant à arrêter Pieri.

Orsini et ses deux complices virent alors, au moment où ils entrèrent dans la rue Lepelletier, Pieri revenir vers eux accompagné d'un monsieur qu'ils ne connaissaient pas. Pieri en passant auprès d'eux fit un signe de l'œil qui voulait indiquer qu'il était arrêté ; mais, ils ne com-

prirent pas ce signe et continuèrent leur route,
vinrent se placer devant la façade de l'Opéra, du
côté de l'entrée réservée. La façade, suivant
l'usage, était splendidement illuminée. Une
foule de curieux garnissait le trottoir de la rue.
Dans la salle, il n'y avait pas une place vide.
C'était une représentation au bénéfice du chan-
teur Massol, et madame Ristori devait contribuer
à son éclat en jouant le rôle de Marie Stuart dans
lequel elle excellait ; un acte de *Guillaume Tell*
et un acte de *Gustave III* complétaient le spectacle. L'acte de *Guillaume Tell* venait de finir au
moment où les voitures de la cour débouchaient
dans la rue Lepelletier.

On connaît la catastrophe, et mon intention
n'est pas de la raconter ici dans tous ses détails.
Si j'ai quelque peu insisté sur les conspirateurs,
c'était afin de bien faire ressortir au milieu d'eux
la physionomie curieuse de leur chef. Il est certain que si les choses s'étaient passées comme
Orsini l'avait ordonné, l'Empereur et tout le
groupe qui l'entourait auraient été, pour ainsi
dire, enveloppés par le feu de ces engins terribles.

Les voitures de la cour arrivent ; il y en avait trois. L'Empereur, l'Impératrice et le général Roguet étaient dans la seconde ; les bombes éclatent ; des cris affreux se font entendre ; on se précipite sur la portière de la voiture de l'Empereur, on l'ouvre et on en fait sortir le couple impérial. Napoléon III n'a qu'une légère écorchure au visage, causée par un éclat de verre. L'Impératrice n'a pas été atteinte. Le général Roguet, seul, a reçu au cou une blessure qui, sans être grave, saigne abondamment. On entraîne le couple impérial dans un petit salon d'attente qui précédait l'escalier particulier, et dont on ferme vivement la porte. L'Impératrice, en sortant de voiture, avait paru plus indignée qu'effrayée de cette tentative homicide. Elle voulait se montrer de nouveau pour s'informer des suites de l'événement et consoler les malheureux blessés, disant à l'Empereur : « Louis, allons leur faire voir que nous ne sommes pas des lâches comme eux. » On arrêta ce généreux élan.

Il est bien certain qu'en cette circonstance, l'Impératrice montra un sang-froid et surtout une énergie qui auraient pu faire supposer en elle plus d'initiative et de force morale qu'elle n'en a montré douze ans plus tard au 4 septembre, et que cette rude première épreuve avait fait concevoir à ses partisans de très-vives espérances en vue des éventualités de l'avenir, espérances qui, par le fait, ne se sont pas réalisées.

Les conjurés une fois arrêtés, la procédure suivit son cours. Le 25 février 1858 les accusés comparurent devant le jury et le procès commença. On comprit dès le début la distance énorme qui séparait Orsini de ses complices ; sa personnalité distinguée frappait tout d'abord les regards non moins que la singularité du contraste de sa barbe très-noire et de ses cheveux devenus presque blancs dans la circonstance que j'ai racontée.

Après avoir exposé, en remontant dans le passé, les actes et les aspirations de sa jeunesse qui n'avaient eu qu'un but, disait-il, la délivrance de sa patrie du joug de l'étranger ; après avoir raconté comment il avait été nommé membre de la convention romaine et quelles déceptions amères lui avait apportées l'intervention française de 1849, bientôt suivie de là prise de Rome, il ajouta ces curieuses paroles :

« En examinant les conditions politiques de tous les gouvernements de l'Europe, je me suis arrêté à cette idée qu'il n'y avait qu'un homme en position de faire cesser cette occupation de mon pays par l'étranger, que cet homme était Napoléon III qui est tout-puissant en Europe. Mais tout son passé me donnait la conviction qu'il ne voudrait pas faire ce qu'il pouvait seul faire : j'avoue donc franchement que je l'ai considéré comme un obstacle, et alors je me suis dit qu'il fallait le faire disparaître. Je voulais, je l'ai dit, agir seul, mais j'ai reconnu que c'était impossible. Alors, autour de moi il s'est trouvé des hommes qui ont connu mes projets et qui s'y sont associés. Arrêtés, ils m'ont dénoncé. Quand je me suis vu trahi par eux, j'ai eu quelque sentiment de vengeance contre eux, et je les ai accusés. Mais aujourd'hui je regrette toute circonstance qui pourrait aggraver la position de mes co-accusés ; je rétracte tout ce que j'ai pu dire contre eux et j'offre ma personne en sacrifice à mon pays. »

M. Chaix d'Est-Ange, récemment appelé aux fonctions de procureur général, avait été chargé de soutenir l'accusation. MM. Jules Favre, Nogent-Saint-Laurens, Nicolet et Mathieu devaient plaider pour Orsini, Pieri, Gomez et de Rudio.

Le 11 février, Felice Orsini, en se réveillant dans sa cellule à la prison de Mazas, demanda tout ce qui lui était nécessaire pour écrire à l'Empereur et rédigea d'un seul trait cette fameuse lettre que M. Jules Favre a appelée son testament politique. On pourrait dire qu'elle fait partie intégrante du dossier historique relatif à la guerre d'Italie. « Les dépositions que j'ai faites contre moi dans ce procès politique intenté à l'occasion de l'attentat du 14 janvier, sont suffisantes pour m'envoyer à la mort et je la subirai sans demander grâce, tant parce que je ne m'humilierai jamais devant celui qui a tué la liberté naissante de ma malheureuse patrie, que parce que, dans la situation où je me trouve, la mort est pour moi un bienfait. Près de la fin de ma carrière, je veux néanmoins tenter un dernier effort pour venir en aide à l'Italie dont l'indépendance m'a fait jusqu'à ce jour braver tous les périls, aller au devant de tous les sacrifices. Elle fait l'objet constant de toutes mes affections, et c'est cette dernière pensée que je veux déposer dans les paroles que j'adresse à Votre Majesté. Pour maintenir l'équilibre actuel de l'Europe, il faut rendre l'Italie indépendante, ou resserrer les chaînes sous lesquelles l'Autriche la tient en esclavage. Demandais-je pour sa délivrance que le sang des Français soit répandu pour les Italiens ? non, je ne vais pas jusque-là. L'Italie demande que la France n'intervienne pas contre elle ; elle demande que la France ne permette pas à l'Allemagne d'appuyer l'Autriche dans les luttes qui vont bientôt peut-être s'engager. Or, c'est précisément ce que Votre Majesté peut faire si elle le veut. De cette volonté dépendent le bien-être ou le malheur de ma patrie, la vie ou la mort d'une nation à qui l'Europe est en grande partie redevable de sa civilisation. Telle est la prière que, de mon cachot, j'ose adresser à Votre Majesté, ne désespérant pas que ma faible voix soit entendue. J'adjure Votre Majesté de rendre à ma patrie l'indépendance que ses enfants ont perdue en 1849 par la faute même des Français. Que Votre Majesté se rappelle que les Italiens, au milieu desquels était mon père, versèrent avec joie leur sang pour Napoléon le Grand, partout où il lui plut de les conduire ; qu'elle se rappelle qu'ils lui furent fidèles jusqu'à sa chute ; qu'elle se rappelle que *tant que l'Italie ne sera pas indépendante, la tranquillité de l'Europe et celle de Votre Majesté ne seront qu'une chimère.* Que Votre Majesté ne repousse pas le vœu suprême d'un patriote sur les marches de l'échafaud ; qu'elle délivre ma patrie, et les bénédictions de vingt-cinq millions de citoyens la suivront dans la postérité. »

J'ai reproduit en entier cette lettre curieuse et célèbre, parce que l'effet qu'elle produisit fut considérable. Lorsque, à un an d'intervalle, on voit Napoléon III souscrire tout à coup aux vues qu'elle renfermait et même, par une intervention directe dans les affaires d'Italie, faire plus qu'elle ne demandait, l'esprit demeure très-frappé de la coïncidence. Ce fut comme le prologue de ce grand drame.

Le 13 mars 1858 Orsini et Pieri parurent sur l'échafaud pieds nus et recouverts du voile noir des parricides, témoignant tous deux par la diversité de leur attitude de la diversité de leurs instincts. Pieri, agité, bruyant et cherchant à simuler un stoïcisme que sa vanité lui conseillait mais que repoussait sa nature ; Orsini, calme, fier, impassible devant la mort. Après la lecture de l'arrêt, Pieri qui devait être exécuté le premier, s'avança vers la planche fatale en faisant entendre d'une voix qu'il cherchait vainement à raffermir, le refrain du *chant des Girondins*. Orsini demeura jusqu'au dernier moment silencieux et froid, mais alors il s'écria d'une voix vibrante : « Vive l'Italie ! Vive la France ! »

Ce cri exprimait bien sa dernière pensée, et cette pensée suprême devait, un an après, recevoir son accomplissement. Orsini s'en doutait-il ou le savait-il pour mourir avec tant de sérénité ? On a prétendu que Napoléon III avait eu une entrevue secrète avec lui. Le fait est absolument faux.

L'émotion produite dans les hautes sphères gouvernementales par l'attentat du 14 janvier fut immense. Le péril si grand auquel le chef de l'État venait d'échapper apparut, à la réflexion, plus grand, plus redoutable encore qu'il n'avait semblé l'être dans le premier moment de la surprise. Pour les masses populaires, un attentat qui ne réussit pas est, pour ainsi dire, comme non avenu, eût-il fait de nombreuses victimes. Le peuple n'apprécie que les résultats. Mais les gouvernements se placent à un autre point de vue et, tout en constatant l'effet, ne manquent pas de rechercher la cause, et c'est ce qui arriva en cette circonstance. L'émotion si vive ressentie par tous les hommes qui entouraient l'Empereur et auxquels la vie du souverain était si précieuse puisqu'elle leur garantissait leur fortune politique, se traduisit promptement par des faits. On pensa que la législation existante, quelque service qu'elle pût rendre pour la protection du chef de l'État et contre des complots plus ou moins audacieux, n'était pas encore assez sévère ; que certains hommes chargés de l'appliquer n'avaient peut-être pas non plus la main assez ferme. Enfin, que certaines grandes mesures de précaution devaient être adoptées en vue d'éventualités redoutables.

Ce furent ces tendances du gouvernement

effrayé de la hardiesse des conspirateurs qui produisirent : 1° la loi dite de sûreté générale qui mettait aux mains administratives un pouvoir sur les personnes, presque illimité en certains cas ; 2° la création de quatre grands commandements confiés à des maréchaux de France et divisant le territoire en quatre grandes zones militaires, mesure qui pouvait alors paraître utile, mais dont les effets pratiques dans une éventualité donnée ont été annulés par la force des événements subséquents. Des changements de personnes accompagnèrent ces mesures nouvelles.

M. Billaut, ministre de l'intérieur, fut remplacé par le général Espinasse, aide-de-camp de l'Empereur et ce choix d'un ministre militaire indiqua très-clairement quel ordre d'idées dominait alors dans les conseils du gouvernement. On voulait avant tout intimider les partis. M. de Morny, dans l'allocution qu'il adressa à l'Empereur au nom du Corps législatif, à propos de l'attentat, encouragea nettement cette politique. L'inquiétude et la défiance, très-motivées d'ailleurs par l'audace de la tentative, semblaient inspirer en ce moment toutes les résolutions du pouvoir.

M. Pietri s'était vraiment montré insuffisant en cette grave circonstance où il avait été, en quelque sorte, le dernier à connaître l'attentat, s'étant absenté, ce soir-là, sans laisser d'indication qui pût permettre de le joindre au besoin. M. Pietri fut également remplacé à la préfecture de police par M. Boittelle, préfet de l'Yonne. On sait combien il est important qu'une entente absolue existe entre le préfet de police et le ministre de l'intérieur. M. Boittelle[1], alors peu connu à Paris, avait été désigné à l'attention du général Espinasse, parce que tous deux avaient fait partie de la même promotion à l'école militaire de Saint-Cyr. De plus, et par une singulière coïncidence, le nouveau préfet de police avait servi comme sous-lieutenant dans le même régiment de lanciers que M. de Morny, avec lequel il avait eu, de la sorte, l'occasion naturelle de se lier assez étroitement. C'était d'ailleurs un homme à

---

[1] J'ai eu l'occasion de le bien connaître, par la raison qu'il s'est trouvé quelque temps sous mes ordres, alors qu'il était sous-préfet de Saint-Quentin.

idées très-monarchiques et très-religieuses que M. Boittelle, et le haut clergé parut voir avec plaisir son arrivée à la préfecture de police.

Quant à M. Pietri, il ne tarda pas à partir pour l'Italie, chargé de la mission confidentielle d'étudier l'action occulte et les tendances des sociétés secrètes. M. Pietri en avait fait partie dans sa jeunesse, comme Napoléon III lui-même. Mieux que personne, il pouvait parvenir à découvrir le véritable sens de cette phrase de la lettre d'Orsini, qui avait eu au dehors, comme à l'intérieur, un retentissement si grand. « Tant que l'Italie ne sera pas indépendante. la tranquillité de l'Europe et celle de Votre Majesté ne seront qu'une chimère. »

Ceci forme, en quelque sorte, le premier acte du grand drame de la guerre d'Italie; maintenant voici le second :

Le comte de Cavour avait été renseigné sur le voyage, en Italie, de l'ancien préfet de police, M. Pietri, et, tout en déplorant l'attentat dirigé contre la personne de l'Empereur, il n'en songeait pas moins à tirer parti de la situation que cette tentative avait produite. Il avait, de concert avec Victor-Emmanuel, résolu de profiter de la circonstance pour la réalisation d'un plan conçu depuis le congrès de Paris, et soigneusement tenu secret par lui. Jamais, on ne saurait trop le répéter, l'ambition traditionnelle des princes de la maison de Savoie n'a eu à son service un homme aussi fin, aussi actif, aussi ardent que M. de Cavour, et pourtant rien, dans son extérieur, n'aurait pu faire soupçonner cette surprenante finesse, cette merveilleuse activité. Gros, de petite taille, la figure pleine et colorée, les yeux abrités ou cachés par des lunettes d'or, Camille Benso de Cavour offrait littéralement le type du notaire de village, sans que rien, dans son geste ou dans sa démarche, vînt relever cette vulgarité apparente. Et cependant que de ruse, que d'énergie, que d'habileté étaient cachées sous cette enveloppe de paysan !

M. de Cavour, profitant donc de l'heure et du moment favorables, exposa son plan à Victor-Emmanuel, et après avoir obtenu l'acquiescement de son souverain aux hardis projets qu'il avait formés, n'attendit plus que l'instant de les exécuter. Cet instant propice il crut le rencontrer dans le séjour que Napoléon III fit à Plombières, au mois de juillet 1858. Les eaux de cet établissement thermal avaient été recommandées à l'Empereur par ses médecins, et il devait passer ainsi quelques semaines loin du tourbillon des affaires, dans une sorte de retraite très-favorable au développement des idées et des plans de l'homme qui saurait habilement s'introduire dans sa vie quasi solitaire. Cet homme fut le ministre de Victor-Emmanuel. Il partit secrètement pour Plombières et y arriva inopinément. Sa première préoccupation fut de pénétrer jusqu'à l'Empereur, ce qu'il obtint assez aisément du reste. Sa présence à Plombières avait besoin d'être expliquée à Napoléon III; il l'expliqua. Sachant employer tous les moyens, n'en négligeant aucun, M. de Cavour avait su mettre dans ses intérêts une de ses compatriotes, dont la beauté hors ligne avait déjà captivé l'attention de l'Empereur lorsqu'elle avait fait son apparition à la cour des Tuileries. Cette Italienne, si remarquable par le charme des traits comme par la splendeur de ses formes, la véritable *Imperia* des *Contes drolatiques* de Balzac, n'était autre que la belle et coquette personne qui, l'hiver précédent, paraissait en costume de dame de cœur au bal travesti du ministère des affaires étrangères, et laissant, comme la reine du jeu de cartes, paraître au haut d'une jambe admirablement modelée, une jarretière ornée d'un cœur, s'était attirée l'observation suivante, de la part d'une très-grande dame masquée : « Ah ! comtesse, je ne croyais pas que vous eussiez le cœur placé si bas ! »

Aidé par ce précieux auxiliaire dans l'œuvre qu'il méditait, M. de Cavour aborda nettement la question italienne, représentant à l'Empereur l'extension prétendue et désormais soi-disant impossible à supporter, de la domination autrichienne, l'état des esprits en Italie, leur dangereuse irritation contre le chef du gouvernement français, les complots permanents qui pourraient en résulter et les attentats qui en seraient la conséquence, faisant vaguement entrevoir d'abord que, si la France intervenait en Italie contre la domination autrichienne et étendait vers le centre de la Péninsule, jusqu'à Milan, par exemple, les possessions du roi de Sardaigne, il pourrait y avoir, pour les frais d'intervention, des compensations territoriales qui, en rectifiant ses frontières du côté des Alpes, ajouteraient à sa force au point de vue stratégique; allant enfin jusqu'à proposer la Savoie et Nice pour entraîner la décision de Napoléon III. Comme il parlait sans contradicteurs dans ces promenades solitaires avec le chef du gouvernement français, M. de Cavour finit par obtenir l'assentiment de l'Empereur, engager sa promesse, et entrer jusque dans certains détails d'exécution relatifs à la future intervention française. En quittant Plombières, le ministre sarde emportait plus que des espérances.

Il avait également touché, dans ces entretiens secrets, un point délicat et fort intéressant pour le Piémont, celui d'une alliance entre le prince Napoléon, cousin de l'Empereur, et la princesse Marie-Clotilde, fille de Victor-Emmanuel. Un traité offensif et défensif entre la France et la Sardaigne devait, suivant le ministre Piémontais, accompagner cette union des deux familles. C'est ainsi qu'en mêlant habilement les intérêts privés aux intérêts publics, en caressant de généreux instincts, en flattant l'ambition, en faisant entrevoir la gloire sur ces mêmes champs de bataille qui avaient fondé celle du premier des Bonaparte, M. de Cavour réalisa merveilleusement une des parties les plus importantes du plan qu'il avait formé.

En comparant le prince de Bismark au comte de Cavour, on a attribué à ce dernier le prix de l'habileté astucieuse, et placé l'homme d'État italien au-dessus de l'homme d'État prussien. Suivant moi, on a eu parfaitement raison.

Là se termine le second acte du drame de la guerre d'Italie.

Les faits marchèrent rapidement dans le sens des désirs de M. de Cavour, et, il faut bien le dire, le gouvernement piémontais fit tout ce qu'il fallait pour ouvrir les voies à son audacieuse politique, pour préparer sourdement cette nécessité d'une intervention française qui devait si bien servir les ambitieux instincts de la maison de Savoie. Les étudiants piémontais, excités par leur gouvernement, fomentèrent des troubles graves à l'Université de Pavie, où l'on tenta d'assassiner, à l'aide d'une bombe fulminante, un commissaire de police, nommé Filippo Rossi. A

Bergame, à Brescia, à Crémone, à Lodi, la même agitation factice fut soigneusement entretenue. Chaque nuit, les murailles étaient couvertes de louanges à l'adresse du souverain et du gouvernement piémontais. A Modène, à Parme, à Plaisance, on afficha les noms accolés de Victor-Emmanuel et de Cavour. A Milan, une agitation plus vive encore se produisit, grâce aux menées des agents piémontais, et les meneurs annoncèrent publiquement l'arrivée de l'armée sarde, au printemps. Enfin Garibaldi mit son épée à la disposition de Victor-Emmanuel, et la Société nationale italienne, dont il était le vice-président, publia des instructions secrètes qui contenaient entre autres prescriptions : « Les hostilités à peine commencées entre le Piémont et l'Autriche vous vous insurgerez au cri de : Vive l'Italie et Victor-Emmanuel! dehors les Autrichiens! Si l'insurrection est impossible dans votre ville, les jeunes gens en état de porter les armes en sortiront et se rendront dans la ville la plus voisine où l'insurrection aura déjà réussi ou, du moins, aura des chances de réussir. Parmi les villes voisines, vous choisirez la plus rapprochée du Piémont où devront se concentrer toutes les forces italiennes... Ne tirez jamais les premiers sur les soldats italiens et hongrois ; mettez tout en œuvre, au contraire, pour les engager à suivre notre bannière, et accueillez en frères ceux qui céderont à vos exhortations. Là où l'insurrection aura triomphé, l'homme le plus haut placé dans l'estime et la confiance publique prendra le commandement militaire et civil avec le titre de commissaire provisoire pour le roi Victor-Emmanuel, et le conservera jusqu'à l'arrivée du commissaire envoyé par le gouvernement piémontais. »

Je garantis la parfaite authenticité de ces instructions secrètes que je ne donne pas *in extenso* pour ne pas prolonger les citations.

Sir James Hudson, ministre d'Angleterre à Turin, collaborait utilement à l'œuvre révolutionnaire, et son salon était le lieu de refuge des conspirateurs trop compromis pour que le gouvernement piémontais pût les protéger contre les demandes d'extradition des ambassades. Écoutons sur ce point un publiciste allemand partisan de l'Autriche, il est vrai, mais parfaitement renseigné. « Sir Hudson ne les honorait pas seulement de la plus touchante hospitalité, mais les lestait de conseils et de subsides. Un des secrétaires de la légation anglaise disait plaisamment : « Je viens de déjeuner chez sir James ; nous étions douze à table ; sauf lui et moi, les convives étaient tous, galériens et condamnés à mort. Les gaillards me donnaient le frisson. » Un jour, sir James Hudson demanda à M. de Cavour une audience pour un gentilhomme anglais. Cavour, qui était fort matinal, donnait ses audiences à cinq heures du matin. Le protégé de Son Excellence l'ambassadeur fut exact : manières roides, tenue irréprochable, la barbe coupée à l'anglaise, c'était le type idéal du *gentleman traveller*. L'Anglais déroula au ministre italien un plan complet et formidable de rénovation italienne. Cavour, qui se connaissait dans la matière, fut épouvanté de la hardiesse, de la lucidité, de la profondeur et surtout de la perspicacité de son interlocuteur ; mais, ne saisissant qu'imparfaitement la langue anglaise, il lui en témoigna le regret et lui demanda si, par bonheur, il parlait le français. Le gentleman, avec un flegme parfait, se mit à résumer la conversation et ses idées dans le dialecte italien le plus pur et le plus élégant. Cavour, fasciné, buvait la dernière parole, quand l'étranger se leva pour prendre congé. « Monsieur, lui dit le ministre, vous parlez politique comme Machiavel et italien comme Manzoni. Si j'avais un compatriote tel que vous, je lui céderais aujourd'hui même la présidence du conseil. Maintenant, en quoi pourrais-je, à mon tour, vous être agréable? — Si vous aviez un compatriote tel que moi, répondit le gentleman, vous le feriez condamner à mort! Vous me demandez comment vous pourriez reconnaître les bons avis que je vous ai donnés?... en les exécutant et en délivrant l'Italie. Jusque-là, la protection de sir Hudson me suffira. » Et l'inconnu se retira en tendant sa carte au ministre. Cavour fit un soubresaut; il avait lu sur la carte de visite : *Mazzini*.

L'anecdote est amusante, et je la crois parfaitement vraie.

Quelle conduite l'Autriche pouvait-elle naturellement tenir en présence de ces excitations de toute nature? Elle possédait une portion du territoire italien non-seulement par le droit de l'épée, mais encore par le droit des traités. L'Autriche, en présence des menées du Piémont et des excitations qui étaient notoirement son œuvre, augmenta ses garnisons dans la Lombardo-Vénétie, et le Piémont, saisissant ce prétexte qu'il avait créé lui-même, enrôla des volontaires et fit des préparatifs de guerre comme pour entrer de suite en campagne. De son côté le gouvernement français avait fait des démarches réitérées auprès de l'Autriche afin d'en obtenir un régime plus libéral pour l'Italie, et l'Autriche avait opposé à ses demandes les refus les plus péremptoires, allant quelquefois dans ses réponses jusqu'à exprimer son étonnement que ces appels à des concessions libérales lui vinssent du gouvernement français.

Sur ces entrefaites, le 1ᵉʳ janvier 1859 arriva et amena l'incident si remarqué pendant la réception du corps diplomatique aux Tuileries : l'Empereur, apercevant M. de Hubner, représentant de l'Autriche à Paris, marcha vers lui et lui dit assez haut pour être entendu : « Je regrette que mes relations avec votre gouvernement ne soient plus aussi bonnes que par le passé ; mais je vous prie de dire à l'empereur que mes sentiments personnels pour lui ne sont pas changés. » Phrase qui, connue à la Bourse, produisit une baisse considérable. Dix jours après, Victor-Emmanuel disait à son tour, dans un discours adressé par lui au sénat piémontais : « L'horizon au milieu duquel se lève la nouvelle année n'est pas parfaitement serein. Néanmoins vous vous consacrerez avec l'empressement accoutumé à vos travaux parlementaires. Forts de l'expérience du passé, marchons résolûment au-devant des éventualités de l'avenir ; cet avenir sera prospère, notre politique reposant sur la justice, sur l'amour de la liberté et de la patrie ; notre pays, petit par le territoire, a grandi en crédit dans les conseils de l'Europe, parce qu'il est grand par les idées qu'il représente, par les sympathies qu'il inspire. Une telle situation n'est pas exempte de dangers, car, si nous respectons les traités, nous ne sommes pas insensibles au cri de douleur qui de tant de parties de l'Italie s'élève vers nous... »

Assurément un tel langage était suffisamment

explicite ; la Bourse de Paris l'accueillit par une baisse de deux francs sur la rente. Plus que jamais l'Autriche se tint sur ses gardes. Les excitations piémontaises redoublèrent et s'étendirent dans les légations. A Modène, le duc étant parti pour Vienne, on écrivit la nuit sur les murs du palais ducal : « Palais à louer pour le 8 mai prochain. »

Cependant le prince Napoléon avait quitté Paris pour se rendre à Turin, et le 17 janvier il débarquait à Gênes. Le général Niel avait été chargé par l'Empereur de demander officiellement la main de la princesse Marie-Clotilde. Le 29, le contrat de mariage était signé et le 30 le mariage lui-même était célébré dans la chapelle du château de Turin. L'*Indépendance belge* ayant dit à ce sujet : « On assure que le roi Victor-Emmanuel n'a consenti au mariage de la princesse Clotilde qu'à la condition qu'un traité offensif et défensif serait signé entre la France et la Sardaigne ; on ajoute que le traité a été signé avant-hier à Turin, » *le Moniteur* français démentit cette insertion, par la raison, disait-il, que si l'Empereur devait désirer que ses alliances de famille fussent d'accord avec la politique traditionnelle de la France, ce n'était pas une raison pour qu'il fît jamais dépendre les grands intérêts du pays d'une alliance de famille. Mais les démentis du *Moniteur* ne calmèrent pas les inquiétudes et les préoccupations qui, chaque jour, se répandirent davantage particulièrement en Allemagne. Le mariage du prince Napoléon pouvait très-bien n'être pas une cause, mais il était probable que c'était une conséquence ou un effet.

Cependant l'Empereur s'avançait de plus en plus dans la voie dangereuse où il s'était engagé, et afin de faire autant que possible partager au public les idées qu'il avait conçues sur l'ensemble de la question italienne, il lança une brochure intitulée : « Napoléon III et l'Italie, » rédigée par M. de la Guéronnière sous la dictée, pour ainsi dire, de l'Empereur. Cette malencontreuse brochure, qui, ne faisant point la différence des temps, préconisait niaisement la politique de Henri IV, l'abaissement de la maison d'Autriche, et développait la théorie d'une confédération italienne, produisit une vive sensation, surtout à l'étranger. On voyait clairement que Napoléon III ne s'arrêtant pas devant les obstacles, voulait d'une façon absolue apporter des modifications quelconques à l'organisation politique de la péninsule italique.

Les défiances s'accrurent en Allemagne. Mais, fait bien curieux et généralement peu connu, Napoléon III avait mis le roi de Prusse dans la confidence de ses desseins, et M. de Bismark, qui lui, de son côté et avec de meilleurs raisons que la France, désirait l'abaissement de l'Autriche, s'était associé à la fatale pensée du cabinet des Tuileries et s'était fait fort de contenir les élans patriotiques de l'Allemagne. La Prusse, il ne faut pas l'oublier, bien différente alors de ce qu'elle est devenue aujourd'hui, avait eu beaucoup de peine à se faire admettre au congrès de Paris en 1856, et n'avait dû d'y être représentée qu'à la condescendance de Napoléon III.

Il faut dire que, dans cette occasion, le roi Guillaume et son ministre avaient, par le fait, promis plus qu'ils ne pouvaient tenir, ainsi qu'on va le voir tout à l'heure. En attendant, la vivacité du langage tenu outre-Rhin contre la France fit bientôt insérer au *Moniteur* ces phrases officielles : « Une partie de l'Allemagne répond à une attitude calme par les alarmes les plus irréfléchies. Sur une simple présomption que rien ne justifie et que tout repousse, les préjugés s'éveillent, les défiances se propagent, les passions se déchaînent. Une croisade contre la France est entamée dans les Chambres et dans la presse de quelques-uns des États de la confédération. On l'accuse d'entretenir des ambitions qu'elle a désavouées, de préparer des conquêtes dont elle n'a pas besoin, et l'on s'efforce par ces calomnies d'effrayer l'Europe d'agressions imaginaires dont la pensée n'a pas même existé. Les hommes qui égarent ainsi le patriotisme allemand se trompent de date. C'est bien d'eux que l'on peut dire qu'ils n'ont rien oublié ni rien appris. Ils se sont endormis en 1813 et ils se réveillent après un demi-siècle avec des sentiments et des passions ensevelis dans l'histoire. Ce sont ces visionnaires qui veulent absolument défendre ce que personne ne songe à attaquer. »

On le voit, c'était toujours le même système de ruses, de dénégations et de sous-entendus qui n'est pas digne d'un grand et puissant gouvernement. Puissant, il l'était alors et on peut dire que c'est à partir de cette époque qu'il a commencé à décliner en se lançant dans toutes les aventures, en pratiquant la politique la plus incorrecte, la moins rationnelle.

Surpris et inquiet du langage contradictoire du *Moniteur* français, qui tantôt prenait des airs belliqueux, tantôt renfermait des phrases de ce genre : « L'Empereur n'a rien à cacher, rien à désavouer, soit dans ses préoccupations, soit dans ses alliances. L'intérêt français domine sa politique et justifie sa vigilance... sont-ce là des rêves de guerre ? Depuis quand n'est-il plus conforme aux règles de la prudence de prévoir des difficultés plus ou moins prochaines et d'en peser toutes les conséquences ? » Surpris et, inquiet, disons-nous, du langage ambigu et des hésitations du *Moniteur*, M. de Cavour arriva à Paris le 27 mars et, demandant de suite une audience à l'Empereur, vint retracer à sa mémoire les conversations et les ouvertures de Plombières. Le 2 avril, M. de Cavour retournait rapidement à Turin. L'adroit ministre savait bien que Napoléon III tenait dans sa main la paix ou la guerre, et que sa volonté jetée dans un des plateaux de la balance ferait immédiatement pencher la balance de ce côté.

A partir de ce moment, les choses marchèrent avec une grande rapidité. Vainement la Russie proposa-t-elle un congrès, l'Angleterre un désarmement général ; il n'y eut pas de congrès et on ne désarma point.

Une coterie belliqueuse entourait l'Empereur, coterie au sein de laquelle le prince Napoléon parlait naturellement le plus haut. J'ai entendu à cette époque M. Benedetti, diplomate alors en congé à Paris et que la fatalité historique a rendu célèbre, appuyer chaudement, dans le salon de la princesse Mathilde, les idées du prince Napoléon. Le ministre Thouvenel était moins enthousiaste et, quant à M. de Morny, voyant à quel point étaient grandes les inquiétudes du Corps législatif dont la session venait de s'ouvrir, il le rassurait en lui disant sagement que la religion, la philosophie, la civilisation, le crédit, le travail avaient fait de la paix le premier besoin des sociétés modernes ; que le sang des peuples ne se répandait plus légèrement ; que la guerre était le dernier recours du droit méconnu, de l'honneur offensé, et que d'ailleurs l'Empereur avait dit que la paix ne pourrait être troublée que pour la défense des grands intérêts nationaux. Plût au ciel que cette sage politique eût été suivie !

Voici pourtant ce qui se passa : *le Moniteur* du 18 avril 1859 terminait un long article officiel par cette phrase rassurante : « Tout fait donc présumer que si toutes les difficultés ne sont point encore aplanies, l'entente définitive ne tardera pas à s'établir et que rien ne s'opposera plus à la réunion du Congrès. »

Et *le Moniteur* du 21 avril débutait par cette belliqueuse déclaration : « L'Autriche n'a pas adhéré à la proposition faite par l'Angleterre et acceptée par la France, la Russie et la Prusse ; en outre, il paraîtrait que le cabinet de Vienne a résolu d'adresser une communication directe au cabinet de Turin pour obtenir le désarmement de la Sardaigne. En présence de ces faits, l'Empereur a ordonné la concentration de plusieurs divisions sur les frontières du Piémont. »

Brusque revirement qui porta une perturbation énorme dans les affaires de commerce, d'industrie et de Bourse, et produisit dans l'espace de deux jours, sur la seule place de Paris, un mouvement de plus d'un milliard de capitaux entraînant quelquefois des pertes immenses pour les spéculateurs, trop confiants et trop hardis.

La crise éclatait ; les dernières scènes de cette grande trilogie allaient se jouer sur les champs de bataille italiens. Napoléon III quitta les Tuileries le 10 mai 1859, à six heures du soir, après avoir donné par un décret à l'Impératrice le titre et les pouvoirs de régente. La population radicale des faubourgs de Paris s'était donné rendez-vous sur son passage, et la voiture impériale était forcée d'aller au pas au milieu de la foule dont les acclamations se faisaient entendre, acclamations bien significatives, qui auraient dû donner de suite à l'Empereur la mesure de la faute qu'il allait commettre, lui signaler les écueils semés sur la route dans laquelle il s'engageait. Mais l'aveuglement, en pareil cas, est trop souvent le même ; c'est toujours le *Quos vult perdere Jupiter*, *prius dementat*.

La guerre d'Italie fut rapidement conduite. Elle peut se résumer en deux batailles : celle de Magenta, donnée le 4 juin et qui livra Milan ; celle de Solferino, qui eut lieu le 24 du même mois et termina la campagne. On a dit que cette guerre d'Italie fut une série de surprises burlesques, presque toutes amenées par l'inexpérience militaire de Napoléon III, et qui faillirent, en plusieurs rencontres, tourner au tragique. Toutes les fois, a-t-on ajouté, qu'il croyait surprendre l'ennemi, il tombait lui-même dans un piége; toutes les fois qu'il croyait l'avoir dépisté, l'ennemi lui tombait brusquement sur les bras. Il y a du vrai là dedans. Il est bien certain qu'à Magenta, l'Empereur, sans l'heureuse et vraiment militaire inspiration de Mac-Mahon de marcher au canon, allait donner à l'Europe, onze ans plus tôt, le spectacle du drame de Sedan. Après Solferino, il se hâta de signer la paix, et dans le moment il y eut contre lui une explosion de désappointement et de colère. La véritable raison de ce fait historique est qu'un télégramme du roi de Prusse venait de l'informer, sur le champ de bataille même de Solferino, qu'il était urgent de faire la paix à tout prix, car le roi Guillaume ne pouvait plus contenir l'exaltation publique en Allemagne.

Je devrais peut-être m'excuser auprès du lecteur de la longueur des détails dans lesquels je suis entré relativement aux préliminaires de cette fatale guerre d'Italie et aux causes qui l'amenèrent. Mais qu'on réfléchisse un instant au titre de ce livre, et l'on comprendra que je suis resté dans mon droit, comme dans mon devoir de narrateur.

## IX

Rapprochement historique. — M. Ollivier député en 1859 et ministre en 1870. — Différence de langage. — A propos du maréchal de Mac-Mahon. — *La Saint-Hubert*, volume publié en 1827. — Un Mac-Mahon poëte. — Mort du prince Jérôme. — Anecdotes rétrospectives. — La vie à Napoléonshœhe. — Pigault Lebrun bibliothécaire. — Une lettre de lui. — Les cinq maîtresses de Jérôme. — Remontrances de Napoléon Ier. — Réponse de son frère. — Le coup de foudre. — Rapp à Napoléonshœhe. — Pigault Lebrun en prison. — Conséquences de la guerre d'Italie. — Non exécution du traité de Zurich. — Cavour et Garibaldi. — Le décret du 24 novembre. — Les ministres de la parole. — Premier pas vers le renversement de l'édifice. — Jugement porté par un étranger sur la France en 1862.

Il y a quelquefois de piquants et singuliers rapprochements à faire, lorsqu'on étudie l'histoire, mais surtout l'histoire contemporaine. En voici un qui certainement a sa valeur :

Tout le monde se souvient en quels termes M. Ollivier, ministre, parla de la guerre de 1870 et en soutint la nécessité. Eh bien, on va voir en quels termes M. Ollivier, député, repoussait la guerre de 1859. Voici à peu près le résumé de son discours :

M. Ollivier déclarait qu'il était intolérable que des questions intéressant au plus haut degré l'avenir et les destinées du pays fussent engagées, tranchées, au point de ne plus laisser au Corps législatif la liberté de ses résolutions. Voter en face d'un fait accompli était chose déplorable. On ne pouvait plus le faire qu'avec tristesse, avec douleur, et peut-être avec la conviction que le gouvernement avait engagé le pays dans une guerre pleine de hasards et de périls, sans avoir des desseins bien arrêtés, et pour des résultats au moins incertains.

Quelle différence entre les deux langages, entre l'indignation, les tristesses de 1859 et « le cœur léger » de 1870 !

Je viens de parler de Mac-Mahon. Tout ce qui touche à cette glorieuse et loyale personnalité présente un intérêt tout spécial. Aussi ne puis-je me refuser au plaisir d'entrer dans un détail, assez curieux du reste et certainement ignoré, détail relatif à cette famille et à ce grand nom.

En 1827, en pleine Restauration, un élégant petit volume in-18 fut imprimé à la fonderie de J. Pinard, rue d'Anjou-Dauphine, n° 8. Il était intitulé : « *La Saint-Hubert ou quinze jours d'automne dans un château de Bourgogne*, par un braconnier, » et se trouvait orné d'une fort jolie lithographie, spirituellement dessinée par Horace Vernet. Ce charmant dessin représente une réunion de chasseurs autour d'un feu allumé sous un chêne centenaire, où elle attend matinalement, en fin fond de forêt, les rapports des gardes sur les meilleures voies à suivre. Il sortait de l'imprimerie lithographique de Delpech.

Le volume avait été tiré à une centaine d'exemplaires seulement, que « le braconnier » avait destinés à ses plus anciens amis et confrères en saint Hubert. Mon père fut un de ces privilégiés, et l'exemplaire qu'il reçut ainsi d'un vieil ami je l'ai toujours conservé. Rareté bibliographique s'il en fut, il devient bien plus intéressant et curieux lorsqu'on pense que son auteur n'était autre que le père ou l'oncle du maréchal (sur ce point mes souvenirs d'enfance me font un peu défaut), mais certainement de l'un des deux.

J'oubliais de dire que ce livre était un poëme en trois chants, et je ne résiste pas au désir de citer quelques-uns des jolis vers qu'il contient. Cette maison de Mac-Mahon renfermait des aptitudes bien diverses, et la réflexion toute naturelle qu'on fait en lisant ce précieux petit volume, c'est que la vocation littéraire s'y montre parfaitement évidente.

En voici quelques fragments :

> Idole des vieux Francs, salut ! toi qu'en nos bois
> Sous l'arbre druidique adora le Gaulois,
> Permets que je raconte, antique vénerie,
> Quel culte t'ont rendu les rois de ma patrie.
> . . . . . . . . . . . . . . . . . . . . . . . .
> L'avare Louis onze, en ses chasses prodigue,
> S'y reposait de guerre et de crimes et d'intrigue ;
> Levant sur l'univers l'impôt de ses plaisirs,
> Ses officiers volaient seconder ses désirs.
> Des levrettes, pour lui, débarquaient de l'Espagne,
> L'épagneul s'achetait au fond de la Bretagne,
> Des mules en Sicile, à Naples ses chevaux,
> A Tunis des lions pareils aux renardeaux,
> Et dans nos doux climats les rennes exotiques
> Regrettaient et la neige et les glaces arctiques.
> Le roi qui triomphait par Bayard et Gaston,
> Que la paix a doté du plus tendre surnom,

[x Louis, au soin du peuple enlevant quelques heures,
Égayait en chassant ses royales demeures.
Chez les durs Milanais il déroba cet art,
Qui sait apprivoiser l'agile léopard,
Et, le plaçant aux champs sur un coursier rapide,
Le fait fondre d'un bond sur le chevreuil timide.
Les lettres et les arts, rappelés par François,
Du fond de leur exil accourent à sa voix.
Mais, proclamé leur père au nom de la patrie,
Il fut aussi celui de notre vénerie.
L'histoire, confondant ces surnoms glorieux,
Nous les transmit ensemble, offerts par les aïeux.
Prince fou de beaux vers, de la chasse et des dames,
Rimant sur les vitraux d'amoureux anagrammes,
Pour Diane et Vénus il bâtit Folembray
Et la Meute, et Chambord, et Villers-Cotterets.
Charme de ces beaux lieux, très-aimable dauphine,
Au courre des grands cerfs paraissait Catherine,
Non, telle qu'on peut croire, assise indolemment
Sur le bât rembourré d'une lourde jument,
Mais la jambe à l'arçon, gracieuse amazone,
Pressant un fier coursier qui hennit et frissonne.
Dans ces mâles loisirs élevant ses trois fils,
Au trône ils ont porté le goût des Médicis.
Victime à vingt-quatre ans du mal qui le domine,
Par l'abus du cor Charles épuise sa poitrine,
Et pour les veneurs dicte un code à Villeroi.
Que ne réservais-tu, trop infortuné roi,
Que ton erreur fait plaindre et que l'histoire accuse,
Pour les hôtes des bois la première arquebuse !

Le premier roi Bourbon, loin du trône et des cours,
Grandissant dans les bois en faisait ses amour
Florent, qui le jugeait l'honneur de la patrie,
A pour lui, d'Oppien, traduit la vénerie,
Et dans l'âpre Béarn, guidant ses jeunes pas,
Aux ours dévastateurs livrait de durs combats.
L'élève souriant au lit de la feuillée,
Sur la dure gardait sa casaque mouillée,
Ou bien, puisant sa soupe au pot du montagnard,
Remarquait le défaut de la poule et du lard.
Illustrant à lui seul toute une monarchie,
Notre Henri, s'apprêtant à vaincre l'anarchie,
Formait ainsi son corps aux bivouacs d'Ivry
Et son esprit docile aux leçons de Sully.
Il resta, sur le trône, à ses plaisirs fidèle;
Oubliant à demi la guerre et Gabrielle.
Parfois gagnant Melun, quatre jours de retard
Trahissaient le héros et l'amant dans Sénart.
Louis treize, éclipsé par son fils et son père,
Apporte dans ses goûts son pâle caractère;
Les fauconniers du roi triomphent des veneurs,
Luynes en est le gage, au faîte des faveurs;
Luynes qui dressait les faucons de son maître,
Dans le Louvre enfermé chassant par la fenêtre,
Et dont les cormorans, par un art tout nouveau,
Allaient saisir la truite et le brochet dans l'eau.
Louis le Grand, colosse et de luxe et de gloire,
Grandi par ses plaisirs comme par la victoire,
Pendant un demi siècle étourdit l'univers
Du bruit des carrousels et des chasses de cerfs.

Ces derniers, dans Chambord, tenant une heure à peine,
Les yeux baignés de pleurs, tombaient devant la reine,
Ou, victimes tantôt d'un long courre de nuit,
Sévigné nous l'apprend, succombaient à minuit.

. . . . . . . . . . . . . . . . . . . . . . . . . .

Certes, voilà des vers élégants, bien tournés, de bonne race, ayant un certain air de famille avec ceux d'Alfred de Vigny, surtout dans ce charmant épilogue que je ne puis résister au désir de citer encore, bien convaincu que le lecteur m'en saura bon gré, car il ne le trouverait pas ailleurs qu'ici :

Amante des grands bois, des landes solitaires,
Ma muse n'y chercha que des rimes sévères ;
Loin donc qu'elle voulût, aussi sauvage qu'eux,
Arrondir pour Paris des vers mélodieux.
Enfants de la futaie, écrits sous le feuillage,
De ces trois chants entiers bien peu lurent l'hommage.
Quel moderne Hippolyte, encroûté campagnard,
S'est, dans mon vieux castel, reconnu par hasard ?
Et quand avec cent chiens mon vers se précipite,
Le cœur d'un seul veneur a-t-il battu plus vite ?
Un seul... et je bénis le temps qu'ici je perds,
Ma poétique peine et mes deux mille vers.
Ah ! puissé-je, d'un seul embellissant la vie,
D'un rêve de bonheur lui léguer la magie,

Et dépouillant mon art de son sauvage aspect,
Être heureux avec lui de notre doux secret.
Ce secret fut le vôtre, enfants de ma patrie,
Fils de la Gaule au front chargé de rêverie,
Sollicitant des bois ces contes merveilleux,
Dont l'illusion charme et fait les jours heureux.
Dans l'antique forêt, égaré par l'orage,
Un seigneur va, suivant une trompeuse image,
Et près d'un souterrain où fuit le farfadet,
Trouve une femme errante et son enfant muet;
Chaque soir, au retour des chasses mémorables,
Les barons racontaient des faits inconcevables
Dans la salle voûtée, où brillaient suspendus
Les panonceaux du maître et ses nobles écus.
C'était l'histoire alors du vieil anachorète,
Qui dans son ermitage avait donné retraite
A ce daim merveilleux, animal sans fumet,
Sur la trace duquel l'équipage est muet !
Puis le conte effrayant de cet ours fantastique,
S'esquivant des chasseurs sous le froc monastique ;
Et des chiens poudreux la prophétique voix ;
Et le songe d'un prince endormi dans les bois,
Et d'horreur appâli, le coupable Lothaire,
Dans les Vosges fuyant devant l'ombre d'un père.
Siècle des fictions, merveilleuses erreurs !
Prêtez à mes pinceaux vos douteuses couleurs ;
Que le chasseur pour moi goûte dans ses doux songes
Vos prestiges riants et vos naïfs mensonges;
Qu'un vain son, répété par les échos lointains,
Soit quelquefois pour lui le cor des paladins ;

Que ce ruisseau caché, fils de la solitude,
Près duquel il s'endort, rempli de lassitude,
Soit le même où jadis la fille des seigneurs
Lava le bras blessé du plus beau des chasseurs.

Et maintenant ces dernières paroles du braconnier-poëte, du noble châtelain de Bourgogne, ne sont-elles pas réellement prophétiques? Qu'on en juge :

O d'un âge nouveau, dévorant avenir,
Respecte encor un jour un dernier souvenir.
Antique France, encore une mémoire d'homme
Et, plus vieille déjà que la poudreuse Rome,
Tu descendras vivante au fond de noirs tombeaux,
Que creusent tes enfants, jaloux de tes lambeaux.
Mais tu vas t'égarant, muse, en ton vol altier,
. . . . . . . . . . . . . . . . . . . . . .
Et trop haut s'élevaient les chants du braconnier.
J'avais de quelques vers fait la simple promesse,
Et peut-être on maudit ma stérile largesse.
Chasseur, me voilà quitte envers toi pour longtemps.
Je revole aux plaisirs qu'ont célébrés mes chants,
En déclarant tout haut, fût-ce au sein du Parnasse,
Qu'un poëme jamais ne valut une chasse.

Certes, lorsque le Mac-Mahon, poëte, écrivait tristement, en parlant de la France, « plus vieille déjà que la poudreuse Rome, tu descendras vivante au fond des noirs tombeaux que creusent tes enfants, » il ne pensait pas que, providentiellement pour elle, le bras loyal et fort d'un Mac-Mahon, maréchal, se trouverait là pour la retenir au bord de l'abîme!

Un crime étrange s'était produit, à Paris, avant l'attentat d'Orsini et la guerre d'Italie. Le 3 janvier, l'archevêque de Paris, Mgr Sibour, tombait mortellement frappé par un prêtre interdit nommé Verger. C'était à Saint-Étienne du Mont, et pendant une cérémonie destinée à célébrer le nouveau dogme de l'Immaculée Conception, que ce misérable prêtre avait commis ce déplorable attentat. Le dogme, solennellement admis et préconisé par le Saint-Père dans une cérémonie, à laquelle assistaient plus de deux cents prélats et qui avait donné lieu, sur certains points de l'ouest et du midi de la France, notamment en Bretagne, à de grandes démonstrations de joie pieuse, devait, en cette circonstance, servir tout au moins de prétexte à l'acte odieux qui faisait tomber ainsi un prélat sur les marches mêmes de l'autel. On n'a jamais bien connu le fond des choses dans cette déplorable affaire. Verger était un homme dont les goûts dépravés n'étaient plus un secret. Mû par des sentiments de haine contre un ou plusieurs membres du clergé de Paris, dont le vénérable chef avait dû reconnaître son indignité, il assouvit sur le respectable archevêque la vengeance qu'il voulait exercer, en criant : « Pas de déesses ! » Ce sentiment haineux et le désir poussé jusqu'à la folie de faire parler de lui paraissent avoir été les mobiles de cette détestable action ; mais il est certain que, si l'on n'eût arrêté son bras, Verger ne se serait pas borné à frapper l'archevêque, mais aurait atteint également plusieurs prêtres placés derrière lui.

Ainsi deux des hommes occupant le siége épiscopal étaient morts successivement de mort violente, l'un, frappé sur les barricades de juin, Mgr Affre, l'autre, égorgé dans le temple, Mgr Sibour.

Une autre mort, qui eut lieu après la campagne d'Italie, en 1860, celle du prince Jérôme, gouverneur des Invalides, ne produisit dans le public qu'une bien faible émotion. Le prince Jérôme n'était généralement connu que par ses mauvais côtés. Véritable héros à Waterloo, il avait en partie racheté ses erreurs de jeunesse, et l'homme qui s'était écrié sur ce fatal champ de bataille : « C'est ici que doit mourir tout ce qui porte le nom de Bonaparte! » n'était point un soldat vulgaire. Malheureusement, les vices, chez lui, submergeaient les qualités, et il y a de bien mauvaises pages dans sa vie.

A la cour de Westphalie s'était réfugié le libertinage le plus impardonnable, le plus éhonté. On ne sait pas généralement que Pigault-Lebrun, le romancier licencieux, était lecteur et bibliothécaire du roi Jérôme. Voici une très-curieuse lettre de lui, adressée à son ami Réal, le conseiller d'État : « Paris n'est plus dans Paris, il est tout où nous sommes ; nous apprenons au roi à être libertin sans scandale et débauché sans scrupule. Rien de plus piquant que la première nuit de ses noces, telle que, dans nos orgies de Napoléonshœhe (c'est le Willemshœhe, où Napoléon III a été conduit après Sedan), le roi s'amuse à nous la retracer. Imaginez-vous un homme dont la première femme est vivante, un jeune Corse, un Jérôme Buonaparte, le fils d'un bourgeois d'Ajaccio, imaginez-le approchant sans ménagement une princesse orgueilleuse et timide, méprisant ses pleurs, la poursuivant jusque dans les bras de madame de Westerholt, sa gouvernante, près de qui elle s'était réfugiée. Imaginez les sourires des dames d'honneur et la rougeur des demoiselles de compagnie, toutes réveillées par ce bruit inattendu. Imaginez, le lendemain, Jérôme regardant sa nouvelle épouse avec un air moqueur, et celle-ci lui opposant la hauteur la plus provocante, et vous n'aurez qu'une faible idée de cet épisode unique en son genre, et dont je me propose de consigner les détails dans un roman. Depuis, la princesse nous méprise. Deux intrigantes consommées, la Bonneuil et la Reitz, que nous avons placées près d'elle, la gagnent par leurs complaisances étudiées, leur conversation enjouée et surtout par l'art avec lequel elles servent le goût qu'elles lui ont inspiré pour les modes françaises. Le roi maintenant a cinq maîtresses ; aucune n'est en titre ; les confidents du prince paraissent les avoir pour leur compte. »

Plus loin, pour compléter le tableau, il donne la nomenclature et le portrait de ces maîtresses du roi; c'était d'abord l'aimable Caroline, dont l'espiègle mutinerie a fait tourner mille têtes parisiennes, et qui habitait avec Pigault-Lebrun le bâtiment gothique de Napoleonshœhe. Une comtesse allemande, enlevée de Munich, passait aux yeux des Westphaliens pour la femme légitime du médecin du roi. Celle-ci était la Junon, et Caroline l'Hébé des festins nocturnes. « Le ministre de la justice, Siméon, entretient, à son insu, sous le titre de première femme de chambre de madame son épouse, la petite Heberti, qui, après avoir brillé quelques jours parmi les fringantes élèves de Terpsichore, a consenti à végéter dans une situation obscure, dont les ennuis sont compensés par la préférence réelle que le roi lui accorde et qui, par cela même, doit être enveloppée d'un profond mystère, si on ne veut pas exposer cette aimable enfant à être enlevée par ordre de Napoléon, comme le fut, il y a un an, la petite Hénin, qui avait eu la fantaisie de suivre Jérôme à Cassel. Dans une villa des environs de Paris, le prince Borghèse avait enseveli une Italienne divine, qui peint comme Kauffmann, et chante comme Festa ; les limiers de Jérôme l'avaient découverte, et le secrétaire des commandements la couvrait, à Napoléonshœhe, de son aide protectrice. Cette fille de Rome nous amuse par la variété de ses jalousies, de ses caprices, de ses froideurs et de ses infidélités. »

La cinquième maîtresse avait été séduite et cédée par un ministre de la cour de Westphalie. C'était une orpheline, qui servait de temps en temps à varier les plaisirs de Jérôme. Elle habitait une des nombreuses chaumières du jardin du palais.

Un jour, le roi Jérôme reçut de son illustre frère une lettre qui commençait ainsi : « Mon frère Jérôme Napoléon, roi de Westphalie, vous aimez la table et les femmes. La table vous abrutit, et les femmes vous affichent, etc., etc. »

Le roi Jérôme chargea Pigault-Lebrun de répondre à cette lettre, en imitant le style de l'Empereur : « Mon auguste frère Napoléon, empereur des Français, Votre Majesté me reproche d'aimer la table ; j'avoue que je n'aime pas à me repaître d'une vaine gloire : je cherche une nourriture plus substantielle. Je suis gourmand sans être glouton ; c'est ce qu'on peut exiger d'un roi. Votre Majesté se plaint de mes procédés envers la reine. « N'est-elle pas assez grande dame pour « moi? » me dites-vous. Si j'ai de l'orgueil, c'est vous qui m'en avez donné. Je ne voulais pas d'une grande dame, Votre Majesté le sait bien. Au reste, j'ai modelé ma vie sur la vôtre ; je m'habille comme vous : que pouvez-vous exiger de plus ? »

On ne plaisantait guère avec Napoléon. Cette réponse attira la foudre impériale sur la cour de Westphalie ; elle éclata, sous la forme du général Rapp, au milieu d'un petit souper que présidait la favorite du jour. Voici quel était l'ordre écrit de la main de l'Empereur : « Notre aide de camp, le général Rapp, partira sur-le-champ pour Cassel ; il fera venir en sa présence Müller, commandant des hussard de Westphalie, et le commettra à la garde du roi, qui gardera les arrêts pendant quarante-huit heures. Pigault-Lebrun, auteur de la lettre insolente que nous a écrite notre frère (sa police était bien faite), sera mis au cachot pendant deux mois, et ensuite envoyé en France sous bonne et sûre escorte. »

Il fallut se soumettre. Pigault-Lebrun eut à opter entre un mois de cachot de plus et le séjour de Cassel ou la liberté et le retour en France. « Six mois de cachot de plus, répondit-il, plutôt que de me confier à la perfide clémence de Napoléon. »

Depuis cette époque, et surtout pendant le séjour qu'il fit en Italie, et qui précéda le retour de son neveu en France, le prince Jérôme fut le sujet de légendes scandaleuses de plus d'un genre. Mais un peu de vraie gloire couvre et excuse bien des faiblesses ; on pouvait toujours voir en lui le soldat de Waterloo.

Ce ne fut guère qu'un an après la guerre d'Italie que le public français, non renseigné, en comprit bien toutes les conséquences. L'inexécution du burlesque traité de Zurich commença à ouvrir les yeux aux plus aveugles. Tandis que, du fond de son cabinet, Napoléon III réglementait minutieusement l'indépendance et les constitutions de la Toscane, des duchés de Parme et de Modène, le Piémont se préparait à les annexer. Quand il se fâchait, on se riait de ses menaces. Un jour (et c'était fatal), on s'attaqua au pouvoir temporel du pape. Quelques Français courageux, commandés par Lamoricière, et se croyant appuyés par la France, voulurent défendre les possessions papales ; ils furent abandonnés et vaincus par le nombre. Enfin, l'appétit de Cavour augmentant, il lança Garibaldi sur la Sicile, et, fait curieux, tandis qu'il répondait, dans une circulaire, aux puissances, instruites des préparatifs faits à Gênes par le *condottiere*, « que ces préparatifs n'existaient pas, que d'ailleurs le gouvernement du roi veillait, et non-seulement mettrait obstacle à une semblable expédition de flibustiers, mais emprisonnerait les rebelles qui voudraient la tenter ; » le même jour, avec la même plume, il écrivait à Garibaldi : « L'affaire pour l'argent et les vapeurs est arrangée. Il faut embarquer au plus vite. »

L'envahissement du royaume de Naples et le renversement de ce jeune prince, le descendant d'une vieille race chevaleresque, qui, avec son intelligence et ses aptitudes, eût été un modèle de roi constitutionnel, fut aussi un grand malheur pour la France, malheur que tout le monde comprit, ainsi que la faute qu'on avait commise en laissant faire Garibaldi, lorsqu'on vit celui-ci se hâter de déclarer, afin d'indiquer bien clairement le but final qu'il s'était proposé, « qu'il proclamerait bientôt l'annexion, mais sur le sommet du Quirinal, quand tous les Italiens seraient assis au même banquet. »

Or la destruction de la souveraineté temporelle du pape devait être forcément un amoindrissement pour la France, qui l'avait créée et, par une tradition salutaire, la protégeait depuis des siècles.

Le 20 novembre 1860, un décret paraissait au *Moniteur*, et produisait en France un effet que les journaux allemands ont assez justement caractérisé, en le comparant à « un coup de tonnerre dans un ciel serein. » Ce décret, rédigé d'une façon inusitée, renfermait un grand nombre de dispositions diverses qu'on était surpris de trouver accolées ainsi l'une à l'autre, réunissant dans un pêle-mêle peu ordinaire les modifications ministérielles, les échanges d'attributions entre les nouveaux titulaires du pouvoir, la suppression de certaines grandes administrations, créées de la veille, et surtout les prérogatives nouvelles, ou, pour parler plus exactement, les droits nouveaux accordés au Sénat et au Corps législatif. Mais c'était par ces dernières dispositions, s'écartant des règles que la Constitution de 1852 avait sagement tracées, qu'il devait attirer vivement l'attention et provoquer les réflexions du pays entier, de l'Europe entière.

Les concessions libérales faites au Sénat et au Corps législatif étaient, pour le premier de ces deux corps de l'État, la publicité de ses séances; pour tous les deux, le droit de discuter et de voter une adresse en réponse au discours du trône; enfin, le droit d'amendement aux projets de loi présentés par le gouvernement. La première de ces concessions n'avait pas grande importance, et le Sénat, assurément, ne la réclamait pas; elle n'ajoutait rien à l'influence ni à la dignité de ce corps.

Le droit de discuter et de voter une adresse, après avoir provoqué les explications du gouvernement sur les questions de politique intérieure et extérieure, était le droit le moins regretté de tous ceux qu'offrait jadis le système parlementaire, non-seulement parce que c'est celui dont on avait abusé le plus, mais aussi parce qu'il était, pour ainsi dire, impossible de ne pas en abuser. L'occasion est trop belle, l'herbe trop tendre, et tout ce qui, dans une assemblée politique, sait lire un discours ou se sent capable de réciter, pendant trois quarts d'heure, une improvisation péniblement préparée, ne consentira jamais à ne pas dire un mot sur les affaires de l'État, à ne pas prendre ainsi devant ses électeurs une attitude avantageuse en vue d'une réélection future.

Si le droit de discuter une adresse était une concession, on ne pouvait même pas dire qu'elle n'avait aucune importance. C'était le droit de remontrance, après tout, et, lorsqu'aux amis du gouvernement, qui s'effrayaient et s'irritaient de voir de nouveau surgir sous leurs yeux les vieux spectres de la discussion de l'adresse, on répondit : « Soyez tranquilles, c'est un droit dont on n'usera pas », on se trompa bien singulièrement. « Étant instituée la discussion de l'adresse, dit aussitôt *le Journal des Débats*, il n'y a point dorénavant de milieu pour les Chambres entre donner, quand il le faudra, de sages conseils que le gouvernement ne refusera pas d'écouter, alors même qu'ils pourraient lui déplaire, ou nous montrer pour la première fois un spectacle étrange et mesquin qui ne s'était pas vu, quoi qu'on prétende, sous le régime parlementaire, nous voulons dire le régime désintéressé du bavardage. »

Quant à la troisième concession, au droit d'amendement accordé aux corps délibérants, cette modification était d'une gravité tout exceptionnelle. Dans l'ancien régime parlementaire, la discussion plus ou moins vive, plus ou moins hostile, préparait et amenait la présentation d'un amendement qui, souvent, renversait du premier coup tout l'échafaudage d'une loi et, avec la loi, le ministère qui l'avait présentée. Ce résultat était tout simple, tout naturel ; le ministère était responsable. Tous les jours, en Angleterre et dans les gouvernements qui ont voulu imiter le système anglais, le fait se produit sans avoir d'autres conséquences qu'une perturbation ministérielle d'une plus ou moins longue durée. Mais le droit à l'amendement en présence de ministres irresponsables et dans un système politique tel que celui du second Empire, il était vraiment difficile de ne pas le redouter.

Ce malencontreux décret du 24 novembre 1860

semblait, du reste, avoir été conçu et libellé avec une grande hâte, car certaines de ses parties étaient absolument confuses. Un autre indice qui aurait pu faire croire qu'il avait été improvisé, c'est qu'aux termes de la Constitution de 1852, il semblait qu'il n'eût dû paraître, au moins quant à la partie renfermant des modifications aux attributions et prérogatives des grands corps constitués, qu'après la sanction préliminaire du Sénat, gardien et conservateur du pacte fondamental ; et puis, qu'avait donc voulu Napoléon III ? Devancer l'opinion dans une voie libérale ? mais la majorité de la nation, toute au soin de ses intérêts matériels, ne se souciait guère de rentrer dans cette voie. Désirait-il provoquer les avis et laisser se formuler hautement toutes les contradictions, afin de se rendre un compte plus exact des sentiments de la France à l'endroit de sa politique ? mais comment supposer qu'avec tous les moyens d'information dont il disposait : police, préfets, magistrature, gendarmerie, il ne connût pas la pensée entière, véritable des populations ?

Le décret du 24 novembre, fruit d'idées inspirées par le Palais-Royal, et de conseils donnés en dehors des Tuileries, idées et conseils qui étaient venus raviver de vieilles rêveries de Ham, parut à l'Empereur n'être qu'un léger acheminement au couronnement de l'édifice. C'était un premier pas vers son renversement.

Parmi les innovations qu'il consacrait, on remarqua beaucoup la création de ministres sans portefeuille chargés de soutenir les projets de loi présentés par le gouvernement. Le public les désigna de suite sous le nom de « ministres de la parole, » en opposition avec celui de « ministres de l'action, » attribué aux autres qui ne devaient pas être en contact avec les Chambres. Ces nouveaux fonctionnaires allaient, comme orateurs du gouvernement, prêter main-forte aux membres du conseil d'État, que la Constitution de 1852 chargeait de cette tâche. Dans les conditions premières où l'on se trouvait placé, le conseil d'État pouvait parfaitement suffire à la besogne qui lui était assignée par le pacte fondamental formé trop vite et dans des circonstances exceptionnelles. Ce troisième corps de l'État, dont j'ai connu mieux que personne le fort et le faible, puisque j'ai eu l'honneur d'en faire partie, ce corps de l'État, disais-je, pouvait renfermer un certain nombre de « non-valeurs » parlementaires, telles que M. de Cormenin, entre autres ; mais, enfin, il réunissait plusieurs hommes alliant à l'esprit politique, à l'instinct de l'homme d'État, des aptitudes oratoires, et leur nombre était suffisant pour remplir la tâche imposée par la Constitution. Maintenant, si c'était parce qu'on avait cru devoir élargir le champ de la discussion qu'on croyait aussi devoir y introduire des athlètes plus forts ou nouveaux, qui ne comprenait qu'il les aurait fallu plus nombreux ? Les ministres de la parole étaient au nombre de trois.

Ce que l'on vit de plus clair dans cette innovation, c'est que le gouvernement allait donner des hôtels et payer des frais d'installation aux nouveaux venus ; on n'y regardait pas de si près, hélas ! et la prodigalité était à l'ordre du jour à tous les degrés de l'échelle !

Voici le jugement porté sur la France de cette époque par un étranger éminent :

« C'est à ce moment qu'il nous a été donné de voir pour la première fois l'intérieur des Tuileries.

Nous avions à peine jeté un coup d'œil dans les coulisses de cette société française façonnée par le régime impérial, que notre désillusion descendit jusqu'à la stupéfaction. La France, vue à distance avec les illusions de notre vieille sympathie, nous apparaissait grande, progressive, formidable. Vue de près, c'était un ossuaire... et, chose étrange, l'observateur, et surtout l'étranger, le devinait au premier abord. L'effet était saisissant. Cette nation aveuglée, corrompue, dévoyée, entraînée par une fièvre chaude à tous les excès d'un matérialisme grossier : luxe scandaleux, mœurs éhontées, soif de toutes les jouissances bestiales. D'autre part, oblitération de tout sentiment du devoir, de la justice, de l'honneur... tout cela nous fit l'effet de la Danse macabre d'Holbein autour de l'autel du Veau d'or. Au haut de l'échelle, la famille impériale donnait le signal des écarts et des faiblesses. La chronique frivole des Tuileries, des ambassades et des ministères ne roulait que sur les équipées équivoques de la veille, de l'Empereur et des principaux personnages de son entourage. L'immoralité débordait tellement de toutes parts, tout le monde vivait, se mouvait, se plaisait tellement dans cette atmosphère malsaine ; les journaux, les pièces de théâtre préconisaient, étalaient des scandales et des tableaux tellement effarouchants, qu'un étranger avait quelque peine à se familiariser avec les phénomènes, les us et coutumes de ce lazaret.

« Nous copions sur notre carnet les annotations sommaires que nos études, nos informations et nos découvertes journalières nous dictaient alors : les trois bases d'une société civilisée, armée, magistrature, administration, sont pourries en France... La justice est tellement ravalée, que les ministres la distribuent au caprice de leur colères et de leurs amitiés. Le magistrat est un fonctionnaire ; au lieu de consulter un dossier pour juger, il consulte son supérieur. L'opinion publique est pervertie par système et, désormais, par nécessité, au moyen d'une presse immorale et de nouvellistes à gages. Dans cette atmosphère anti-sanitaire, on ne laisse pénétrer le jour, on n'administre la vérité qu'à doses homœopathiques, et la nation s'atrophie dans cette ignorance confortable et abrutissante. La vie est factice; tout est artificiel ; un luxe insensé, des immoralités révoltantes ; plus d'autre dieu que l'argent, d'autre idéal que le ventre. Il s'est infiltré dans l'armée française un souffle de dégradation qui la désagrégera et la déshonorera. L'avancement ne se demande plus qu'à la faveur. Plus d'études, plus d'application ; paresse, oisiveté, soif de l'argent. On ne sert plus la France, le drapeau, l'honneur ; on se rue sur les occasions de servir la dynastie ; on affirme qu'il y a jusqu'à des espionnages et des délations dans tous les rangs. L'Afrique est une école fatale pour l'armée française : guerres de broussailles, ni sérieuses, ni sincères ; on fait naître les insurrections pour forcer l'avancement et les faveurs

« La centralisation a fait de la France une vaste machine qui nourrit une armée de bureaucrates routiniers et arbitraires. Presque tous les postes de l'administration sont tombés aux mains des avocats et des journalistes, c'est-à-dire aux mains les plus funestes auxquelles une nation puisse confier ses destinées. En France, depuis 93, ces deux catégories d'oisifs parviennent à tout, envahissent tout, dégradent et perdent tout. Voyez et comptez : ambassadeurs, ministres, députés, ils sont presque tous journalistes ou avocats. Ils sont rarement écrivains ou orateurs. Ce sont des bavards.

« Le journalisme français est un instrument spécial à l'usage du peuple français. Sauf deux ou trois exceptions, ces feuilles extraordinaires ne savent et ne comprennent absolument rien de ce qui se passe dans le reste du monde. Leur univers s'étend du boulevard Montmartre à la Madeleine. Leur polémique est une joute vivace entre deux virtuoses qui paradent chacun devant sa boutique respective... Le Français ne se soucie pas de ce qui se passe au delà de ses frontières ; mais il veut être amusé ; donc, on l'amuse, et voilà pourquoi le journalisme s'est fait la chronique des alcôves suspectes et le *reporter* des scandales de la ville et de la cour. C'est le plus alerte sur ces pistes qui tient la corde du succès et de la popularité. Si tout à coup on lui fermait ces deux sources de *littérature*, le journalisme français cesserait d'exister. Il périrait d'une anémie foudroyante. »

Ce remarquable tableau est sévère, mais qui pourrait dire qu'il ne fût pas vrai? Il l'est encore en partie.

# X

Expédition de Chine et de Cochinchine. — Le comte de Palikao. — Demande de dotation. — Elle est refusée. — Lettre de Napoléon III. — La guerre du Mexique. — Engagements antérieurs. — Causes déterminantes. — Les étrangers aux Tuileries. — Maximilien à Saint-Cloud. — Intérêts de l'entourage. — La lettre du banquier Jecker. — La guerre du Mexique et les sécessionnistes des États-Unis. — Influence de M. Hidalgo et Mgr Labastida. — Prim mauvais génie de Napoléon. — Son ambition. — Explication de l'ingérence de l'Impératrice en cette affaire. — Issue fatale. — Commencement de dissolution du gouvernement impérial. — Premiers effets des décrets de 1860 et 1861. — Avertissements de M. de Persigny. — Haines et jalousies des hauts fonctionnaires entre eux. — M. Haussmann et sa demande à l'Empereur. — *Un ministre de Paris.* — Question des titres de noblesse. — Singulière combinaison du conseil à ce sujet. — Guerre intestine des fonctionnaires. — Violation du secret des lettres. — M. Collet Meygret. — M. Saintomer. — Les victimes y compris mesdames de Castiglione et Botti, MM. de la Guéronière, Hyrvoix chef de la police particulière de l'Empereur. — La correspondance du chef de l'État n'a pas toujours été respectée.

Ce fut dans la période comprise entre les années 1861 et 1866 que se produisirent les expéditions de Chine et de Cochinchine, et la déplorable guerre du Mexique. L'expédition de Chine, provoquée par l'Angleterre qui y trouvait un beaucoup plus grand avantage que celui que nous pouvions y avoir, fut prestement et intelligemment menée par le général Cousin-Montauban ; mais l'issue en fut lamentable, à mon avis. Comprend-on des nations qui, pour me servir de l'expression consacrée, marchent à la tête de la civilisation, et qui s'en vont donner aux antiques populations de l'extrême Orient le spectacle et l'exemple de la plus répréhensible barbarie ? Les incendies, le pillage du palais d'Été, même tel qu'il a été expliqué dans la déposition du comte de Palikao au sujet de la revendication du musée chinois, produite récemment par la famille impériale, sont des actes d'une telle nature qu'ils sont bien faits pour jeter une ombre sur la gloire de nos armes. Lorsque Napoléon III se vit refuser par le Corps législatif la dotation qu'il demandait pour celui qui venait de conduire habilement nos troupes dans ces parages lointains, il s'étonna de cette infraction inusitée à l'obéissance passive, et se laissa même entraîner à une colère fort peu déguisée dans les phrases, très-insolentes pour le Corps législatif et le pays, de la lettre par laquelle il prétendait réparer une ingratitude nationale.

L'expédition de Cochinchine, prônée auprès de l'Impératrice par des évêques *in partibus infidélium*, fut surtout entreprise en vue d'intérêts religieux.

La guerre du Mexique sortit, pour ainsi dire, toute faite du petit salon privé de l'Impératrice, et voici comment. Il est bon de savoir d'abord que les Tuileries offraient aux étrangers une large hospitalité. L'Empereur aimait beaucoup surtout à se voir entouré d'Anglais et d'Allemands, y compris les Prussiens ; l'Impératrice, d'Espagnols et d'Américains ; de telle sorte que le couple impérial paraissait s'être partagé cette tâche de l'hospitalité cosmopolite. Il faut savoir aussi que l'archiduc Maximilien était venu à Paris quatre ans environ avant qu'il fût question de la guerre d'Italie, et que sa tenue parfaite, la suprême distinction de ses manières, l'avaient fait prendre fort en goût par les souverains. C'était peu de temps après la visite de la reine Victoria. Je me rappelle qu'il y eut, vers le milieu de l'automne, spectacle au palais de Saind-Cloud, et que, dans la grande loge impériale, je remarquai, placé entre le duc et la duchesse de Brabant nouvellement arrivés à Paris, un jeune prince blond, d'une taille élevée, à l'œil intelligent et vif, à la lèvre un peu forte, qu'un léger duvet ne recouvrait même pas encore, personnalité sympathique et attirant, pour ainsi dire, magnétiquement le regard. Hélas! ce jeune homme qui semblait alors jouir d'un bonheur dont l'expression, sur son visage, n'était contenue que par la dignité, et qui souriait si complaisamment aux lazzi d'une bouffonnerie jouée par les acteurs du théâtre du Palais-Royal, il devait être empereur aussi! Mais destiné par une atroce fatalité à payer de sa vie sa grandeur éphémère, il devait voir tomber cette couronne ensanglantée dans le fossé de Queretaro!

Il y avait donc entre le couple impérial et ce jeune prince ce que j'appellerai des liens de salon et des engagements de bienveillance réciproque qui, pour n'être pas officiels, n'en ont pas moins souvent une certaine importance. Or, la guerre d'Italie, en enlevant à l'Autriche le territoire milanais, privait l'archiduc Maximilien de sa vice-royauté et de ses commandements. Je suis personnellement convaincu que, pendant les conversations intimes des deux empereurs lors des conférences de Villafranca, il fut déjà question entre eux d'un dédommagement quelconque pour l'archiduc. La question du Mexique venant à se produire lorsque Napoléon III eut la fatale idée de vouloir relever le trône d'Iturbide et de refaire un empire au Mexique, je suis également persuadé que sa première pensée fut de placer Maximilien sur ce trône qu'il prétendait réédifier. La juste ambition de l'archiduc, celle de sa jeune femme, la princesse Charlotte de Belgique, enfin les entraînements trop paternels du sage Léopold Ier pour le plus grand bien, croyait-il, de la fille qu'il adorait, tels sont, en ce qui touche le prince, les motifs de sa détermination courageuse mais déplorable.

Quant aux idées d'ensemble de Napoléon III sur cette expédition si importante, il n'en avait pas. L'abandon de ses alliés, lorsque ceux-ci comprirent qu'on voulait les mener trop loin et surtout où ils ne voulaient pas, lui fit, par vanité, passer outre et entreprendre seul une tâche impossible.

La fameuse théorie de la suprématie des races latines dans ces parages n'a été pour rien dans tout cela. Ce fut seulement un argument à effet dont on chercha à se servir pour les besoins de la cause, lorsque cette lamentable guerre fut attaquée dans les Chambres avec une inutile persistance.

Du reste, il pouvait y avoir dans l'entourage de l'Empereur des intérêts matériels engagés et des spéculateurs intéressés à l'exécution de cette expédition lointaine. Une lettre du banquier Jecker, cet homme dont les réclamations furent l'origine de la guerre, et qui, par le plus singulier hasard, fut compris parmi les victimes de la Commune en 1871, jette un assez triste jour sur ce côté de la question. On ne peut croire à un simple chantage.

La lettre en question, adressée à M. Conti, chef du cabinet de l'Empereur, est datée de Paris le 8 décembre 1869. Elle débute ainsi : « Monsieur, ne trouvez pas étrange que je m'adresse à vous de préférence, ayant à vous entretenir d'une affaire qui regarde particulièrement l'Empereur. Vous avez assez entendu parler de mon affaire des Bons pour la connaître un peu. Eh bien, je trouve que le gouvernement la considère avec trop d'indifférence, et que, s'il n'y fait pas attention, elle pourrait amener des suites fâcheuses pour l'Empereur. Vous ignorez sans doute que j'avais pour associé M. le duc de Morny, qui s'était engagé, moyennant 30 p. 100 dans les bénéfices de cette affaire, à la faire respecter et payer par le gouvernement mexicain, comme elle avait été faite dès le principe. Il y a là-dessus une correspondance volumineuse d'échangée avec son agent, M. de Marpon. En juillet 1861, on est venu me trouver de la part de ces messieurs pour traiter de cette affaire. Cet arrangement s'est fait lorsque ma maison se trouvait déjà en liquidation, de sorte que tout ce qui la regarde appartient exclusivement à celle-ci. Aussitôt que l'arrangement fut conclu, je fus parfaitement soutenu par le gouvernement français et sa légation au Mexique. Celle-ci avait même assuré à mes créanciers, au nom de la France, qu'ils seraient entièrement payés, et avait passé des notes très-fortes au gouvernement mexicain sur l'accomplissement de mon contrat avec lui, au point que l'ultimatum de 1862 exigeait l'exécution pure et simple des décrets. Depuis cette époque, j'ai été constamment exposé à la haine du parti exalté, qui m'a jeté en prison et ensuite m'a banni en me confisquant mes biens. L'affaire en resta là jusqu'à l'occupation du Mexique par les Français. Sous l'empire de Maximilien, et aux instances du gouvernement français, on s'occupa de nouveau du règlement de mon affaire. En avril 1863, je parvins, aidé des agents français, à faire une transaction avec le gouvernement mexicain. A la même époque, M. le duc de Morny vint à mourir, de sorte que la protection éclatante que le gouvernement français m'avait accordée cessa complétement. Le ministre des finances français permit bien qu'on payât les premières traites que le gouvernement mexicain m'avait données sur Paris pour couvrir une partie de ce qu'on me devait, mais les agents français au Mexique s'opposèrent, d'après les instructions qu'ils avaient reçues, à ce qu'on me livrât les traites pour 10 millions de francs, solde de ma transaction, malgré que j'en eusse parfaitement rempli les conditions et que le gouvernement mexicain fût disposé à me payer, se trouvant avoir à Paris, à cette époque, plus de 30 millions de francs. »

Jecker ajoutait qu'il était un des plus forts indemnitaires mexicains, que la commission mixte établie à Mexico lui avait reconnu une somme de 6 millions de francs environ, qui avait été réduite en France à 500,000 francs, et qu'il était en instance auprès du ministre des affaires étrangères pour la différence, mais que le ministre n'avait pas daigné lui répondre. Quelques-uns de ses créanciers, voyant qu'il n'obtenait rien du gouvernement pour ses principales réclamations, avaient mis saisie-arrêt à la Caisse des dépôts et consignations sur ce qu'il avait à recevoir de ces 500,000 francs, de sorte qu'il n'avait pu disposer que d'une faible somme pour les besoins pressants de sa maison. Complétement ruiné par suite de l'expédition du Mexique et n'ayant plus rien à faire à Paris, il se voyait obligé de retourner à Mexico pour rendre à ses créanciers compte de sa gestion.

« Malgré, disait-il en terminant, que je n'aie rien négligé pour tâcher de payer la totalité de ce que je leur dois, comme je n'ai pu y parvenir par suite de circonstances extraordinaires qu'il m'a été impossible d'éviter, ils ne tiendront pas compte des sacrifices énormes que j'ai faits pour y arriver, et me traiteront sans considération aucune. Ils voudront savoir le motif qui avait porté, en 1861, M. de Saligny, alors ministre au Mexique, à leur promettre au nom de la France qu'ils seraient payés de ce que ma maison leur devait, et pourquoi, en 1863, cette protection extraordinaire m'a été si brusquement retirée par le gouvernement français. Quoique jusqu'à présent j'aie gardé le plus grand secret sur cette affaire, malgré qu'on m'ait fortement engagé à la publier, je suis obligé de me défendre pour ne pas me voir jeter en prison pour dettes; je suis forcé de dire à mes créanciers ce qui s'est passé. Le gouvernement mexicain sera enchanté de connaître cette affaire à fond pour sa conduite ultérieure avec la France. Je prévois bien l'effet qu'une confession semblable produira dans le public, et le mauvais jour qu'elle jettera sur le gouvernement de l'Empereur, surtout dans les circonstances critiques où nous vivons; mais je ne puis l'éviter, à moins qu'on ne me facilite les moyens de faire une proposition à mes créanciers en les empêchant, par ce moyen, d'exiger que je leur rende compte de ma liquidation..... Ne doutant pas que, dans l'intérêt que vous portez à l'Empereur, vous n'ayez l'obligeance de lui faire part de ces justes observations, je vous prie, Monsieur, d'agréer l'assurance de ma considération distinguée. »

Cette lettre si caractéristique dans sa forme comminatoire jette, comme je l'ai dit, un triste jour sur cette époque. Voilà les intérêts pour lesquels on s'engagea tout d'abord dans une aventure dont on n'avait pas compris les conséquences possibles ! Plus tard, l'entêtement et la vanité firent le reste, et M. Rouher fut contraint de venir dire à la tribune que cette triste guerre était « la plus grande pensée du règne. »

Au moins, pour lui donner quelque chance de réussite, aurait-il fallu, en ce moment où la guerre de la sécession coupait en deux les États-Unis, reconnaître le Sud et prendre parti dans cette grande querelle. La France, après avoir sondé sur ce point le cabinet anglais, n'osa pas le faire.

Je disais tout à l'heure, d'après les renseignements les plus sûrs, que l'expédition du Mexique était sortie toute décidée, toute faite, du petit salon de l'Impératrice. Ce fut un familier du cercle de madame de Montijo, homme capable et séduisant, M. Hidalgo, qui la mit sur le tapis avec la combinaison Maximilien. Mgr Labastida, archevêque de Mexico, acheva ce que M. Hidalgo avait commencé. Juan Prim, dont on a pu dire avec raison qu'il a été l'un des mauvais génies de Napoléon III, agissait de son côté dans le même sens, mais avec une arrière-pensée d'ambition personnelle. Prim qui, depuis deux ans, négociait avec plusieurs des chefs mexicains pour se faire nommer dictateur et de là empereur, croyait travailler pour lui. Il espérait donc, lors de la convention conclue à Londres entre la France, l'Angleterre et l'Espagne pour une intervention commune au Mexique, qu'il obtiendrait le commandement en chef de l'armée de terre. Déjoué dans ses calculs ambitieux par la surveillance et la perspicacité du général Almonte, il devint aussi contraire à l'expédition qu'il y avait été favorable, et poussa de toutes ses forces à la rupture de la convention qui, du reste, eût été, par le fait, un bonheur pour la France, si Napoléon III, profitant de cette porte ouverte et de cette issue honorable, se fût contenté de bloquer les côtes du Mexique et de bombarder ses ports, épreuve à laquelle il est certain que Juarez n'aurait pas résisté, puisqu'à l'approche du danger qu'il redoutait plus que tout autre (le blocus et le bombardement), il avait fait écrire par le ministre Doblado : « Le gouvernement mexicain est résolu à faire toutes sortes de sacrifices pour prouver aux nations amies que l'accomplissement fidèle des engagements qu'il contracte sera, à l'avenir, un des principes invariables de l'administration mexicaine. »

Malgré les plus sages conseils, Napoléon III persista dans cette œuvre insensée; mais vint le jour fatal sur lequel il fallait bien compter, où les États-Unis étant rentrés dans toutes leurs forces, ils firent entendre des protestations et des menaces. La réflexion vint. En France, l'opinion publique était exaspérée contre cette guerre, la plus impopulaire qu'on ait jamais rêvée. L'Empereur demanda leur intervention à l'Angleterre et à la Russie, qui refusèrent.

Alors il fallut baisser la tête, se résigner et se replier. Dès que la pensée gouvernementale fut devinée, des désordres occultes se produisirent au Mexique, et chacun commença à tirer de son côté. Afin de dissimuler le plus possible l'échec déplorable qu'il subissait, Napoléon III rédigea des instructions secrètes pour qu'on s'efforçât d'obtenir par tous les moyens possibles (tous n'étaient pas avouables, hélas!) l'abdication de Maximilien. Le général Castelnau fut envoyé, en dernier lieu, pour sonder ses dispositions à cet égard et prendre avec Bazaine et le ministre Dano toutes les mesures pour la retraite. Maximilien refusa d'abdiquer. On sait le reste.

Les sacrifices et les désastres de cette malheureuse campagne du Mexique n'eussent encore été relativement que peu de chose pour la France, s'ils n'avaient amené les pertes et les humiliations de 1866.

On s'étonnera, en lisant ceci, de l'ingérence de l'Impératrice dans une question sérieuse, dans une question tout à la fois politique et militaire, elle qui, d'ordinaire, ne s'occupait guère que des détails de la toilette et du gynécée ; c'est que, depuis le mariage, c'est-à-dire depuis dix années, bien des changements s'étaient produits dans l'intérieur du couple impérial : jadis, par goût et par une sorte de timidité naturelle, l'Impératrice s'était tenue en dehors des choses de la politique. L'Empereur, qui traitait un peu les femmes à la turque, se serait bien donné de garde de la consulter, et elle ne le demandait pas, du reste. Vue d'un œil d'envie par la plupart des membres de la famille Bonaparte et amoindrie par elle, s'apercevant des infidélités de l'Empereur et rongeant d'abord son frein sans mot dire, puis, bientôt exaspérée de la publicité scandaleuse donnée à ces écarts conjugaux qui se produisaient sous ses yeux et se trahissaient jusque dans les fêtes de la cour et les réceptions ministérielles, elle méditait, au fond de ses sourdes colères, des plans fort peu raisonnables, et quelquefois même leur donnait un commencement d'exécution. C'est ainsi qu'on l'a vue quitter soudainement Saint-Cloud, pour s'enfuir dans les montagnes de l'Écosse ou à des eaux isolées d'Allemagne. C'était la phase de l'irritation et de la rancune à l'état aigu. Mais, avec le temps, les passions s'affaissent, les colères s'éteignent, les réalités de la vie se perçoivent plus sainement et les compromis s'acceptent. Alors aussi les goûts changent, les habitudes se modifient, l'ambition se fait jour ; on lui demande des compensations ; on profite d'un moment favorable pour s'introduire dans les affaires, et l'on y prend, en s'y maintenant, une sorte de revanche morale.

Durant les cinq années de cette guerre dissolvante au point de vue militaire, les germes d'une autre dissolution intérieure, si imprudemment semés par Napoléon III dans les décrets de 1860 dont j'ai parlé, bientôt corroborés et complétés par ceux de 1861, ces germes fatals commençaient à produire leurs redoutables fruits. Un faux régime parlementaire était inauguré, qui avait tous les inconvénients de l'ancien sans en avoir les avantages, puisque la responsabilité des ministres n'existait pas; tous les coups portés au Corps législatif par une opposition faible, mais ardente, retombaient directement sur le chef de l'État. Deux partis s'étaient formés dans les conseils du gouvernement, et chacun médisait de ses adversaires. On allait même quelquefois jusqu'à la calomnie. Dans tous les cas, il semblait qu'une portion des amis du pouvoir impérial passât son temps à espionner ou à critiquer l'autre. M. de Persigny écrivait à l'Empereur : « Au lieu de se ménager un effet oratoire pour la fin de la discussion de l'adresse, si M. Rouher, dès le début, avait posé carrément la question comme il l'a fait à la fin, l'amendement n'aurait pas eu lieu, et un fait grave, le chiffre de 65, ne serait pas venu accroître la situation, en sollicitant de nouvelles défections. On a fait juste le contraire de ce qu'il fallait faire. M. Rouher a fait, au Sénat, contre moi, une harangue d'un libéralisme exagéré, et il a ainsi encouragé les esprits dans cette voie ; puis il ne parle au Corps législatif que quand les positions sont prises, les amours-propres engagés et les noms compromis. Tout cela, calcul d'orateur qui se ménage un succès, mais politique nulle. » Dans une autre lettre, M. de Persigny appelait dédaigneusement MM. Fould et Rouher : « ces deux hommes d'affaires, » et disait à l'Empereur : « Décidément, par leur absence complète de sens politique, ils semblent conjurer votre perte. » MM. Rouher et Fould rendaient bien à leur ancien collègue la haine sourde qu'il leur portait. Pour M. Baroche, un homme éminent, mais qui commençait déjà à se fatiguer, M. de Persigny était une bête noire. Mais le plus curieux de tous les documents sur cette guerre intestine que se faisaient les hauts fonctionnaires de l'Empire, c'est assurément cet extrait d'un rapport adressé à l'Empereur par le préfet de police, J.-M. Pietri : « Il y a quelques jours à peine, dans un restaurant de Paris, M. de Persigny (je crois pouvoir garantir le fait) mettait sa main dans celle de M. Glais-Bizoin : l'un contre l'Empire, l'autre contre M. Rouher, je le veux bien ; mais M. de Persigny s'exprimait sur la situation dans les termes les plus alarmants. N'est-ce point un signe du temps ? »

Au milieu de tous ces conflits, de toutes ces intrigues, M. Haussmann ne restait pas inactif. Il mandait à l'Empereur : « Il s'agit, pour moi, non-seulement de sauvegarder, si cela est possible, les droits que me créent vingt-neuf ans et demi de bons et laborieux services et les intérêts de ma famille pour laquelle la perte de ma position serait une catastrophe aussi irréparable qu'inattendue, mais encore de préserver d'un véritable désastre l'œuvre immense de la transformation et de l'agrandissement de Paris, dont la conception sera une des gloires de l'Empereur, et dont je suis la personnification administrative et, pour beaucoup de personnes, une garantie d'exécution certaine. Voilà bien des motifs pour me pardonner un nouvel effort afin de convaincre l'Empereur du caractère pratique de la combinaison que je propose... »

Cette combinaison tout entière se produisait dans le projet de décret suivant : « Le baron Haussmann, sénateur, préfet de la Seine, a rang de ministre et a séance, en cette qualité, dans nos conseils. — L'autorité ministérielle lui est dévolue dans son ressort en matière d'administration départementale et communale. — Il continuera d'exercer, en matière d'administration générale, les attributions conférées au préfet de la Seine par les lois, décrets et règlements, et les affaires de cet ordre seront réglées ou soumises à notre décision, comme dans le passé, par les ministres compétents. — Il prendra le titre de ministre de Paris. »

La pilule était un peu grosse : l'Empereur ne l'avala pas ; mais il sut soutenir et maintenir M. Haussmann en dépit du mauvais vouloir et des actes de défiance avouée de M. de Persigny.

Napoléon III et quelques hommes de son entourage avaient également songé non pas à relever les titres de noblesse, puisqu'ils avaient été rétablis par le décret du 24 janvier 1852, mais à créer une noblesse nouvelle, qui naturellement eût englobé une grande partie des hauts fonctionnaires de l'Empire. Le système qu'on présenta en conseil des ministres avait quelque chose de fort original. On s'était demandé : 1° si les décrets qui avaient rétabli les titres avaient été exécutés selon leur véritable esprit ; 2° s'il serait utile et politique de changer de voie, et quel serait le meilleur moyen. On avait fait la remarque que le rétablissement des titres n'avait profité, sauf quelques rares et glorieuses exceptions militaires, qu'aux anciennes familles nobles, dont les titres avaient reçu de la loi nouvelle, qui les protégeait, une plus grande valeur ; à quelques autres familles, dont la position douteuse avait été régularisée, et aux descendants des serviteurs du premier Empire, qui avaient été dispensés de la condition du majorat. La nouvelle marche à suivre que l'on proposait était de procéder par catégories de fonctions, c'est-à-dire d'attacher le titre aux fonctions. C'était, disait-on, le meilleur moyen de ménager l'opinion publique, car, si quelque chose irritait l'envie, c'étaient les distinctions qui portaient directement sur des noms propres. Une mesure générale créant des titres, conséquence des fonctions auxquelles tout le monde pouvait prétendre, était, ajoutait-on, parfaitement dans l'esprit du gouvernement monarchique et démocratique de l'Empire.

Il y eut de chaudes discussions au sein du conseil privé (car la chose alla aussi haut) sur ce sujet singulier. Les meilleurs esprits, M. Magne entre autres, y prirent une part active, tout en déclarant dans une lettre que : « parti du plus bas, arrivé au plus haut de l'échelle par le travail, la conduite et l'inépuisable bienveillance de l'Empereur, il n'éprouvait absolument aucun besoin de distinctions nouvelles. » Il était convaincu, du reste, que si, dans une lettre adressée par Napoléon III au garde des sceaux, pour lui ordonner de préparer un décret, le chef de l'État, « selon les idées élevées et justes contenues dans l'exposé de M. de Persigny, » déclarait que son intention était non d'établir, mais de détruire un privilége, d'entrer dans la véritable voie de l'égalité, en rendant les titres accessibles à tous, d'écarter toute idée de faveur personnelle ou de sollicitation, en les attachant à certaines fonctions et à certains grades de la Légion d'honneur, qui sont le fruit de services rendus au pays, il était convaincu, dis-je, qu'un tel passe-port les ferait accepter, parce qu'il existait dans l'opinion un fond de justice et de logique, auquel l'Empereur ne s'était jamais adressé en vain.

Et tous ces gens-là, l'Empereur tout le premier, ne comprenaient pas que cette mesure aurait directement, sinon pour but, du moins pour effet, de détruire un de ses priviléges souverains, et qu'après tout, la démocratie et l'esprit démocratique n'avaient absolument rien à voir dans une question de titres nobiliaires.

Napoléon III, comme toujours, hésita, voulut, puis ne voulut pas, et, finalement, le projet fut jeté au panier, ce qui, dans l'intérêt de la couronne, n'était franchement pas un mal.

La guerre intestine entre les hauts fonctionnaires continuait toujours, et elle dura jusqu'à la fin de l'Empire. Dans cette guerre sourde, toutes les armes étaient bonnes. Une des plus dangereuses et qu'on employa fréquemment, ce fut le décachetage des lettres. Un bureau spécial de police secrète avait été institué pour cet objet au ministère de l'intérieur, et était dirigé par M. Saintomer, rue Las Cases, n° 18, auquel les facteurs de la poste et les concierges, affiliés à ce service trop bien payé, venaient remettre les correspondances qu'on voulait connaître. M. Saintomer ouvrait les lettres, en prenait copie, s'il y avait lieu, les remettait en état et les rendait aux concierges ou facteurs pour qu'elles parvinssent à leur destination. Tout cela était fait avec secret, promptitude et habileté, ce qui n'empêcha pas quelquefois que les intéressés ne s'aperçussent de la violation de leurs correspondances et ne portassent plainte à la police, plaintes qui, naturellement, n'aboutissaient pas.

Ces déplorables mesures eussent été plus excusables, s'il se fût toujours agi d'un intérêt public, d'un intérêt d'État, mais très-souvent elles ne favorisaient que des rancunes particulières. Ainsi M. Collet-Meygret, alors directeur général de la sûreté publique, étant mal disposé à l'égard de M. Fould, ne se faisait pas faute d'intercepter sa correspondance avec madame Botti, dans l'espoir d'y trouver des armes contre lui. Celle de M. de La Guéronnière, le conseiller d'État et faiseur de brochures, ne fut pas plus respectée. M. de La Guéronnière avait été, paraît-il, en mesure de faire restituer à M. Billault des lettres écrites par celui-ci à l'époque des premières élections au Corps législatif, et dans lesquelles la personne du Prince, président de la République, était traitée dans des termes embarrassants pour le député devenu ministre de l'intérieur. De plus, M. de La Guéronnière était considéré comme ayant des affinités politiques avec M. Fould et des préférences pour lui ; enfin, il avait, dans plusieurs occasions, exprimé publiquement des jugements sévères sur le compte de la direction générale de la sûreté publique. Ces circonstances avaient fait considérer comme utile de surprendre ses secrets particuliers, qu'on savait, à ce qu'il paraît, être d'une nature assez délicate, et on y réussit, en s'emparant de sa correspondance, livrée, dit-on, par son propre domestique.

Il est curieux, à propos de M. de La Guéronnière, de rapprocher de ceci le jugement porté sur lui, au point de vue politique, par M. Rouher, dans une lettre adressée par celui-ci à l'Empereur à propos du choix d'un homme pour le ministère de l'intérieur : « M. de La Guéronnière ne me paraît pas avoir les conditions voulues. Il aurait avec la presse des camaraderies périlleuses ; il espérerait en conjurer les ardeurs, mais, d'une part, il n'y réussirait pas, et, de l'autre, il ferait à cette espérance les plus dangereux sacrifices. Cependant, depuis quinze jours, cette candidature a été signalée par plusieurs personnes, M. de La Guéronnière l'a prise au sérieux. La nomination d'un autre personnage sera pour lui une déception, et, à la longue, cette déception pourrait bien rendre le journal *la France* peu sympathique. Nous ne sommes pas riches en défenseurs officieux : nous avons intérêt à ne pas nous exposer à les perdre. Nous sommes dès lors amenés à ces compositions transactionnelles qui sont souvent la condition d'existence des gouvernements parlementaires. Il me semblerait donc utile de créer une position à M. de La Guéronnière, et, comme sa fortune est en désordre, il serait peut-être bon de l'envoyer à l'étranger. »

Et voilà comment M. de La Guéronnière fut nommé ambassadeur à Constantinople.

La comtesse de Castiglione eut sa correspondance interceptée, notamment durant le séjour de l'Empereur à Plombières, et, ce qu'il y a de plus curieux, c'est qu'on décacheta aussi les lettres adressées, à Paris, à une dame par M. Hyrvoix, le chef de la police particulière des résidences impériales. Madame de Montebello eut, elle-même, des lettres ouvertes, et, comme, pendant le séjour de la cour à Compiègne, quelques journaux avaient publié des articles peu convenables, articles qui semblaient inspirés par des invités, on crut utile de connaître les personnes qui leur donnaient ces renseignements, et les lettres timbrées de Compiègne furent l'objet de recherches.

Pendant ce temps, une certaine femme, assez belle, qui se faisait appeler Diane de Trablaine, et appartenait à la police secrète, envoyait des lettres anonymes à de hauts fonctionnaires pour les prévenir de faits qu'ils devaient ignorer, et accablait de ses rapports, souvent mensongers, le directeur de la sûreté générale. C'était le gouvernement de Venise sur une grande échelle, et là, du moins, contrairement à ce qui se passait quant à la politique extérieure, on savait diviser pour régner.

Le plus singulier, c'est qu'il paraît prouvé que la correspondance de Napoléon III, lui-même, ne fut pas toujours respectée, et qu'il a existé, à la sûreté générale, un fonctionnaire haut placé dont la toquade était de faire surveiller l'Impératrice.

O pouvoir et grandeur, vous n'êtes que de vains noms !

## XI

Deux anecdotes. — Le mariage au soufflet. — Une biographie à faire. — La proscrite d'Aix-les-Bains. — 1866. — Bismark imite Cavour. — Il se rend à Biarritz. — Bertrand et Raton. — Sadowa. — Les défenseurs officiels de la politique impériale. — Apparent apogée du second Empire. — Les souverains de l'Europe à Paris. — Le 2 juin 1867. — La splendeur de Paris jalousée par certains étrangers. — Un toast prussien. — Dissolution souterraine. — Napoléon III isolé de ses anciens conseillers. — Avertissements. — Isidore et ses faiblesses.

Une anecdote : un chef de service dans une grande situation avait deux filles charmantes et une maîtresse non moins jolie, artiste dans un théâtre de genre. Il lui consacrait beaucoup de temps ; mais, comme il avait le travail très-facile, ce temps, qui n'était pas perdu d'ailleurs, il savait aisément le réparer. Seulement la chose faisait du bruit ; on allait très-loin dans les conjectures et on prétendait que le ménage de ce grand chef subissait des ouragans intimes. Ces rumeurs parvinrent à l'oreille d'une grande dame que le personnage devait ménager à cause de son influence et qu'il craignait d'indisposer contre lui. Or, comme il la trouvait depuis quelque temps plus froide à son égard, il prit le grand parti de lui demander une audience dans laquelle il lui tint à peu près ce langage : « Madame, je sais que des bruits malveillants vous ont présenté sous un faux jour mes visites plus ou moins fréquentes à une artiste assez connue. Les apparences sont bien souvent trompeuses, et en voici une nouvelle preuve. Ici j'ai un aveu à vous faire, madame, et je n'hésiterai pas à le risquer : la personne en question me tient par les liens du sang et non par d'autres liens. En un mot, c'est une fille que j'ai eue dans ma jeunesse, et la ressemblance seule avec mes filles légitimes aurait pu guider l'opinion à cet égard. Ne faut-il pas être bon père? » Le fait est que cette ressemblance existait, surtout de loin.

Qui fut fort surprise de cette communication? Ce fut la grande dame; mais après tout, comme la chose n'était pas impossible et que le chef de service parlait avec conviction, elle lui rendit ou parut lui rendre toute sa faveur. L'époux de cette dame était moins crédule, par exemple, et, à partir de ce moment, il sembla qu'il voulût constater la chose par lui-même en voyant très-souvent les deux filles légitimes du fonctionnaire et en allant ensuite applaudir l'autre. Mais, hélas! à ce jeu-là, il ne tarda pas à être pris; il devint amoureux de la plus jeune des deux charmantes personnes que le père, pour être agréable à son protecteur, conduisait souvent à la maison de campagne de ce dernier. Ce père pouvait être un bon père, mais eût fait, à coup sûr, une bien mauvaise duègne; l'absence de surveillance amena un malheur. Les entraînements sont impérieux dans l'âge mûr, la faiblesse est grande dans la jeunesse..... Malheureusement l'accident eut des suites; mais un mariage vint bientôt tout réparer, car il se trouva un subalterne ambitieux pour épouser une demoiselle si bien protégée.

Fut-ce la force de l'exemple? fut-ce tout simplement l'effet du hasard? Un autre fonctionnaire (celui-là appartenant à un département rappro-

ché de Paris) ayant une femme et une fille éga-
ment charmantes, chacune dans son genre et
suivant son âge, apprit un jour que le mari de la
grande dame en question devait se rendre le
lendemain à des étangs voisins de son chef-lieu
et renommés pour la chasse aux oiseaux d'eau
qui s'y trouvaient en grand nombre. Il résolut
aussitôt de régaler de ce spectacle cynégétique sa
femme et sa fille qui, en effet, y trouvèrent le
plus grand plaisir, mais, en même temps, furent
remarquées par le mari de la grande dame et invitées galamment au repas qui suivit la chasse.
On causa ; on s'informa ; on prit de nouveaux
rendez-vous à la maison de campagne du Nemrod,
et finalement, un an après, ce dernier mariait
avantageusement la jeune fille. Inutile de dire
que le père obtenait aussi un rapide avancement.

Une figure particulière et originale parmi les
membres de la famille Bonaparte, c'est assurément madame Marie de Solms, née Bonaparte-
Wyse, à l'heure qu'il est veuve du ministre Rattazzi. Mariée très-jeune, ce fut, dit-on, d'une façon très-singulière qu'elle épousa M. de Solms :
un jour, je ne saurais dire à quel propos, elle

avait provoqué la colère de sa mère, qui lui donna un soufflet, et même un soufflet magistral. Furieuse et humiliée tout à la fois, elle conserva de cet acte d'autorité une rancune corse et résolut, dès lors, de prendre un mari pour se soustraire au joug maternel. A quelque temps de là et dans une soirée dansante que donnaient ses parents, ayant donc avisé un cavalier dont la tournure lui plaisait sans doute, elle l'aborda résolûment et lui demanda s'il était marié. « Non, mademoiselle, » répondit le jeune homme étonné. » — Si je vous ai fait cette question, reprit-elle, c'est que je désire me marier, et je vous demande de m'épouser. » Le danseur, au comble de la surprise, en présence de cette jolie jeune fille qui tenait un langage si contraire aux usages reçus et pourtant ne paraissait pas folle, demeurait stupéfait et oubliait de répondre. « Ma demande vous surprend beaucoup, monsieur, continua-t-elle, et cependant c'est très-sérieusement que je vous la fais. Maman s'est permis de me donner un soufflet. Vous comprenez qu'après un pareil affront et malgré toute l'affection que j'ai pour elle, je ne puis plus rester à la maison;

c'est pour cela que je vous demande si vous voulez me prendre pour votre femme. » Afin de calmer sa charmante et étrange solliciteuse, le monsieur lui promit de demander sa main, ce qu'il fit, en effet, et c'est ainsi, m'a-t-on raconté, que mademoiselle Marie Bonaparte-Wyse devint madame de Solms.

La jeune femme avait d'ailleurs de la beauté, du charme, du talent, et M. de Solms aurait pu vivre fort heureux avec elle, si la singularité, l'excentricité du caractère indépendant de madame de Solms n'eussent présenté de trop grandes oppositions avec son propre caractère. Ils se séparèrent. Napoléon III, qui d'abord avait protégé sa parente et lui avait même rendu d'assez fréquents services pécuniaires, se prit tout à coup à redouter ses écrits et ses mots railleurs. Peut-être aussi craignait-il quelques scandales. Il lui fit intimer l'ordre de quitter la France et en fit ainsi une sorte de martyre. Petite-fille de Lucien, elle joua à peu près le rôle de son grand-père, et, proscrite volontaire, car elle aurait pu facilement rentrer en grâce, elle vint se réfugier à Aix-les-Bains, où elle se trouva dans un milieu de réfugiés politiques au nombre desquels on comptait Eugène Sue. Elle arrivait du reste en exil amplement pourvue de lettres de recommandation, de Béranger, d'abord, qui l'appelait « la fée Bonheur; » de Lamennais, qui la nommait « sa chère fille; » de Louis Blanc; de Ponsard, qui vint bientôt la rejoindre. Par sa proximité de Chambéry, d'Annecy et de Genève, où résidaient alors une très-grande quantité de proscrits politiques, la ville d'Aix, avec son casino de jeux et les étrangers qu'il y attirait, était un lieu très-bien choisi pour le rôle qu'entendait y jouer madame de Solms et l'attitude qu'elle y voulait prendre. S'occupant de littérature et d'art, écrivant et dessinant, elle posait en madame de Staël exilée, fuyant les rigueurs d'un nouveau César, et cherchant à se faire un salon politique entouré du prestige de la proscription.

« Un gouvernement libre et honnête, quel qu'il soit, écrivait-elle dans les journaux de Suisse et de Savoie, peut seul me ramener en France. Jusqu'au jour où nos libertés triompheront, j'accepte l'exil, mais je réclame énergiquement contre toute nouvelle insinuation, grave ou puérile;

tendant à faire admettre que jamais, soit dans le présent, soit dans l'avenir, sous quelque considération et dans quelque extrémité que je me trouve, je puisse me rallier soit directement, soit indirectement, à une famille de laquelle je me suis volontairement et sérieusement détachée. » C'était prendre les choses de bien haut. Dire avec cette solennité : « Fontaine, je ne boirai plus de ton eau, ». était souverainement imprudent. La suite l'a bien prouvé.

Madame de Solms fit beaucoup parler d'elle; on l'accusa d'avoir publié sur l'Impératrice un pamphlet intitulé : « Le mariage de l'Espagnole. » Elle s'en défendit ; mais ce qu'elle disait ou écrivait dans son intimité pouvait bien la faire soupçonner de ce fait qu'elle niait. Ses habitudes excentriques attiraient toujours sur elle l'attention publique, et il est certain que son existence n'était pas celle de tout le monde. Je me rappelle l'avoir vue à Genève parcourant la ville en voiture découverte, ayant à ses côtés ses deux amis, le comte Alexis de Pomereu et le poëte Ponsard. La foule, qui la connaissait déjà, la considérait toujours avec un certain étonnement, et les journaux se préoccupaient quelquefois, fort mal à propos, de sa personne. Cela amena même une rencontre entre M. de Pomereu et le rédacteur en chef d'une gazette de Genève. Enfin elle sut tourner la tête à M. Rattazzi, le ministre de Victor-Emmanuel, et l'épousa. Les démagogues italiens lui reprochent même d'avoir influencé le ministre contre Garibaldi et d'avoir applaudi à Aspromonte, après avoir écrit les strophes suivantes :

Italie, Italie ! ô terre des prodiges !
O terre dont la gloire égale la beauté,
En vain ton sol magique étale ses prestiges,
Ta splendeur ne dit rien à mon œil attristé.

Ah ! c'est que l'étranger opprime tes campagnes ;
C'est que tes citoyens remplissent tes prisons ;
C'est que je vois du haut de tes saintes montagnes,
L'étendard autrichien flotter aux horizons.

O Rome, sois encor reine de l'Italie !
Rome, rappelle-toi ton passé qu'on oublie,
O Rome, redeviens la mère des héros !
Rome, réveille-toi pour des âges nouveaux.

Cette individualité si particulière de madame

Marie Rattazzi trouvera très-probablement plus tard un biographe complet, et certes les détails piquants ne manqueront pas dans le récit de cette vie d'artiste et de jolie femme. Il était impossible de n'en pas dire quelques mots en parlant du second Empire.

Vint la fatale année 1866.

Le comte de Bismark-Schœnhausen avait parfaitement étudié les voies et la manière de pratiquer du comte Benso de Cavour. Moins fin que lui peut-être, et plus brutal dans la façon de procéder, il n'en possédait pas moins assez d'astuce et surtout assez de patience pour jouer le jeu qu'il voulait jouer et gagner la partie en attirant peu à peu son adversaire dans ses filets. Le programme de M. de Bismark et du roi Guillaume[1], son maître, deux hommes historiquement faits l'un pour l'autre, était beaucoup plus restreint et modeste dans le principe qu'il ne l'a été depuis. Il ne s'agissait d'abord que de contre-balancer en Allemagne la prépondérance de l'Autriche,

---

[1] Le roi Guillaume, aujourd'hui empereur d'Allemagne, est né le 22 mars 1797, il fut nommé régent en 1859 et succéda à son frère le 2 janvier 1862.

et ce fut alors que l'on inventa le *Zollwerein* et la marine fédérale ; mais, à chacune de ces évolutions économiques ou politiques, les États de la Confédération manifestaient leurs tendances sympathiques pour la maison d'Autriche et se rangeaient sous sa bannière. Qu'on se rappelle la grande réunion des souverains allemands à Francfort, présidée par l'empereur d'Autriche, et à laquelle refusa d'assister le roi de Prusse. Il n'était pas encore question de dominer la maison de Habsbourg.

Jamais, sans la stupide et involontaire complicité de la France, une telle idée, de même que celle de la prussification de l'Allemagne, n'eût pu se produire dans la tête du ministre Bismark ni dans celle du roi son maître. Mais, une fois la guerre d'Italie entreprise et terminée comme l'on sait, une fois l'unification de la péninsule italique réalisée à nos portes, en dépit des traités, on put tout se croire permis à Berlin et on se mit à l'œuvre.

On fit d'abord la guerre au Danemark et on lui prit les deux duchés depuis longtemps convoités, avec l'aide de l'Autriche abusée et sous les yeux de la France, indignée que son gouvernement laissât ainsi dépouiller un ancien et fidèle allié. Puis, l'heure venue, M. de Bismark se souvint du voyage de Cavour à Plombières, et vint en France espérant aussi profiter de quelque séjour à Biarritz. Il ne lui était pas difficile de gagner la confiance de l'hôte des Tuileries et de se créer des amitiés dans son entourage. Malgré la rudesse d'aspect et la tenue de reître du comte, aujourd'hui prince de Bismark, il y a en lui un je ne sais quoi qui trahit toujours le grand seigneur. Sa tâche devint promptement facile. Il enguirlanda tout le monde (pour me servir de l'expression russe) et bientôt ne quitta plus Napoléon III. Ce fut à Biarritz qu'il présenta pour la première fois à l'Empereur son plan de réorganisation de l'Europe, plan qui émanait tout entier, d'ailleurs, de son initiative personnelle, et voici, d'après les données les plus sûres, les principales indications de ce plan fallacieux : « Entente et action commune entre la France et la Prusse ; la France s'annexera le Luxembourg, plus tard la Belgique ; rectification de frontières à l'est, qui donnerait à la France les districts houillers de la Sarre et Mayence ; la Prusse se compléterait par l'annexion du Hanovre, par l'absorption de tous les États allemands jusqu'a la ligne du Mein. »

L'Empereur écoutait ces communications hardies, hésitant, effrayé des audaces de cet homme d'État qui lui développait avec tant d'aplomb ses théories dont le fameux axiome, « La force prime le droit, » faisait tout le fond. Napoléon III, indécis et louvoyant comme toujours, ne donna jamais que des demi-réponses, ne laissa entrevoir qu'un demi-consentement. Fatigué de ces lenteurs, M. de Bismark risqua le tout pour le tout. Il passa outre et fut presque étonné de ne trouver sur sa route aucun obstacle de la part de la France.

Le 4 juillet 1866, le coup terrible de Sadowa retentissait dans toute l'Europe !

Le 18 juillet, la reine de Hollande (princesse de Wurtemberg et l'une des femmes les plus distinguées de l'Europe) adressait cette lettre, afin qu'elle parvînt plus haut, à M. d'André, ministre de France à la Haye : « Vous vous faites d'étranges illusions ! Votre prestige a plus diminué dans cette dernière quinzaine qu'il n'a diminué pendant toute la durée du règne. Vous permettez de détruire les faibles ; vous laissez grandir outre mesure l'insolence et la brutalité de votre plus proche voisin ; vous acceptez un cadeau (la Vénétie), et vous ne savez même pas adresser une bonne parole à celui qui vous le fait. Je regrette que vous me croyiez intéressée à la question et que vous ne voyiez pas le funeste danger d'*une* puissante Allemagne et d'*une* puissante Italie. C'est *la dynastie* qui est menacée et c'est elle qui en subira les suites. Je le dis parce que telle est la vérité, que vous reconnaîtrez trop tard. Ne croyez pas que le malheur qui m'accable dans le désastre de ma patrie me rende injuste ou méfiante. La Vénétie cédée, il fallait secourir l'Autriche, marcher sur le Rhin, imposer vos conditions ! Laisser égorger l'Autriche, c'est plus qu'un crime, c'est une faute. Peut-être est-ce ma dernière lettre ; cependant je croirais manquer à une sérieuse et ancienne amitié si je ne disais une dernière fois *toute* la vérité. Je ne pense pas qu'elle soit écoutée, mais je veux pouvoir me répéter un jour que j'ai tout fait pour prévenir la ruine de ce qui m'avait inspiré tant de foi et tant d'affection. »

Ce coup funeste de Sadowa ne retentit pas dans le cœur de Napoléon III aussi douloureusement qu'on aurait pu le supposer. Croirait-on qu'après ces triomphes de la Prusse, l'Empereur put se flatter encore d'obtenir des concessions de terrain ou des rectifications de frontières? Il en était ainsi cependant, et même dans un discours qu'il prononça à l'exposition d'Auxerre il annonça avec une certaine solennité que si la Prusse s'annexait du territoire, la France aurait des compensations ; paroles qui avaient produit un grand effet en France et en Europe. Or on sait comment furent accueillies les revendications du lendemain. L'issue ridicule de l'affaire du Luxembourg mit le comble à l'effet produit par cette malencontreuse politique.

Cette année 1866 fut donc bien fatale pour la France et son gouvernement ; un dernier rayon de gloire artistique et de prospérité matérielle éclaira l'année 1867, cette année de l'Exposition, apogée plutôt apparent que réel du second Empire. Qui ne se souvient de la visite des grands et petits souverains qui se succédèrent à Paris et quelquefois s'y trouvèrent réunis, comme pendant le séjour de l'empereur de Russie, par exemple ? Qui ne se rappelle le dimanche 2 juin 1867, alors que l'Exposition dans toute sa splendeur attirait chaque jour à Paris des visiteurs nouveaux ? Un double attrait conviait ce jour-là la population cosmopolite du Paris d'alors à se porter ainsi vers l'hippodrome de Longchamps. Il s'agissait, en effet, pour elle, non-seulement de voir courir le grand prix de cent mille francs, constitué pour moitié par la ville de Paris, et pour l'autre moitié par les cinq grandes compagnies de chemins de fer, mais surtout d'apercevoir, de près ou de loin, l'empereur de Russie, Alexandre II. Il serait difficile de donner, à ceux qui n'assistaient pas à cette journée du 2 juin 1867, une idée exacte de l'animation de la foule et du coup d'œil que présentait cet ensemble d'hommes, de voitures, et de chevaux dans cet immense et vert espace et sous les ardents rayons d'un éclatant soleil.

Vers deux heures, les courses commencèrent, et à trois heures fut couru le grand prix de Paris.

Mais quel que fût l'intérêt de cette lutte, rien ne pouvait égaler celui que présentait en ce moment la tribune impériale. Qu'on se figure réunis dans un étroit espace l'Empereur et l'Impératrice des Français, l'empereur de Russie et les deux grands-ducs, ses fils, le roi et la reine des Belges, le prince royal de Prusse, qui n'avait devancé que de peu de jours à Paris son père, le roi Guillaume, et dix ou douze princes plus ou moins régnants, formant en quelque sorte les comparses, les figurants sur ce théâtre d'un nouveau genre, et laissant naturellement les premiers rôles tenir le devant de la scène. C'était un curieux spectacle, et l'on aurait pu croire que politiquement et historiquement il avait une grande importance.

Et pourtant, grâce aux fautes commises, nous étions à trois ans d'une catastrophe irréparable !

A l'issue des courses, la foule se pressa du côté où elle supposait que les voitures de la cour passeraient pour ramener aux Tuileries, ou au palais de l'Élysée qu'habitait l'empereur de Russie, toutes ces personnes royales. Mais le tzar, avec sa courtoisie habituelle, avait demandé à aller visiter à Saint-Cloud le prince impérial, alors malade, et la curiosité de la foule fut trompée; l'émotion populaire devait être, du reste, bien plus tristement éveillée quelques jours après, à la grande revue qui fut donnée sur le même emplacement, et à la suite de laquelle une tentative d'assassinat fut dirigée contre Alexandre II, souvenir pénible à tous les points de vue et que je me hâte d'écarter.

Il ne faudrait pas croire que la splendeur du Paris d'alors ne fût point jalousée par les étrangers, grands ou petits, qui visitaient notre capitale. Voici les notes que prenait en 1867 un Allemand du Sud qui n'était pas systématiquement ennemi de la France. Il y a là de sévères appréciations, mais on ne peut s'empêcher d'avouer que beaucoup sont justes. « L'avortement de l'expédition mexicaine dessilla les yeux des plus obstinément prévenus en faveur de l'Empire... à l'étranger, le charme était rompu, le prestige du second Empire était à jamais éclipsé. La réaction fut aussi profonde que l'illusion. Au reste, si l'Europe avait eu besoin de plus amples éclaircissements, l'Empire les lui fournit avec son Exposition universelle de 1867. Princes et peuples furent à même de voir de près l'état de démoralisation, de présomption et d'incurie du gouvernement français, et l'Europe comprit qu'elle avait à craindre, peut-être à courte échéance, une nouvelle éruption du volcan révolutionnaire en France. Nous savons bien que l'incurable vanité française dira un jour « que l'Europe a été ingrate pour la « France et sa splendide hospitalité. Que l'Eu- « rope, cachait sous l'apparente démonstration de « sympathies, de vieilles haines et de profondes « jalousies; qu'au jour du péril, la France, délais- « sée, ruinée, n'a plus trouvé que des ingrats et des jaloux. » Déplorables illusions avec lesquelles le Français berce et endormira éternellement ses fautes et ses décadences! Quand donc la France trouvera-t-elle le moment dans cette course échevelée du régime des déménagements perpétuels, de se recueillir une fois et de se demander si cet isolement de pestiféré dont elle jouit dans le monde et dont elle se plaint ne proviendrait pas de ses propres folies et de son état permanent de vagabondage politique ? Qui sait ? un sérieux examen de conscience lui révélerait, peut-être, dans son propre sein, tant de taches, tant d'erreurs et tant de périls, qu'épouvantée des conséquences, elle enrayerait peut-être sur cette pente rapide où elle glisse si gaiement vers les ruines. En tout état de cause, elle lui révélerait au moins que les nations qu'elle convie à son Exposition universelle ne viennent pas seulement pour admirer son faste babylonien, et qu'il serait dangereux de s'endormir sur les félicitations banales des visiteurs qui, décemment, devaient leur petit compliment à l'amphitryon... Parmi les hôtes accourus à Paris, il y en avait assurément qui n'étudiaient pas exclusivement les progrès de l'industrie française et les merveilles du Champ de Mars. La Prusse et les Prussiens, par exemple, se distinguaient par leurs critiques railleuses, leurs prédictions inqualifiables, et par des manifestations aussi grossières que déplacées. Que de fois, devant nous, ils se targuaient dans un langage qui nous semblait, sinon le comble de l'outrecuidance, du moins celui de l'inconvenance, de leur prochaine campagne contre la France et du châtiment qu'ils infligeraient à la « moderne Babylone. » Nous nous rappelons un dîner d'officiers allemands où l'un d'eux porta un toast à la prise de Paris. Cette saillie eut un succès d'enthousiasme. »

Ainsi, derrière ce manteau de splendeurs la ruine et la dissolution apparaissaient déjà. La France était alors comme ces sépulcres blanchis dont parle l'Écriture et qui, brillants à l'extérieur, ne renferment à l'intérieur que des cendres.

Les amis et conseillers de la première heure avaient disparu de l'entourage de l'Empereur, où la mort était venue successivement les frapper. Billault, d'abord, qui n'était pas un homme d'État, mais un homme de sens; Morny, qui était, avec certains défauts vulgaires, un très-grand homme d'État; Walewski, qui connaissait très-bien les affaires extérieures; Mocquard, enfin, plein de finesse et jouissant d'une grande influence sur son maître. Ami dévoué de la veille, n'ayant accepté le lendemain qu'une situation secondaire en apparence et relativement peu importante, M. Mocquard, ancien commensal du château d'Arenenberg et qui, dès la jeunesse du prince Louis-Napoléon, était déjà en position de lui donner de sages avis, doit tenir dans l'histoire du second Empire une place bien autrement considérable que celle occupée, à une autre époque, par MM. Menneval et le baron Fain. Il est d'ailleurs curieux de constater que ce rôle en apparence effacé, que cette attitude volontairement maintenue dans le clair-obscur, entraient profondément dans les goûts et dans les habitudes d'un homme très-ennemi de l'étiquette, très-partisan des libres plaisirs, et dont on pourrait dire sans crainte de se tromper, que c'est lui qui, de tous les personnages appelés par le second Empire à des situations officielles, a su le mieux comprendre et appliquer, dans l'intérêt des jouissances intelligentes de la vie, les facilités et les faveurs du régime nouveau.

Grand, mince, d'une nature éminemment nerveuse et un peu créole, M. Mocquard possédait un esprit aussi fin que profond, mais largement sceptique. Le scepticisme est-il d'ailleurs un défaut ou une qualité dans les situations d'un ordre politique qui vous placent en contact avec les mille faiblesses, vanités et sottises humaines? Doué de remarquables facultés intellectuelles, et les ayant appliquées de bonne heure à la culture des lettres, M. Mocquard s'était fait un bon style, et sous sa plume, constamment occupée dans les fonctions qu'il occupait depuis l'arrivée au pouvoir du prince-président, des considérations politiques d'une nature remarquablement élevée ou d'un bon sens pratique non moins remarquable se développaient naturellement en périodes d'un tour souvent original, toujours heureux. La tâche accomplie par lui depuis 1848 est énorme. Souvent interrogé, consulté, toujours écouté, ce qu'il a rédigé, dicté, inspiré, formerait un ensemble d'une portée et d'un intérêt historique hors ligne. Celui qui ne jugerait M. Mocquard que d'après ses essais, le plus souvent très-faibles, de littérature théâtrale ou romanesque (*Jessie* entre autres), se tromperait entièrement sur la valeur du personnage et le rôle qu'il a joué, par le fait, au milieu des événements de son temps. En a-t-il eu la conscience ? C'est évident, si la nature spéciale de son esprit lui a laissé le loisir et la volonté d'y songer sérieusement. Mais, quoi qu'il en puisse être d'une appréciation personnelle, absolument inutile, d'ailleurs, en présence de cette correspondance énorme, curieuse dans sa variété, forcément futile quelquefois, mais souvent de la plus haute portée politique, en présence de ces rédactions de tout genre, de cette influence naturelle, c'est-à-dire qu'il ne recherchait pas, de ces conseils provoqués et écoutés, l'écrivain renseïgné peut dire que, du fond de ce cabinet où son tempérament, particulièrement philosophique, plus encore que sa modestie, l'avait volontairement caché, M. Mocquard a, d'une façon bien plus directe peut-être qu'aucun ministre de son temps, gouverné les affaires intérieures et extérieures de son pays.

L'Empereur avait récompensé ses services en le nommant sénateur. Ce fut un conseiller d'État, M. Conti, qui consentit à prendre sa place. Nul ne pouvait mieux la remplir. Esprit excellent, cœur dévoué, c'était le meilleur choix qu'on pouvait faire. A la chute du second Empire, M. Conti faisait également partie du Sénat.

La mort avait écarté ceux-là. Le dégoût de la tournure que prenaient les choses gouvernementales intérieures et extérieures éloignait les autres. M. Drouyn de l'Huys, par exemple, le meilleur ministre des affaires étrangères qu'ait eu Napoléon III, s'était retiré, lorsqu'il avait vu le parti pris d'écraser l'Autriche, et au moment de la fatale campagne de Sadowa il avait donné des conseils énergiques, non écoutés. Il faut dire, d'ailleurs, qu'il n'avait aucune confiance dans la portée politique de l'esprit de l'Empereur, et qu'il ne s'en cachait guère. M. Rouher, auquel les prétendues concessions libérales : liberté d'association, liberté de discussion, etc., etc., apparaissaient sous leur véritable jour, et qui eut le grand tort de paraître les approuver dans le principe et de plaider les mauvaises causes de la guerre du Mexique et de l'abstention en face de la campagne prussienne de 1866 ; M. de Persigny, enfin, le compagnon de la première heure, et qui voyait à l'heure présente, avec un incontestable bon sens, la réalité des dangers que courait le gouvernement impérial. Ce vieil ami, un instant méconnu, après les tentatives de Strasbourg et de Boulogne, écrivait à Napoléon III, le 15 décembre 1867 : « Je n'ai plus la liberté d'esprit nécessaire pour traiter des sujets relativement secondaires en présence des grosses questions qui s'agitent aujourd'hui; quand l'Empire semble crouler de toute part; quand cette lutte acharnée, implacable, que vous font ceux qui, sous prétexte d'établir le régime parlementaire, ont juré votre perte, se poursuit de succès en succès ; quand, enfin, chaque victoire oratoire de vos ministres est une défaite pour Votre Majesté. J'ai suivi les derniers débats ; j'ai vu, d'un côté, la haine la plus atroce et quelque chose de plus encore que la haine, s'attaquant à vous et à vous seul : le ton, le geste, tout traduisait aux yeux de tous une pensée implacable; et, de l'autre, votre gouvernement, forcé peut-être à cette attitude par la situation des choses, s'inclinant devant vos ennemis, demandant humblement à des adversaires acharnés de retirer leurs interpellations, abandonnant d'un trait toute la politique suivie depuis quatorze ans entre l'extrême droite et l'extrême gauche... et maintenant, entre ce qui n'est plus l'Empire et ce qui n'est pas encore le régime parlementaire, faut-il s'étonner du désarroi public et du trouble des esprits? » M. de Persigny, à défaut d'autres mérites, avait, je le répète, dans certaines circonstances bien dessinées, celui d'un incontestable bon sens.

Napoléon III n'avait donc plus autour de lui ses plus fidèles ou ses plus énergiques conseillers, que la mort ou la politique avaient écartés. Un peu plus tard, M. Fould et le maréchal Niel devaient également lui être enlevés. En revanche, il possédait, comme ministres, des gens dévoués et bien intentionnés sans doute, mais faibles devant sa volonté, quand il en avait une, et capables, comme le marquis de Lavalette, de couvrir de la responsabilité de sa signature cette phrase déplorable d'une de ses circulaires : « La France ne pouvait que se réjouir de l'agrandissement de la Prusse, qu'elle a appelé de tous ses vœux et favorisé de son concours. »

Les membres des derniers cabinets du second Empire avaient, par une raison quelconque, adopté le sobriquet d'*Isidore*, pour désigner l'Empereur quand ils en parlaient entre eux. La chose est bizarre.

De son côté, l'imprudent Isidore achevait de détruire sa force intellectuelle et physique, de se suicider, en un mot, dans des amours indignes de lui.

## XII

Histoire intime et anecdotique de l'agonie et de la chute du second Empire.

Assurément, si le cabinet noir, c'est-à-dire le décachetage des lettres, eût toujours livré au chef de l'État des renseignements aussi précieux que ceux que l'on va lire, et en supposant toutefois que celui-ci voulût bien en tenir compte, cette honteuse institution n'eût pas été absolument inutile.

Voici des fragments d'une lettre interceptée et adressée par le général Ducrot au général Trochu, le 7 décembre 1866 : « Puisque tu es en train de faire entendre de bonnes vérités aux illustres personnages qui t'entourent, ajoute donc ceci : Pendant que nous délibérons pompeusement et longuement sur ce qu'il conviendrait de faire pour avoir une armée, la Prusse se propose tout simplement et très-activement d'envahir notre territoire. Elle sera en mesure de mettre en ligne 600,000 hommes et 1,200 bouches à feu avant que nous ayons songé à organiser les cadres indispensables pour mettre au feu 300,000 hommes et 600 bouches à feu. De l'autre côté du Rhin, il n'est pas un Allemand qui ne croie à la guerre dans un avenir prochain. Les plus pacifiques, qui, par leurs relations de famille ou par leurs intérêts, sont plus Français, considèrent la lutte comme inévitable, et ne comprennent rien à notre inaction. Comme il faut chercher une excuse à toutes choses, ils prétendent que notre Empereur est tombé en enfance. » La lettre était datée de Strasbourg.

Deux ans après, le 28 octobre 1868, le prévoyant général Ducrot écrivait également au général Frossard, gouverneur du prince impérial (et cette fois la lettre arrivait directement à son adresse) : « Je viens de voir, il y a quelques instants, madame la comtesse de Pourtalès, qui arrive de Berlin. Jusqu'à ce jour, je l'avais trouvée d'un optimisme qui m'irritait. Prussienne par son mari, elle était en admiration perpétuelle devant tous les actes de M. de Bismark, du roi Guillaume et de tous ses Prussiens. Elle prétendait que rien ne pouvait motiver une guerre entre la France et la Prusse, que nous étions faits pour nous entendre et nous aimer. Bref, son langage était une variante poétique des discours de Rouher et des circulaires Lavalette. Or, voilà que cette adorable comtesse me déclare qu'elle revient de Berlin la mort dans l'âme, que la guerre est inévitable, qu'elle ne peut manquer d'éclater au premier jour, que les Prussiens sont si bien préparés, si habilement dirigés, qu'ils sont sûrs du succès! « Eh quoi! lui ai-je dit, vous embouchez la trompette de Bellone, juste au moment où, de tous côtés, on ne parle que des intentions pacifiques de nos bons voisins, de la salutaire terreur que nous leur inspirons, du désir de Bismark d'éviter tout prétexte de conflit, lorsque nous renvoyons tous nos soldats dans leurs foyers et qu'il est même question d'une réduction des cadres à tel point que je m'apprête à aller au premier jour planter mes choux en Nivernais! — Oh! général, s'est-elle écriée, c'est ce qu'il y a d'affreux. Ces gens-là nous trompent indignement et comptent bien nous surprendre désarmés. Oui, le mot d'ordre est donné : en public, on parle de paix, du désir de vivre en bonnes relations avec nous ; mais lorsque, dans l'intimité, l'on cause avec tous ces gens de l'entourage du roi, ils prennent un air narquois, vous disent : « Est-ce que vous croyez à tout cela ? Ne voyez-vous pas que les événements marchent à grands pas, que rien, désormais, ne saurait conjurer le dénoûment ? Ils se moquent indignement de notre gouvernement, de notre armée, de notre garde mobile, de nos ministres, de l'Empereur, de l'Impératrice, prétendent qu'avant peu la France sera une seconde Espagne ! Enfin, croiriez-vous que le ministre de la maison du roi, M. de Schleinitz, a osé me dire qu'avant dix-huit mois notre Alsace serait à la Prusse ? Et si vous saviez quels énormes préparatifs se font de tous côtés, avec quelle ardeur ils travaillent pour transformer et fusionner les armées des États récemment annexés, quelle confiance dans tous les rangs de la société et de l'armée ! Oh ! en vérité, général, je reviens navrée, pleine de trouble et de craintes.

Oui, j'en suis certaine maintenant, rien, non rien ne peut conjurer la guerre, et quelle guerre ! » Madame de Pourtalès sera probablement à Compiègne dans quelques jours, et, par conséquent, vous pourrez avoir le plaisir d'entendre ses doléances et ses récits effrayants. »

La comtesse de Pourtalès s'efforça, en effet, de faire comprendre la vérité ; mais ses paroles se perdirent au milieu des mille bruits de la cour. L'Empereur, la tête plus que jamais préoccupée de mille choses étrangères à la politique, entouré d'adulateurs, croyant à sa puissance, goûtait alors sa dernière jouissance d'amour-propre ; il avait, peu de temps auparavant, fait paraître le second volume de son *Histoire de César*, le plus médiocre de tous les médiocres livres qu'il a écrits, et toute une pléiade d'hommes de lettres, Émile Augier, Ponsard, Jules Sandeau, Beulé, Saint-René Taillandier, Caro, Camille Doucet, Octave Feuillet, lui adressaient les épîtres les plus élogieuses. Arsène Houssaye lui écrivait : « Sire, je viens demander une grâce à Votre Majesté : un exemplaire de l'*Histoire de César !* » Comment Napoléon III n'aurait-il pas été enivré de ces suffrages divers? Une veuve qui, disait-elle, n'avait rien, demandait le précieux livre pour laisser un héritage à ses enfants!...

Et pendant ce temps-là, M. de Moltke, le major-général de l'armée prussienne, était signalé comme visitant lui-même nos frontières de l'est, étudiant sur le territoire français les champs de bataille probables d'une guerre future, entre autres Birkenfeld, Sarrebruck, Sarrelouis, les hauteurs de Vaudevange et du Berus.

Eh bien, malgré tous ces apprêts qui pouvaient lui donner la presque certitude de la victoire, tous les gens renseignés, M. Thiers en tête, savent et affirment que la Prusse, dans un doute prudent, et connaissant les dispositions du reste de l'Allemagne, n'aurait jamais attaqué.

M. Thiers dit formellement, en mentionnant l'opinion contraire : « J'affirme, après avoir eu l'occasion de m'éclairer complétement à ce sujet, que c'est là un pur mensonge. Il est bien vrai que la Prusse, convaincue que, tôt ou tard, la France voudrait réparer ses fautes de 1866, n'avait cessé de travailler à se mettre en mesure, mais elle redoutait cette formidable épreuve et cherchait plutôt à la reculer qu'à la précipiter. Elle a été, en effet, plus étonnée encore que nous et que le monde de la promptitude de ses succès dus à l'incurie et à la profonde incapacité de l'administration impériale. »

En 1869, l'Impératrice fit le voyage de Constantinople et d'Égypte, où elle devait assister à l'ouverture du canal de Suez. Ce voyage n'a d'importance historique que par la correspondance de l'Impératrice avec Napoléon III, correspondance qui indique très-clairement la place qu'elle avait conquise dans les conseils du gouvernement et la part fort juste, d'ailleurs, qu'elle prenait à la politique. Il y a, entre autres, une certaine lettre écrite sur le Nil, à la date du 27 octobre 1869, et dans laquelle l'Impératrice dit ceci : « Plus on aura besoin de force plus tard, et plus il est nécessaire de prouver au pays qu'on a des *idées* et non des *expédients*... Je suis convaincue que la suite dans les idées, c'est la véritable force,... et je suis persuadée qu'on ne fait pas deux fois dans le même règne des coups d'État. » L'Impératrice croyait à la possibilité d'un Empire parlementaire.

L'affreuse affaire Pierre Bonaparte fit entendre le premier coup de cloche du glas funèbre de la monarchie impériale. Les détails de cet horrible drame sont généralement connus, et je n'y insisterai pas. Ceux inédits que je pourrais donner sont si tristes pour tout le monde, que je préfère m'abstenir. L'intérêt, d'ailleurs, n'est plus là. Le 2 janvier 1870, fut formé le ministère auquel M. Ollivier a donné son nom. M. Ollivier, homme d'un véritable talent, et dont cette destinée humaine à laquelle on n'échappe pas devait faire un ennemi inconscient de son pays. Ce qu'on a pu lui reprocher justement, indépendamment de ce qu'on a spirituellement nommé des ramollissements de conscience politique, c'est une incommensurable vanité. Un soir, un de ses anciens amis de la gauche le rencontre sortant des Tuileries, et lui demande en souriant : « Comment va l'Empereur ? — Pas bien, répond-il ; l'intelligence baisse, l'énergie tombe, il s'effraye de tout... Mais je lui ferai une vieillesse heureuse. » Tel était l'homme : honnête, présomptueux et nullement homme d'État.

Il appuya fortement l'idée du dernier plébiscite par lequel le gouvernement impérial demandait au peuple français la sanction des modifications libérales faites à la Constitution de 1852. On voit même, par sa correspondance officielle, que, dans la sphère de son action ministérielle, il usait des mêmes moyens que ses prédécesseurs. Ainsi, on y trouve des dépêches de ce genre : 1. « Dites à tous les juges de paix que je les verrai avec plaisir dans les comités plébiscitaires. » 2. « Pouvez-vous me donner des renseignements exacts sur l'attitude du clergé dans votre ressort ? On me demande si les magistrats peuvent entrer dans les comités plébiscitaires. Je n'y vois que des avantages. » 3. « On m'écrit de Moulins que le président du tribunal donne l'exemple d'une apathie voisine de l'hostilité. C'est son droit. Cependant, je désire être fixé sur la vérité du rapport que l'on me fait. Veuillez m'en écrire. »

Le plébiscite de mai 1870 fit connaître aux Prussiens, par le dépouillement du vote de l'armée, le chiffre exact de nos forces militaires. Le résultat général du scrutin qui semblait devoir donner une grande force au gouvernement impérial, les frappa beaucoup, d'ailleurs, et tous les chefs du parti militaire à Berlin furent d'accord pour dire : « Maintenant, il est certain que nous allons être prochainement attaqués. » C'est à partir de ce moment que les derniers préparatifs de la Prusse furent faits.

Et pourtant, sans l'affaire Hohenzollern, la guerre était peut-être indéfiniment ajournée, malgré les tendances de l'Impératrice, et grâce à l'apathie maladive de Napoléon III. On attribuait bien à M. de Gramont un propos tenu quelque temps avant son départ de Vienne ; on prétendait qu'il avait dit à M. de Beust : « C'est moi qui vous vengerai. » Mais, d'un autre côté, M. Thiers, causant avec lui, à l'époque de la formation du ministère Ollivier, et lui ayant dit : « Vous venez de Vienne ; on y veut la paix et, sans doute, vous la soutiendriez si elle était menacée. — Oui ! oui ! » avait-il répondu avec une résolution dont la sincérité ne pouvait pas être mise en doute. MM. de Beust et Andrassy ont, du reste, ultérieurement déclaré à M. Thiers de la façon la plus positive que, sans prévoir la candidature Hohenzollern, ils avaient dit au duc de Gramont, d'une manière générale, qu'il ne fallait laisser au gouvernement impérial aucune illusion et le bien convaincre, au contraire, que, s'il s'engageait dans la guerre, l'Autriche ne l'y suivrait pas. Mais M. le duc de Gramont, tempérament de gentilhomme, et M. Ollivier, tempérament d'ambitieux, ne devaient pas savoir aisément résister aux entraînements de la cour.

Le premier a essayé de couvrir sa responsabilité dans une polémique assez récente, où il a cité une dépêche de M. de Beust; mais cette dépêche même, lorsqu'elle a été publiée *in extenso*, lui a donné tort.

Chose bien curieuse ! Ce fut précisément Napoléon III qui créa la question Hohenzollern : il la fit naître en interdisant au gouvernement de Madrid le choix d'un prince de la maison d'Orléans pour occuper le trône d'Espagne. Le maréchal Prim, qui avait sous la main le duc de Montpensier, et qui soutenait chaudement cette candidature, fut extrêmement blessé de ces exigences formulées à peu près comme des ordres. Depuis l'affaire du Mexique, Prim, déçu dans ses espérances, avait voué une sorte de haine à Napoléon III et à son gouvernement, et ses collègues espagnols pensaient à peu près de même, irrités qu'ils étaient de l'intervention de l'Empereur dans leurs affaires intérieures. Prim alla donc choisir pour le trône des Bourbons d'Espagne, un Allemand, un prince de Hohenzollern, dont la candidature serait une sorte de défi porté à la France. Le père du jeune prince auquel cette offre était faite s'adressa aussitôt au chef de sa famille, le roi de Prusse, pour lui demander un conseil, et le roi Guillaume répondit en lui laissant la liberté d'accepter ou de refuser sans lui garantir les conséquences de sa détermination.

Cette nouvelle, qui se répandit rapidement dans l'Europe entière, y fit un effet prodigieux. A Saint-Cloud, on fut consterné d'abord, puis indigné. Le parti de la guerre trouvait là, en effet, une belle occasion de venger Sadowa, et de déclarer que la France était prête à se lever comme un seul homme pour un intérêt si national? Était-on prêt? On devait l'être, puisque le maréchal Lebœuf l'affirmait. Existait-il un autre moyen moins périlleux que la guerre de faire reculer la Prusse et d'obtenir en face de l'Europe un résultat aussi brillant? On ne s'en préoccupa même pas, et lorsqu'une chance vraiment inouïe se présenta ; ce moyen, on eut la sottise de le repousser.

Cette dernière chance, ce fut (chose qu'on ne sait pas assez généralement) un Espagnol, M. de Olozaga, l'un des plus fins diplomates de son temps, qui l'offrit au gouvernement français. Surpris et furieux de cette intrigue dangereuse conduite à son insu, fort influent, d'ailleurs, sur les hommes politiques de son pays, il ne perdit pas un moment pour intervenir énergiquement auprès du maréchal Prim, auquel il envoya une dépêche dans laquelle il le blâmait avec une rare vivacité de s'être lancé et d'avoir lancé l'Espagne dans une pareille aventure. Il adressait simultanément au régent Serrano une lettre si ardemment et si logiquement écrite, que le régent, justement effrayé des dangers que M. Olozaga lui faisait entrevoir, expédia de suite, dans le plus profond secret, et même sans en prévenir les membres du cabinet espagnol, le général Lopez-Dominguez, son secrétaire, pour négocier de suite la renonciation du prince Léopold de Hohenzollern. Mais quelque hâte qu'eût mise le général, homme tout dévoué à Serrano, un autre affidé de

M. Olozaga, dirigé immédiatement sur l'Allemagne, avait déjà obtenu la renonciation du prince Antoine de Hohenzollern au nom de son fils.

Il faut bien dire que le gouvernement français avait agi avec une légèreté et une outrecuidance inouïes, dès le début de cette affaire, en sommant tout d'abord, et sans demande d'explication préalable, la Prusse de renoncer à la candidature Hohenzollern. Tout le monde se souvient des termes hautains dans lesquels le duc de Gramont porta à la tribune les déclarations trop hâtives du cabinet des Tuileries. Ces formules comminatoires, repoussées dans un conseil tenu la veille, avaient été adoptées dans la réunion du lendemain, après une nuit durant laquelle l'opinion belliqueuse de l'Impératrice (et logique à son point de vue dynastique, puisqu'on se croyait prêt) pesa sur la volonté de l'Empereur. Malgré cette faute, obtenir la renonciation volontaire du candidat, cause de tout ce conflit, quelle fortune ! quel providentiel incident !

Muni du télégramme de son agent, M. de Olozaga court à Saint-Cloud. Napoléon III semble enchanté d'un résultat pareil, et félicite chaudement l'ambassadeur, en le remerciant de ce succès « qui écartait tout prétexte de guerre. » La dépêche est remise à M. Ollivier, également enchanté, et que l'Empereur charge de faire connaître à la Chambre cet heureux dénoûment de la crise. M. Ollivier, dont la joie était expansive, aborde M. Thiers et lui dit : « Avez-vous lu la dépêche que nous venons de recevoir? — Non. — Je vais vous la montrer. » Et il l'entraîne à travers plusieurs salles pour lui communiquer le texte du télégramme. « Maintenant, dit M. Thiers après en avoir pris connaissance, encore une fois, il faut vous tenir tranquille. — Soyez rassuré, répond M. Ollivier, nous tenons la paix et nous ne la laisserons pas échapper. »

Malheureusement, toute la Chambre ne partageait pas ce désir de la paix si naïvement exprimé par le ministre et avec tant de bonne foi. Il y avait le parti des bonapartistes ultra, qui, dans un intérêt dynastique, voulait pousser tout à l'extrême. Ceux-là s'en allaient gesticulant et criant, en parlant des ministres : « Ce sont des misérables ! Comment ! ils se contenteraient de cette insignifiante concession ! La France serait déshonorée; elle ne le souffrirait pas! » Et la majorité conservatrice de la Chambre, qui, elle, désirait la paix, se sentait intimidée par ces clameurs.

Ce fut alors que les partisans de la guerre lancèrent cette déplorable idée de garanties à demander au roi de Prusse, tandis que l'Empereur, personnellement, paraissait satisfait, et disait, dans la journée même de la réception du télégramme, aux ambassadeurs de deux grandes puissances : « C'est la paix ; je le regrette, car l'occasion était bonne. Mais, à tout prendre, la paix est un parti plus sûr. Vous pouvez considérer l'incident comme terminé. »

Bientôt M. Clément Duvernois et plusieurs députés déposèrent une demande d'interpellation relative « aux garanties que le cabinet se proposait de stipuler pour éviter le retour de nouvelles complications avec la Prusse. » Et M. de Gramont expédiait à M. Benedetti les instructions qui lui firent risquer la malencontreuse démarche d'Ems. « Pour que la renonciation produise son effet, y était-il dit, il est nécessaire que le roi s'y associe et vous donne l'assurance qu'il n'autorisera pas de nouveau la candidature. »

M. de Olozaga, avec un zèle bien louable pour les intérêts français, chercha encore à parer ce coup et à venir en aide à notre cabinet : il obtint rapidement du gouvernement espagnol une solennelle déclaration établissant que « l'Espagne acceptait la renonciation du prince Léopold, en prenait acte et déclarait qu'à l'avenir le prince de Hohenzollern ne serait plus son candidat au trône. »

Il y avait encore là une planche de salut ; malheureusement les faits marchaient vite.

A Berlin, on avait d'abord et unanimement reconnu, surtout en présence des idées pacifiques de la presque totalité de l'Allemagne en ce moment, que c'était une faute d'avoir patronné même mollement la candidature de Hohenzollern, et qu'il fallait réparer cette faute en abandonnant cette candidature. Mais unanimement aussi, souverains, princes, ministres, généraux, avaient exprimé l'opinion que, si la France exigeait davantage, il fallait accepter résolûment le duel qu'elle semblerait ainsi proposer.

Ce fut dans ces circonstances qu'un matin, à Ems, lorsque le roi Guillaume, après avoir pris ses eaux, faisait, accompagné de son fils et de quelques officiers, sa promenade ordinaire le long de la Lahn, M. Benedetti, prenant ses instructions trop à la lettre, puisqu'il avait déjà adressé ses demandes au cabinet prussien, et qu'il en avait été repoussé, voulut renouveler ses instances auprès du roi lui-même, dans un moment, il faut le dire, bien mal choisi. Le roi, maladif, agité par les événements, répondit d'une voix brève, mais non brusquement, au diplomate, qu'il ne pouvait rien ajouter aux réponses de ses ministres, et continua sa promenade sans que rien, dans son attitude, eût le caractère d'une impolitesse. M. Benedetti a dit, lui-même, dans le livre qu'il a publié : « J'ajouterai qu'il n'y a eu, à Ems, ni insulteur, ni insulté. »

Seulement, M. de Bismark qui suivait les événements avec une ardeur fébrile, voyant qu'il était possible que la guerre sortît de cet incident, non à cause de la prétendue insulte faite à l'envoyé français, mais à cause des exigences obstinées du cabinet des Tuileries, comprenant aussi à quel point l'Allemagne était impatiente de connaître les péripéties de cette grave affaire, expédia le télégramme du 13 juillet, lequel était conçu dans ces habiles termes : « Après que la nouvelle de la renonciation du prince de Hohenzollern a été officiellement donnée au gouvernement français par celui de Madrid, l'ambassadeur français a fait demander au roi Guillaume de l'autoriser à télégraphier à Paris que S. M. le roi s'obligeait, pour l'avenir, à ne jamais donner son consentement aux Hohenzollern, dans le cas où ceux-ci reviendraient sur leur renonciation. Sa Majesté a refusé alors de recevoir encore une fois l'ambassadeur français, auquel elle a fait savoir, par l'aide de camp de service, qu'elle n'avait plus rien à lui communiquer. »

Ce télégramme, dont la rédaction était d'une perfidie habile, en ce sens qu'on pouvait, suivant les passions et les tendances, lui donner une portée plus ou moins grande, y voir ou non une insulte, ne fut envoyé qu'aux cours allemandes. Il est faux qu'il ait fait l'objet d'une communication officielle aux cours étrangères, ainsi que l'on parut le croire. La *Gazette de l'Allemagne du Nord* l'avait apporté à Paris dans la matinée du 14 juillet ; le 15, à l'ouverture de la séance du Corps législatif, M. Ollivier résuma la question et dit en terminant :

« Notre surprise a été profonde, lorsque, hier, nous avons appris que le roi de Prusse avait notifié à notre ambassadeur qu'il ne le recevrait plus et que, pour donner à ce refus un caractère non équivoque, son cabinet l'avait communiqué officiellement à tous les cabinets de l'Europe... Dans ces circonstances, tenter davantage pour la conciliation eût été un oubli de dignité et une imprudence. Nous n'avons rien négligé pour éviter une guerre. Nous allons nous préparer à soutenir celle qu'on nous offre, en laissant à chacun la part de responsabilité qui lui revient. »

Cette déclaration, quoique, par le fait, la base en fût fausse, était, naturellement, le dernier mot de la situation. Les dynastiques ultra se réjouirent ; les conservateurs raisonnables, entraînés d'abord par l'idée d'une insulte faite à la France, réfléchirent bientôt et s'effrayèrent ; les hommes renseignés furent consternés.

Ce fut alors que M. Thiers, convaincu qu'après avoir cédé sur le fond même de la question, il était impossible que le roi de Prusse eût voulu insulter la France, demanda la production des pièces sur lesquelles on se fondait pour se dire outragé; il fut hué, insulté, et, malgré son énergie, ne put prononcer que quelques paroles. M. Thiers était persuadé (il l'a dit depuis) que, si l'on gagnait vingt-quatre heures, tout serait expliqué et la paix sauvée. Je crois qu'il nourrissait là une grande illusion. A Paris, comme à Saint-Cloud, le parti de la guerre l'emportait; il était absolument maître du terrain.

M. Thiers, en rentrant chez lui, ce soir-là, avec quelques amis, fut insulté, rue Lafayette, par des soldats en état d'ivresse, qui gagnaient une gare de chemin de fer; sa maison, détruite depuis par les communards, fut alors sérieusement menacée par les bonapartistes.

Pendant ce temps-là, on autorisait le chant de *la Marseillaise*; des bandes de police parcouraient les boulevards, en criant : « A Berlin! » et M. Ém. de Girardin ne craignait pas de répéter ce cri déplorable, en se penchant sur le devant de sa loge à l'Opéra. On a raconté qu'un officier supérieur de l'état-major prussien, en congé de convalescence à Paris depuis plusieurs mois, et qui avait employé une grande partie de ce temps à dessiner et calculer toutes les hauteurs autour de la capitale, disait avec un ricanement féroce, en montrant, un soir, une de ces bandes qui faisaient entendre le cri : « A Berlin ! » : « Oui, hurlez bien, misérables....., demain nous vous dégriserons ! »

Lorsqu'on vit que, la guerre une fois déclarée, l'Empereur demeurait si longtemps à Saint-Cloud et perdait ainsi un temps précieux, l'opinion publique commença à s'inquiéter instinctivement, et ces craintes sourdes se répandirent même au sein du Corps législatif. Au fait, ces retards étaient incompréhensibles pour ceux qui ne savaient pas qu'on avait dû avouer à Napoléon III que rien n'était assez prêt pour qu'il pût convenablement encore aller se mettre à la tête des troupes. Pendant ce temps, on réglait par ordonnances, et avec le soin le plus minutieux, le service des aides de camp, officiers d'ordonnance et écuyers de l'Empereur, avec leur tenue de campagne, celui de la bouche, des équipages, etc., etc. On allouait, à titre d'indemnité d'entrée en campagne, vingt mille francs aux aides de camp, quinze mille aux officiers d'ordonnance.

Paris ne respira, pour ainsi dire, que lorsqu'il apprit que Napoléon III avait quitté Saint-Cloud et s'était rendu à Metz. Là encore, il y eut un temps d'arrêt dans les nouvelles, et il ne fut rompu que par cette malencontreuse dépêche racontant le petit combat de Sarrebruck et comment le prince impérial y avait reçu le baptême du feu. Lorsqu'on réfléchit bien aux conditions dans lesquelles se trouvait alors l'armée française, on est très-frappé de cette idée, développée, du reste, avec une grande sagacité par M. Thiers, que, bien que nous n'eussions, à l'ouverture de la campagne, pas plus de 200 à 250,000 hommes à mettre en ligne, si, au lieu de demeurer vingt jours immobiles, sans plan, sans vues arrêtées, dispersés sur une ligne de cinquante lieues, de Thionville aux bords du Rhin, en cinq corps qui ne pouvaient pas se secourir les uns les autres, on eût laissé 30,000 hommes sur la crête des Vosges, pour observer la vallée du Rhin, et qu'avec 220,000 on eût marché vigoureusement sur Trèves, on eût, peut-être, en perçant sur un point les masses prussiennes, changé la face des affaires.

Au lieu de cela, on attendit et on se laissa battre en détail. Le combat de Wissembourg ouvrit la liste de nos défaites, et, pendant ce temps, Paris en était encore à se leurrer et à battre des mains au récit de je ne sais quelle surprise de cabaret renfermant quelques cavaliers allemands par des chasseurs à cheval du général de Bernis, gendre de M. de la Ferrière, chambellan de l'Empereur.

Je fus témoin alors, comme bien d'autres, de cette odieuse mystification de la place de la Bourse, où une fausse dépêche fut lue et un instant affichée (sans la participation du gouvernement). Cette dépêche annonçait la prise de 30,000 Prussiens et du prince royal de Prusse. En un instant, tout le quartier fut pavoisé !... Le lendemain, on apprit l'héroïque défaite de Reichshoffen.

A partir de ce moment, Paris prit un sombre aspect, et les bonapartistes exaltés, qui avaient eu l'imprudence de conseiller la guerre, durent baisser la tête. Dès le 9 août, l'Impératrice écrit à la princesse Mathilde, alors à Saint-Gratien : « J'ai de mauvaises nouvelles de l'Empereur. L'armée est en retraite. Je rentre à Paris, où je convoque le conseil des ministres. » En apprenant la défaite de Reichshoffen, le Corps législatif fut consterné, et entrevit la chute de l'Empire. Le ministère Ollivier tenta de se maintenir pendant quelques jours, mais il dut se retirer en présence des sentiments hostiles qu'il inspirait. Le 14 août, se produisit l'affaire de la Villette, qui eut une véritable importance : trois cents émeutiers se portèrent en armes contre la caserne gardée par les pompiers. Cette attaque fut renouvelée deux fois. Au début, la porte fut enlevée, et Eudes qui, plus tard, devait jouer un rôle durant la Commune, assassina à bout portant le factionnaire. C'était Blanqui qui avait organisé cette affaire, beaucoup plus grave qu'on ne le dit d'abord. M. Léon Chevreau, frère du nouveau ministre de l'intérieur, s'y était transporté pour se rendre compte des faits, et faillit être enveloppé par les émeutiers. Le lieutenant prussien Harth y fut pris, et l'on fit la remarque que les insurgés étaient armés, pour la plupart, de longs poignards en fer brut, terminés par une poignée en croix, et qui ressemblaient singulièrement aux couteaux dont les paysans allemands sont généralement armés. Harth fut fusillé à l'École militaire, et tomba en criant : « Pour la patrie ! » Le soir de cette échauffourée, M. J. Favre, croisant M. Henri Chevreau dans un couloir de la Chambre, lui dit : « Eh bien, monsieur le ministre, cela va mal ! le sang a coulé !... — Vous devez le savoir mieux que personne, répondit M. Chevreau, puisque vous aviez là des gens à vous. »

Après nos premiers revers, l'Empereur, en quittant Metz, avait eu l'idée de revenir à Paris. L'Impératrice lui écrivit d'abord : « Je reçois une dépêche de Piétri. Avez-vous réfléchi à toutes les conséquences qu'amènerait votre rentrée à Paris sous le coup de deux revers? Pour moi, je n'ose prendre la responsabilité d'un conseil. Si vous vous y décidez, il faudrait, au moins, que la mesure fût présentée au pays comme provisoire : l'Empereur revenant à Paris réorganiser la deuxième armée et confiant provisoirement le commandement en chef de l'armée du Rhin à Bazaine. »

Cependant M. Rouher, président du Sénat, partit pour le quartier impérial de Reims. Là furent rédigés des projets de décret et de proclamations, dont l'un nommait le maréchal de Mac-Mahon général en chef de toutes les forces militaires composant l'armée de Châlons. Ce décret devait être accompagné d'une proclamation du maréchal à ses soldats, et le projet de lettre de l'Empereur au maréchal, en lui envoyant sa nomination, était ainsi conçu : « Maréchal, nos communications avec le maréchal Bazaine sont interrompues. Les circonstances deviennent difficiles et graves ; je fais appel à votre patriotisme et à votre devouement, et je vous confère le commandement de l'armée de Châlons et des troupes qui se réuniront autour de la capitale et dans Paris. Vous aurez, maréchal, la plus grande gloire, celle de combattre et de repousser l'invasion étrangère. Pour moi, qu'aucune préoccupation politique ne domine autre que celle du salut de la patrie, je veux combattre et vaincre ou mourir à côté de vous, au milieu de mes soldats. » M. Rouher rapporta ces décret, lettre et proclamation à Paris pour y être publiés en temps opportun par le journal officiel.

Mais, le 22 août, l'opinion du conseil des ministres et de la Régente changea subitement. Le ministre de la guerre télégraphia à l'Empereur à Reims : « Le sentiment unanime du conseil, en présence des nouvelles du maréchal Bazaine, est plus énergique que jamais. Les résolutions prises hier soir devraient être abandonnées. Ni décret, ni lettre, ni proclamation, ne devraient être publiés. Un aide de camp du ministre de la guerre part pour Reims avec toutes les instructions nécessaires. Ne pas secourir Bazaine, aurait, à Paris, les plus déplorables conséquences. En présence de ce désastre, il faudrait craindre que la capitale ne se défende pas... »

Il est curieux de constater que l'Impératrice se faisait comme un cas de conscience de ne pas porter secours à Bazaine et comme un point d'honneur de le faire.

A la dépêche du général de Palikao l'Empereur répondit le même jour, 22 août : « Reçu votre dépêche. Nous partons demain pour Montmédy. Pour tromper l'ennemi, faire mettre dans le journal que nous partons avec 150,000 hommes pour Saint-Dizier. J'accepte Wimpfen à la place de Failly. Messiat ne peut pas continuer; vous nommerez Lacretelle à sa place. Supprimez les décrets que vous a portés Rouher, mais exécutez les conclusions pour l'appel des anciens soldats. »

Tout était dit ; Napoléon III et son armée marchaient à leur perte. La France était perdue elle-même.

Le général Trochu, ayant reçu de l'Empereur le commandement de Paris, avait quitté Châlons, emmenant avec lui les mobiles de la Seine. Homme doué de facultés exceptionnelles, mais nature incomplète ; brave par tempérament, hésitant et temporisant par raisonnement ; parlant bien et parlant trop, n'agissant pas assez, le général Trochu, qui a été beaucoup calomnié et aux qualités duquel on n'a pas rendu assez justice, s'est trouvé, par suite de la faiblesse de son caractère et souvent de l'inconsistance de son esprit, au-dessous de la double mission qui lui incombait, au 4 septembre d'abord, puis pendant la défense de Paris. Assurément il n'était pas forcé d'aller dire à la Régente : « Madame, si votre police est bien faite, vous devez savoir que j'ai des rapports avec les membres de l'opposition. Il est de mon devoir de connaître l'état de l'opinion, de tâter le pouls à l'opinion. Mais Votre Majesté ne doit nullement douter de mon dévouement. Il lui appartient à un triple titre : je suis soldat, catholique et Breton. » Non, il n'était pas forcé de tenir un tel langage, mais, l'ayant tenu, il devait y faire honneur et agir autrement qu'il n'a agi.

Le caractère de l'homme peut très-bien faire supposer, par exemple, que si, au moment critique, au lieu de le laisser à lui-même, la Régente l'eût fait appeler et lui eût dit : « Général, je vais monter à cheval et vous allez m'accompagner ; je convoque les deux Chambres à Bourges, » le général Trochu, ayant une direction, eût obéi.

Cependant, à mesure que nos défaites se multipliaient et que se répandaient les mauvaises nouvelles, l'audace des révolutionnaires de la rue et celle des républicains du Corps législatif s'accroissaient. Le ministère du 9 août, qui comptait dans son sein, outre le général de Palikao, MM. Jérôme David, Clément Duvernois, qui s'efforça d'approvisionner Paris, Henri Chevreau, La Tour d'Auvergne, Granperret, Jules Brame, Busson-Billault, était dans la position la plus difficile.

M. de Saint-Paul, sénateur, sollicitait un emploi actif quelconque qui lui permît de faire de la force ; M. Paul de Cassagnac demandait à la Régente de lui confier cinquante gendarmes, s'engageant à débarrasser le gouvernement des tribuns de la gauche, en se chargeant lui-même d'aller les prendre au collet. On a dit qu'il y avait eu un projet de faire arrêter chez eux, comme au 2 décembre, les principaux membres de l'opposition, les hommes qui devaient, le 4 septembre, former le gouvernement provisoire : le projet a existé, en effet, mais on n'a pas osé ou voulu l'exécuter. L'Impératrice était, d'ailleurs, contraire aux résolutions de ce genre.

On raconte que, lorsque Napoléon III eut remis au maréchal Bazaine le commandement général de l'armée, il alla, accompagné du prince impérial, coucher à la ferme du *Point-du-Jour*, près de Gravelotte. Le 16 août, à cinq heures du matin, il errait sur le plateau et s'assit sur un mur écroulé, point d'où la vue pouvait s'étendre au loin. Des paysans et des conducteurs de vivres étaient groupés au bas du tertre et considéraient l'air grave et abattu de l'Empereur. Un nommé Zahm, des environs de Metz, était placé un peu en avant d'eux. « Où suis-je ici? demanda l'Empereur. — Sire, vous êtes à *Moscou*, répondit Zahm. Derrière vous, dans le taillis, se trouve le

*Point-du-Jour; Leipsick* est à droite, *Chantereine* en face, la *Malmaison* plus loin...... Mais ici vous êtes à *Moscou*, » ajouta Zahm avec un mauvais sourire. L'Empereur, désagréablement surpris de cette si étrange coïncidence de noms, se leva aussitôt et regagna sa voiture, qui l'attendait à la ferme du *Point-du-Jour*.

Le vendredi 2 septembre, vers onze heures du matin, on eut connaissance, au ministère de l'intérieur, d'une dépêche privée, venue de Belgique et qui parlait vaguement, mais en termes peu rassurants, de la bataille de Sedan. On la communiqua de suite au conseil des ministres qui était assemblé. D'autres dépêches de préfets, mais peu explicites, vinrent promptement corroborer ce premier et triste avertissement. Le ministre de la guerre chercha à les expliquer le plus favorablement possible; mais il ne parvint pas à rasséréner le conseil, et l'Impératrice se contenta de lui répondre : « Dieu vous entende ! général. » Les télégrammes de l'agence Havas semblant confirmer les nouvelles transmises par le ministre de l'intérieur, un nouveau conseil des ministres se tint, à trois heures, aux Tuileries, avec adjonction du conseil privé, des deux présidents du Sénat et du Corps législatif et du préfet de police. L'idée de la paix germait évidemment dans toutes ces intelligences d'élite, et comme, après le désastre de Reichshoffen, on avait chargé le général Fleury, ambassadeur à Saint-Pétersbourg, de pressentir le tzar Alexandre sur ses dispositions à une intervention pacifique, on pouvait compter sur ce puissant concours, la réponse ayant été très-favorable.

C'était, du reste, le seul souverain avec lequel on pût agir en toute confiance dans ces pénibles circonstances, car M. de Bismark avait eu la perfidie de faire écrire de la propre main de M. Benedetti un projet de traité, aux termes duquel Napoléon III avait offert de reconnaître toutes les conquêtes de la Prusse, et même de lui favoriser l'absorption des États du Sud de l'Allemagne, moyennant que la Prusse faciliterait à l'Empereur l'acquisition du Luxembourg et l'annexion de la Belgique. Le roi de Prusse aurait refusé. M. Benedetti a écrit dans le *Journal officiel* : « Afin de me rendre un compte exact des combinaisons du comte de Bismark, j'ai consenti à les transcrire sous sa dictée..... M. de Bismark garda cette rédaction, voulant la soumettre au roi. »

Et l'astucieux ministre s'était empressé de rendre ce document public aussitôt après la déclaration de guerre. Le *Times*, indigné contre la France, l'avait publié le 15 juillet.

Dès le matin du 3 septembre, Paris, sous l'impression des mauvaises nouvelles qui se répandaient de tous côtés, était dans une agitation extrême. Ces nouvelles, vagues encore, suffisaient pour surexciter la population. Dans la journée, M. de Vougy, directeur général du service télégraphique, se rendit en toute hâte aux Tuileries, n'ayant pas trouvé M. Chevreau au ministère de l'intérieur. M. Chevreau sortait du conseil et descendait l'escalier : « Qu'est-ce, mon cher Vougy ? dit-il en voyant l'air consterné du fonctionnaire. — Un télégramme de l'Empereur, mais si désespérant que je n'ose pas le présenter moi-même à la Régente. » M. Chevreau y jette les yeux et lit : « L'armée est défaite et captive ; moi-même, je suis prisonnier. » M. Chevreau remonte chez l'Impératrice, qui était seule. En voyant entrer le ministre, elle se lève, tout émue, de son fauteuil ; elle a compris instinctivement qu'il s'agit d'un malheur décisif. M. Chevreau, de son côté, ne peut articuler une parole ; il se contente de tendre le télégramme à l'Impératrice, dont les yeux se fixent d'une façon fébrile sur la dépêche... Elle l'a lue et retombe anéantie ; bientôt ses larmes coulent avec abondance, et M. Chevreau la laisse quelque temps abîmée dans son désespoir. Enfin, pourtant, il se rapproche d'elle, cherche à la sortir de son abattement et à lui rendre quelque énergie : « Que faire ? lui dit-elle. — Madame, je ne vois qu'un moyen : le général Trochu est très-populaire ; il domine absolument l'opinion. Qu'il monte à cheval, il contiendra le peuple de Paris et le dirigera dans notre sens. — Il ne le fera pas. — Votre Majesté me permet-elle de le voir en son nom ? — Allez, voyez-le. »

Au Corps législatif, où la nouvelle de la capitulation de Sedan circule à l'état vague, les passions sont déchaînées. M. Jules Favre interpelle le ministre de la guerre, qui ne peut lui donner que les renseignements les plus incomplets. « L'Empereur communique-t-il avec ses ministres ? leur donne-t-il des ordres ? » demande Jules Favre.

« Non, répond M. de Palikao, l'Empereur ne donne plus d'ordres. — Alors le gouvernement de fait a cessé d'exister, répond Jules Favre; que la France et la ville de Paris, directement menacées, avisent par elles-mêmes; que tous les partis s'effacent devant un nom représentant la France, représentant Paris, un nom militaire, le nom d'un homme qui vienne prendre la défense de la patrie. Ce nom, ce nom cher et aimé, il doit être substitué à tout autre; tous doivent s'effacer devant celui-là, ainsi que ce fantôme de gouvernement..... Voilà mon vœu, je l'exprime en face de mon pays; que mon pays l'entende! »

M. Chevreau avait fait convoquer pour cinq heures les ministres et le conseil privé. Ce fut après cette séance, dans laquelle M. Clément Duvernois rédigea la proclamation au peuple français, que le ministre de l'intérieur se rendit au Louvre chez le général Trochu. Il y pénétra difficilement, à cause de la foule qui entourait les portes. Introduit auprès du général, qui n'ignorait pas, sans doute, le désastre de Sedan, et dit, lorsque M. Chevreau en parla : « Je l'avais bien prévu ! C'était inévitable ; on ne m'a pas écouté ! » le ministre de l'intérieur exposa chaleureusement la situation de l'Impératrice, sa douleur, le besoin qu'elle avait de le voir. « C'est que, répondit le général, j'arrive de visiter les camps..... je suis fatigué..... je n'ai pas encore dîné (M. Chevreau le regardait avec stupeur); mais j'irai, j'irai. »

A neuf heures et demie du soir, le préfet de police télégraphiait à la Régente et aux ministres de l'intérieur et de la guerre : « L'agitation est très-grande dans Paris; des bandes sillonnent les principales voies en poussant des cris séditieux. A neuf heures, plusieurs centaines de personnes ont attaqué le poste de police du boulevard Bonne-Nouvelle. Après une lutte vigoureuse, les assaillants ont été repoussés, les chefs de la bande et plusieurs arrêtés. »

C'était le moment de prendre, aux Tuileries, une résolution virile. Il fallait que le lendemain Paris apprît, en s'éveillant, que l'Impératrice, se mettant à la tête des troupes avec Palikao, à défaut de Trochu, se retirait sur Bourges, où elle convoquait immédiatement les deux Chambres;

et il n'y eut personne pour suggérer cette idée à l'Impératrice absorbée dans sa douleur !

Le Corps législatif avait décidé qu'il aurait une séance de nuit. Ce fut dans cette séance orageuse, autant qu'intempestive, que M. Jules Favre déposa sur le bureau une proposition de déchéance de Louis-Napoléon Bonaparte, sans que les ministres protestassent autrement que par leur dédain, comme le dit M. Busson-Billault, ce qui n'était pas assez, et que M. Thiers présenta la proposition suivante : « Vu la vacance du pouvoir, la Chambre nomme une commission de gouvernement et de défense nationale. Une Constituante sera convoquée dès que les circonstances le permettront. » On renvoya au lendemain la discussion de cette motion.

Toute la nuit, des télégrammes de plus en plus alarmants du préfet de police se succédèrent aux Tuileries. Le premier chambellan, M. de la Ferrière, Mgr Bauër et M. Frémy, du Crédit foncier, se présentèrent successivement pour engager l'Impératrice à se rendre au sein de l'Assemblée ; mauvais conseil qui lui aurait fait jouer le rôle de Louis XVI, et qu'elle repoussa, d'ailleurs, ne voulant pas sortir de son immobilité. La séance du Corps législatif étant levée, les bandes qui couvraient la place de la Concorde s'étaient dispersées et parcouraient les rues et les boulevards. A sept heures et demie du matin, Émile de Girardin, ce fossoyeur de dynasties, se présenta, accompagné de M. Chevreau, qui ne partageait aucunement son avis, pour conseiller à la Régente d'abdiquer ses pouvoirs. M. de Lesseps parut bientôt aussi, tenant à la main un projet d'abdication. Enfin, vers dix heures, MM. Buffet et Daru vinrent faire la même proposition. A tous l'Impératrice répondit qu'ayant reçu ses pouvoirs de l'Empereur, elle ne pouvait les rendre qu'à l'Empereur; et, en cela, elle avait parfaitement raison, mais alors il aurait fallu s'en servir.

Au moment où le conseil des ministres allait se réunir, le général Trochu arriva. M. Chevreau alla au-devant de lui, et, après avoir prié de le recevoir l'Impératrice, qui ne paraissait pas s'en soucier, il l'introduisit chez elle. L'entrevue ne dura pas moins d'une demi-heure, et, lorsque l'Impératrice rentra dans la salle du conseil, M. Chevreau lui ayant dit à voix basse : « Eh bien, madame, et Trochu?....., » la Régente se contenta de remuer la tête d'une façon qui signifiait : « Il n'y a rien à faire avec lui. »

Dans ce dernier conseil des ministres fut arrêté un projet qui instituait un conseil de gouvernement et de défense nationale, lequel devait être composé de cinq membres, nommés par le Corps législatif. Le général comte de Palikao était institué lieutenant général dudit conseil.

La Chambre était encore gardée par des forces imposantes qui occupaient la place de la Concorde, lorsque la séance s'ouvrit vers midi et demi. Le général Palikao déposa le projet adopté au conseil des ministres, M. Thiers le sien, auquel, dans un but de conciliation, il avait fait subir une variante: au lieu de « vu la vacance du pouvoir, » il avait mis : « vu les circonstances. » Enfin, M. Jules Favre insistait sur sa proposition de déchéance. Tout à coup, M. de Kératry interpella vivement le général de Palikao, et lui dit que la dignité de la Chambre voulait qu'elle ne fût gardée autrement que par la garde nationale, et qu'il était étonné que le ministre de la guerre eût donné des ordres contraires à ceux du général Trochu. Le ministre de la guerre voulut, au milieu du bruit, établir la ligne de démarcation existant entre les pouvoirs ; la gauche insista avec violence pour la remise des postes à la garde nationale, et, pendant que les députés étaient retirés dans leurs bureaux respectifs, entre une et deux heures, cette fatale mesure de l'éloignement des troupes ayant été prise, toujours dans un but de conciliation, par l'autorité militaire, lorsqu'ils rentrèrent dans la salle des séances, ils la trouvèrent envahie.

Le ministre de l'Intérieur, voyant ce qui se passait, monta dans une voiture de place et courut aux Tuileries, où il trouva MM. Jérôme David et Busson-Billault pressant la Régente de quitter Paris. « Madame, dit M. Chevreau, la révolution l'emporte ; tout est fini. » On envoya aussitôt chercher M. Piétri dans une voiture de service.

Outre les deux ministres que je viens de nommer, il y avait alors, dans la salle d'attente précédant la chambre de l'Impératrice, une trentaine de personnes au moins, composée, outre la maréchale Canrobert, mesdames Walewska et de la Moskowa, d'une dizaine de dames du palais, de l'amiral Jurien de la Gravière, du général de Montebello, des chambellans de la Ferrière et de Cossé-Brissac, de MM. Conti, de Lesseps, Conneau, lieutenant de vaisseau, Filon, précepteur du prince impérial, Thelin, Bertora, etc. Le prince de Metternich et le chevalier Nigra se joignirent bientôt à ce petit groupe de fidèles. Le premier mettait, en cas de besoin, son coupé au service de l'Impératrice. A deux heures, la princesse Clotilde vint faire ses adieux à sa cousine. Elle allait quitter Paris le lendemain. De temps en temps, le brave général Mellinet venait demander s'il fallait repousser par la force les flots de peuple qui déjà se ruaient sur les grilles des Tuileries. L'Impératrice interdisait toute violence.

A trois heures et demie, M. Piétri, entre-bâillant la porte, dit : « Madame, il n'est que temps. — Hâtez-vous, madame, hâtez-vous, » ajoutèrent MM. le prince de Metternich et Nigra qui suivaient par les fenêtres les progrès de l'émeute. Alors l'Impératrice entra dans sa chambre à coucher, prit un waterproof brun, un chapeau rond de voyage recouvert d'un voile de la même couleur, une ombrelle verte à ramages[1], rassembla à la hâte les miniatures de l'Empereur, de son fils, de sa sœur, la duchesse d'Albe, et de ses nièces, et les mit dans un coffret de lapis-lazzuli qu'elle devait oublier dans la précipitation du départ. « Hâtez-vous, madame, on entend des cris, on monte, on vient! » disait M. Nigra. M. de Metternich entra et la prit par le bras. « Madame, où allez-vous aller? » demanda M. Chevreau. « Metternich vous le dira, » répondit-elle... Puis, revenant sur ses pas : « Dites adieu à mes bonnes sœurs que j'oubliais, et prenez bien garde aux blessés! »

Tout le monde avait un peu perdu la tête : l'Impératrice partait sans argent, quoiqu'il y eût une quarantaine de mille francs dans ses tiroirs. Le maréchal Vaillant, lui apportant quelques rouleaux d'or et pénétrant difficilement dans les Tuileries par le guichet du poste de la rue de Rivoli, arrivait trop tard pour les lui remettre. Galli, régisseur du palais, donnait des ordres que son effarement rendait incompréhensibles. Heu-

---

[1] Je ne pourrais donner ces détails infimes et intimes sans le fidèle récit de M. E. Bouscatel.

reusement Trannois, sous-régisseur, avait gardé son sang-froid.

Le coupé du prince de Metternich devant stationner devant la façade du Louvre du côté de Saint-Germain-l'Auxerrois, c'était par les galeries du Musée qu'il fallait fuir. Trannois se précipite vers la grille de séparation de la cour Napoléon et du vieux Louvre : « Vite, ouvrez-moi, dit-il au gardien. — Mais votre ordre écrit ? répond celui-ci. — Ouvrez vite, vous dis-je ; il s'agit d'un grand intérêt. » Heureusement le gardien n'insiste pas. Ailleurs, ce sont les clefs qu'on ne trouve pas pour ouvrir ces portes massives. Enfin tous les obstacles sont levés.

Pendant ce temps-là, le petit et dernier cortége impérial avançait dans la galerie. Il était composé de l'Impératrice, marchant entre MM. de Metternich et Nigra, de madame Le Breton et de MM. Conti et Conneau, formant l'arrière-garde. Un moment, l'Impératrice, voyant par les croisées le peuple envahir les cours du palais, s'arrête et dit : « Vous le voyez bien, il faut rester ; il est trop tard, nous ne pourrions plus passer. » Mais M. de Metternich l'entraîne toujours en répliquant : « Il le faut, madame, il le faut. » Au sommet de l'escalier égyptien, elle tend la main à MM. Conti et Conneau en leur disant : « N'allez pas plus loin, il vous arriverait malheur. »

Enfin, on est hors du Louvre. Le coupé de M. de Metternich stationnait malheureusement sur le quai. Le prince court pour le faire avancer, mais, pendant ce temps-là, la foule augmente et roule en tous sens, comme un fleuve débordé prêt à submerger les deux fugitives. Un gamin crie : « Tiens ! voilà l'Impératrice ! — Comment, petit malheureux ! tu cries : Vive la Prusse ! » dit avec un singulier à-propos M. Nigra en le gourmandant. Un fiacre passe en ce moment ; le ministre d'Italie lui fait un signe ; il s'arrête ; M. Nigra y pousse l'Impératrice et madame Le Breton en disant : « Montez, madame, nous ne pouvons pas attendre le coupé de Metternich. » Madame Le Breton donne une adresse, et le fiacre part rapidement.

Où iront les deux fugitives ? Il s'agit de trouver un peu d'argent et un refuge momentané. On court de porte en porte, dans des quartiers divers..... les hôtes sont absents. Enfin, madame Le Breton émet une idée très-pratique : Évans, le dentiste de l'Impératrice, avant comme après son mariage, possède un hôtel avenue Malakoff. On s'y rend, on y pénètre, bien que le maître n'y soit pas, et, lorsqu'il rentre, il met sa voiture au service de son impériale cliente, qui part, dans la nuit, pour Deauville ; là, sir John Burgoyne, qui s'y trouvait par hasard avec son yacht, la transporte, au milieu d'une tempête, à Hastings, sur la côte d'Angleterre.

J'ai eu occasion de raconter ailleurs[1] les circonstances émouvantes de la fuite des membres de la famille de Louis-Philippe, en 1848. Toujours la même chose ! Les royautés n'ont-elles donc plus qu'une manière de tomber ?

Pendant que l'Impératrice fugitive cherchait un asile, le gouvernement de la Défense nationale, Trochu en tête, allait s'installer à l'Hôtel de Ville. Le service que ce malheureux général, dans sa popularité éphémère, crut peut-être alors rendre à son pays n'était qu'une hallucination, qu'un

---

Voir *les Salons de Paris sous Napoléon III*.

leurre. La suite ne le lui a que trop prouvé. Ainsi est tombé le second Empire.

Qui donc, maintenant, se sentira assez sûr de lui-même, et surtout assez fort pour avoir le courage de relever le trône dans ce pays-ci ? Ce courage ou ce dévouement serait peut-être un bienfait ; mais qui se dévouera ?

FIN

# TABLE DES MATIÈRES

## I

La France en 1848. — Ses tendances et ses aspirations. — Situation morale de Louis-Napoléon vis-à-vis de la France, de l'étranger et de sa propre famille. — Protestation déposée aux archives de la Haye. — Lettre du roi Louis au Saint-Père. — Réponse de Louis-Napoléon au roi Jérôme. — Mot de Pie VII au cardinal Consalvi. — Attitude des puissances étrangères après le coup d'État et la proclamation de l'Empire. — Sourde hostilité du tzar Nicolas. — Le rapport de M. Troplong. — Composition du Sénat. — Couplets contre les nouveaux sénateurs. — Le vote négatif de M. Vieillard. . 1

## II

Première réunion à Compiègne après la proclamation de l'Empire. — C'est encore un ménage de garçon. — Aspirations de l'entourage à toutes les fonctions brodées de la future cour. — La marquise de Contades. — Son esprit et son influence. — Payement d'une ancienne dette. — Deux invitées à sensation. — Rumeurs et commentaires. — Inquiétudes de MM. de Morny et de Persigny. — Leur double démarche auprès de Napoléon III. — Ils échouent. — Opinion de M. Mocquard. — Décision de l'Empereur. — Le bouquet de violettes. — Annonce du mariage. — Couplets satiriques. — Soirée chez mademoiselle Constance. — Envoi d'un volume de Florian. — Préparatifs du mariage. — On veut éloigner miss Howard. — Son départ de Paris et son prompt retour. — La comtesse de Beauregard. — Dernière entrevue. — Le mariage. — Les épithalames.. . . . . . . . . . . . . . 20

### III

Une dépêche confidentielle du duc de Bassano. — Journal d'un travail secret de gravure. — Mademoiselle de Montaut, héritière du sieur Lale. — Un secret d'État. — Détails. — Histoire du comte Camerata. — Sa mort. — Faits étranges. — Mademoiselle Marthe. — Ministère de la police générale. — Inspecteurs généraux et spéciaux de la police. — Mot du chancelier Pasquier. — La police un peu dans tout. . . 52

### IV

Premières menaces de la guerre d'Orient. — Singulière proposition du docteur Sperino. — La pudeur de l'Académie de médecine. — Arrestations diverses à Paris et en province. — Kelche à Paris. — Mot d'ordre donné à l'Opéra. — L'envoyé de Mazzini au bois de Boulogne. — La course fantastique. — L'arrestation sanglante. — Sinibaldi. — Il se pend dans sa

# TABLE DES MATIÈRES. 409

cellule. — Morelli à Calais, à Paris et à Bordeaux. — Un cadavre dans la Garonne. — Eugène Sue en Suisse. — Victor Hugo à Jersey. — Incident diplomatique à Naples. — Le duc de Lesparre et M. Ducasse en quarantaine. — M. de Maupas prend ses passe-ports. — Ferdinand II et les *Mémoires du roi Joseph*. . . . . . . . . . . . . . . . . . . . . . . . . . 81

## V

Préliminaires de la fusion des deux branches de la maison de Bourbon. — Le 17 novembre 1853 à Frohsdorf. — Détails apportés à Paris. — Commentaires. — Catastrophe de Sinope. — Vive émotion. — Monopole de l'Angleterre en Orient. — Lord Clarendon et sir Strafford Canning. — Menchikoff et son ultimatum. — La campagne, la victoire, la paix. — L'aigle impérial du Jardin des Plantes et M. Feuillet de Conches. — Préoccupations et occupations de Paris pendant la guerre de Crimée. — Un article du *Moniteur*. — Le duel du marquis Turgot à Madrid. — Mort de M. de Lamennais. — Un des premiers enterrements civils. — Mort de madame Salvage. — Vers de Belmontet. — Les Cent-Gardes. — Ridicule costume pour la chasse. — Absence de goût. — Règlements d'étiquette. — Le manteau de cour aux Tuileries. — Habitudes bavaroises importées par les Tascher de la Pagerie. — Voyage de l'Empereur et de l'Impératrice en Angleterre. — Détails. — L'Impératrice et ses toilettes. — Les trucs de son appartement aux Tuileries. — Attentat de Pianori. . . 104

## VI

Découverte du cercueil de Bossuet, à Meaux. — Drame de la rue de la Vieille-Lanterne. — Apparition du spiritisme. —

Les tables tournantes. — Allan Kardeck. — Le marquis de Mirville. — MM. Agénor de Gasparin et Delamarre. — Tyrannie des adeptes du nouveau dogme. — Manière d'opérer. — Conversations avec les morts illustres. — Moïse et Rabelais. — Voltaire et Fénelon. — Interrogatoire de Merlin l'enchanteur. — Audaces et abus du spiritisme. — L'Américain Home aux Tuileries. — Impudence et scandales. — Ouverture de l'Exposition. — Cérémonie froide et manquée. — Le salon de repos de l'Impératrice. — Visite de la reine d'Angleterre en France. — La reine à Paris, à Saint-Cloud et à Versailles. — Cette visite n'a été rendue qu'en 1870. . 141

## VII

Naissance et baptême du prince impérial. — M. de Morny à Saint-Pétersbourg. — Son mariage. — Complications intimes. — Menaces d'une Ariane abandonnée. — Le courrier extraordinaire. — Le précieux coffret. — Les deux natures de M. de Morny. — Loisirs et travaux de la paix. — M. Haussmann. — Transformation du bois de Boulogne. — Les cartes du cabinet de l'empereur. — Un chercheur de sources. — La strophe supprimée au *Moniteur*. — M. Belmontet trop libéral. — Dénombrement de la famille Bonaparte. — Les parents pauvres. — Hivers de 1856 et 1857. — La princesse Mathilde rue de Courcelles et à Saint-Gratien. — Anecdote. — M. Demidoff en arménien. — Le prince Napoléon au Palais-Royal. — Ses amitiés. — Lettres de lui à l'Empereur. — Renan et Girardin. — Le luxe! toujours le luxe! — Une étrange anecdote. — La femme du député. — Le député devenu sénateur. . . . . . . . . . . . . . . . . . . 175

## VIII

M. de Cavour. — Son attitude au Congrès de Paris. — Sa note au comte Walewski. — Brouille avec le gouvernement napolitain. — Complot de Tibaldi, Mazzini et Ledru-Rollin. — La loge des Vengeurs. — Le comte Arese. — Orsini et consorts. — Leur passé. — L'attentat. — La lettre d'Orsini. — Motifs intimes de la guerre d'Italie. — Pieri et les sociétés secrètes. — Mesures politiques. — La loi de sûreté générale. — Les quatre grands commandements. — Manœuvres du comte de Cavour. — Il est instruit du voyage de Pieri. — Il se rend à Plombières. — Conférences secrètes. — Le ministre piémontais sait employer toutes les influences. — La comtesse de Castiglione. — Offres de cession de territoires. — Projet d'alliance pour le prince Napoléon. — M. de Cavour persuade l'Empereur. — Il fomente des troubles dans toute l'Italie. — Adhésion de Garibaldi. — Sir Hudson, ministre d'Angleterre à Turin. — Mazzini et Cavour. — La réception du corps diplomatique aux Tuileries le 1er janvier 1859. — La brochure et les articles du *Moniteur*. — Attitude de l'Autriche. — Napoléon III communique confidentiellement ses projets au roi de Prusse. — La guerre est déclarée. — Fautes militaires. — Heureuse intervention de Mac-Mahon à Magenta. — Napoléon s'arrête après Solferino. — Pourquoi ? — Le télégramme du roi de Prusse. . . . . . . . . . . . . . . . . . 220

## IX

Rapprochement historique. — M. Ollivier député en 1859 et ministre en 1870. — Différence de langage. — A propos du maréchal de Mac-Mahon. — *La Saint-Hubert*, volume publié en 1827. — Un Mac-Mahon poëte. — Mort du prince Jérôme,

— Anecdotes rétrospectives. — La vie à Napoléonshœhé. — Pigault Lebrun bibliothécaire. — Une lettre de lui. — Les cinq maîtresses de Jérôme. — Remontrances de Napoléon I$^{er}$. — Réponse de son frère. — Le coup de foudre. — Rapp à Napoléonshœhe. — Pigault Lebrun en prison. — Conséquences de la guerre d'Italie. — Non exécution du traité de Zurich. — Cavour et Garibaldi. — Le décret du 24 novembre. — Les ministres de la parole. — Premier pas vers le renversement de l'édifice. — Jugement porté par un étranger sur la France en 1862.. . . . . . . . . . . . . . . . . . . 276

## X

Expéditions de Chine et de Cochinchine. — Le comte de Palikao. — Demande de dotation. — Elle est refusée. — Lettre de Napoléon III. — La guerre du Mexique. — Engagements antérieurs. — Causes déterminantes. — Les étrangers aux Tuileries. — Maximilien à Saint-Cloud. — Intérêts de l'entourage. — La lettre du banquier Jecker. — La guerre du Mexique et les sécessionnistes des États-Unis. — Influence de M. Hidalgo et Mgr Labastida. — Prim mauvais génie de Napoléon. — Son ambition. — Explication de l'ingérence de l'Impératrice en cette affaire. — Issue fatale. — Commencement de dissolution du gouvernement impérial. — Premiers effets des décrets de 1860 et 1861. — Avertissements de M. de Persigny. — Haines et jalousies des hauts fonctionnaires entre eux. — M. Haussmann et sa demande à l'Empereur. — *Un ministre de Paris.* — Question des titres de noblesse. — Singulière combinaison du conseil à ce sujet. — Guerre intestine des fonctionnaires. — Violation du secret des lettres. — M. Collet Meygret. — M. Saintomer. — Les victimes y compris mesdames de Castiglione et Botti, MM. de la Guéronière, Hyrvoix chef de la police particulière de l'Empereur. — La correspondance du chef de l'État n'a pas toujours été respectée. . . . . . . . . . . . . . . . . . . . 305

XI.

Deux anecdotes. — Le mariage au soufflet. — Une biographie à faire. — La proscrite d'Aix-les-Bains. — 1866. — Bismark imite Cavour. — Il se rend à Biarritz. — Bertrand et Raton. — Sadowa. — Les défenseurs officiels de la politique impériale. — Apparent apogée du second Empire. — Les souverains de l'Europe à Paris. — Le 2 juin 1867. — La splendeur de Paris jalousée par certains étrangers. — Un toast prussien. — Dissolution souterraine. — Napoléon III isolé de ses anciens conseillers. — Avertissement. — Isidore et ses faiblesses . . . . . . . . . . . . . . . . . . . . . 332

XII

Histoire intime et anecdotique de l'agonie et de la chute du second Empire. . . . . . . . . . . . . . . . . . . 359

PARIS. — IMP. SIMON RAÇON ET COMP., RUE D'ERFURTH, 1.